KB117733

요제프 랑게가 그린 미완성의 모차르트(1782)

오스트리아 장크트길겐 시청 앞의 모차르트 동상

호헨잘츠부르크 성이 있는 잘츠부르크의 황혼 전경

❶ 모차르트 생가 오스트리아 잘츠부르크

모차르트 삶과 음악의 출발점

잘츠부르크는 모차르트의 고향이자 데뷔 무대이며 초기 대표작을 가장 많이 초연한 곳이다. 모차르트는 성인이 된 후 결국 이곳을 떠났지만, 그가 세상을 떠난 뒤 추모 열기가 가장 먼저 일어난 곳도 잘츠부르크다. 모차르트 가족은 잘츠부르크의 게트라이데 9번가에서 26년간 살았다. '모차르트가 태어난 곳'이라는 의미에서 '모차르트 생가'로 불린다.

❷ 뮌헨 레지덴츠 독일 뮌헨

그랜드 투어의 길을 열어준 관문

모차르트 가족은 '그랜드 투어'를 떠나거나 마칠 때 뮌헨의 레지덴츠나 님펜부르크 궁전에 들러 연주회를 열었다. 모차르트가 오페라 〈가짜 여정원사〉와 〈이도메네오〉를 초연한 곳 역시 뮌헨이다. 〈이도메네오〉가 초연됐던 뮌헨 레지덴츠의 퀴빌리에 극장은 제2차 세계대전으로 폭파됐지만 복구공사를 거쳐 1958년에 재개관했다.

❸ 쇤브룬 궁전 오스트리아 빈

반드시 넘어서야 할 고지이자 비상을 위한 발판

모차르트 가족은 '그랜드 투어'를 나서기 전, 빈에 들러 황제 프란츠 1세와 황후 마리아 테레지아의 눈에 들려고 애썼다. 황실을 통해 작품 위촉을 받고 안정된 일자리를 구하려고 했으나, 마리아 테레지아는 훗날 모차르트 가족을 '거지'에 비유하며 취업을 막았다. 쇤브룬 궁전은 모차르트가 마리아 테레지아 앞에서 처음으로 연주한 곳이다.

❹ 레오폴트 모차르트 박물관
독일 아우크스부르크

천재를 키워낸 아버지 레오폴트의 생가

모차르트의 고향은 잘츠부르크지만 그의 집안은 아우크스부르크 출신으로, 여기서 대대로 제본사와 벽돌공 등 수공업자로 일했다. 아우크스부르크는 아버지 레오폴트의 생가를 박물관으로 조성했으며 2019년 레오폴트 탄생 300주년을 앞두고 리노베이션 공사에 들어갔다. 3층 건물의 박물관은 모차르트의 가계도와 가족사, 아버지 레오폴트의 교육 방식 등으로 알차게 꾸며져 있다.

❺ 베르사유 궁전 프랑스 파리

가장 많은 화제를 뿌리다

1763년 모차르트 가족은 파리 베르사유 궁전에 2주간 머물면서 연주회를 가졌다. 모차르트가 바이올린 소나타 1~4번 악보를 출간한 곳도 파리다. 하지만 15년 뒤, 1778년 구직 여행 중에 어머니 안나 마리아가 파리에서 세상을 떠나고 말았다. 실의에 빠진 모차르트는 결국 홀로 쓸쓸하게 고향 잘츠부르크로 발걸음을 돌려야 했다.

❻ 버킹엄 궁전 영국 런던

그랜드 투어 당시 가장 오래 머문 곳

1764년 4월 시작된 모차르트 가족의 런던 체류는 1년여간 계속됐다. 모차르트는 영국의 국왕 조지 3세 앞에서 연주 실력을 뽐냈고 왕비 샬럿이 노래하는 아리아를 반주했다. 당시 샬럿이 머물던 궁전이 지금의 버킹엄 궁전이다. 더욱 중요한 건 런던에서 요한 크리스티안 바흐를 만난 일이다. 모차르트는 그의 영향으로 교향곡 1번을 작곡했다.

❼ 시스티나 성당 이탈리아 로마

이탈리아 여행이 가져다준 경이로운 성과

1770년, 모차르트는 교황에게 '황금박차 훈장'을 받았다. 모차르트가 시스티나 성당에서 〈미제레레〉를 듣고 기억만으로 옮겨 적은 것도 이즈음이다. 이 곡은 악보를 유출하면 파문된다는 규정이 있었지만, 모차르트는 파문은커녕 훈장을 받았다. 레오폴트는 모차르트가 이 훈장을 달고 있는 초상화를 주문한 뒤, 대위법의 대가 마르티니 신부에게 선물했다.

❽ 라 스칼라 극장 이탈리아 밀라노

오페라의 세계에 눈을 뜨다

모차르트는 이탈리아 여행 도중 오페라 작곡을 위촉받았다. 〈미트리다테, 폰투스의 왕〉과 〈알바의 아스카니오〉, 〈루치오 실라〉 등 초기 오페라 세 편이 모두 밀라노에서 초연됐다. 이처럼 이탈리아 여행을 통해 모차르트는 오페라의 세계에 눈을 떴다. 모차르트의 오페라 세 편이 초연됐던 밀라노 궁정 극장은 화재로 소실됐고, 이후 새로 지은 극장이 지금의 라 스칼라 극장이다.

일러두기

- 오페라를 비롯한 미술, 음악, 연극, 영화 등의 작품명은 〈 〉, 작품에 삽입된 곡과 그 밖의
  명명되지 않은 소품은 ' ', 신문과 잡지는 《 》, 단행본과 장편소설은 『 』로 표기했다.
- 외래어 표기는 국립국어원의 외래어표기법을 따랐으나, 통용되는 일부 표기는 허용했다.

모차르트

×

김성현

천재 작곡가의 뮤직 로드, 잘츠부르크에서 빈까지

arte

그랜드 투어 당시 영국 신문에 7세의 신동 연주자로 소개된 모차르트

CONTENTS

천재성은 타고나는가,
길러지는가

2006년 리즈 콩쿠르 우승자인 피아니스트 김선욱의 이메일 계정은 'kimzart(김차르트)'다. 자신의 성과 모차르트를 합친 말이다. 베토벤과 브람스 등 중후 장대한 피아노 협주곡이나 독주곡을 즐겨 연주하는 그가 모차르트를 이메일 계정으로 사용하는 이유는 뭘까. 그는 특유의 덤덤한 표정으로 답했다. "(모차르트는) 무엇보다 더하거나 덜어낼 필요가 없을 만큼 완벽하고 자연스러운 음악이라고 생각했어요. 그 경지에 이르고 싶은 바람을 담았어요."

모차르트는 내게도 어릴 적부터 각별한 작곡가다. 지금은 사라진 서울 강남의 극장에서 영화 〈아마데우스〉를 처음 보았던 초등학교 6학년 때부터 그랬다. 모차르트의 독살범 살리에리가 "모차르트, 날 용서해주게. 자넬 죽인 건 바로 날세"라고 외치며 자살을 기도하는 첫 장면부터 단박에 마음을 빼앗겼다. 쓰러진 살리에리를 하인들이

후송하는 긴박한 장면보다 더 인상적이었던 건 스크린 위로 흐르는 모차르트 교향곡 25번 1악장이었다. 하인들의 잰걸음만큼이나 빠른 템포로 질주하는 오케스트라 합주를 따라서 심장이 쿵쾅거렸다. 모차르트의 음악이라는 보물 상자가 열리는 순간이었다.

41곡의 교향곡과 27곡의 피아노 협주곡, 23곡의 현악 4중주, 미완성 유작으로 남은 〈레퀴엠〉까지 화면 위에 흐르는 순간, 그가 남긴 음악이 훌륭한 사운드트랙이 될 수 있다는 걸 깨달았다. 실제로 〈아마데우스〉의 사운드트랙은 빌보드 클래식 음반 차트 1위는 물론, 팝 음반 차트까지 오르며 전 세계에서 650만 장 이상 팔렸다. 연주를 맡던 지휘자 네빌 마리너와 악단 '아카데미 오브 세인트 마틴 인 더 필즈Academy of St. Martin in the Fields'도 음반의 인기 덕분에 클래식 음악계 최고의 녹음 단체로 부상했다.

〈아마데우스〉는 개인적으로 두 가지 점에서 의미가 깊다. 태어나서 처음으로 보았던 음악 영화였고, 난생처음 극장에서 두 번 관람했던 작품이기도 했다. 몇 주 뒤 같은 극장에서 〈아마데우스〉를 다시 보았다. 빈의 황제 앞에서 오페라 〈후궁 탈출〉을 지휘하는 모차르트, 〈돈 조반니〉에서 아버지 레오폴트의 죽음을 떠올리는 모차르트, 〈마술피리〉를 통해 빈의 귀족 계급을 떠나 서민 곁으로 다가가는 모차르트의 모습이 다시 한 번 파노라마처럼 펼쳐졌다. 두 번 봐도 재미난 영화가 있다는 걸 처음으로 알게 됐다. 다른 영화도 비슷할 거라 생각하고 두 번 봤지만 지루해서 죽는 줄 알았다. 모차르트의 음악이 나오지 않는 영화는 두 번 볼 만한 가치가 없었다. 적어도 그 시절엔 그랬다. 조금 과장해서, 그 이후에 나온 모든 음악 영화와 드라마는 〈아마데우스〉의 반복이거나 재탕으로 보였다. 천재와 범인ᄁᄉ의 대결 구도, 선천적 재능과 후천적 노력의 대립, 질투와 음모까지 〈아마데우스〉에서 보여준 주제를 변주하는 수준에서 크게 벗어나지 않았다.

〈아마데우스〉의 연출은 체코 출신의 밀로스 포먼 감독이 맡았지만, 원작은 영국 극작가 피터 셰퍼의 희곡이다. 다만 살리에리의 모차르트 독살설은 피터 셰퍼의 독창적 상상력의 산물은 아니다. 모차르트 사후에 나돌았던 소문에 바탕해서 19세기 러시아의 문호 알렉산드르 푸시킨이 〈모차르트와 살리에리〉라는 희곡으로 이미 발표했다. 이런 사실까지는 어린 시절에 알 수 없었다. 심지어 살리에리가 베토벤과 슈베르트를 가르친 스승이라는 사실도 어른이 되고서야 알게 됐다.

모차르트와의 인연은 그 뒤에도 계속됐다. 음악 담당 기자로 일하고 있던 2006년은 모차르트 탄생 250주년이었다. 그해 모차르트의 고향인 잘츠부르크에서는 여름 페스티벌 기간 동안 모차르트의 오페라 20여 편을 모두 무대에 올리겠다는 전무후무한 계획을 발표했다. 역사적 현장에 빠질 수 없었다. 당대 최고의 고古음악 지휘자이자 모차르트 전문가인 니콜라우스 아르농쿠르Nikolaus Harnoncourt가 2006년 잘츠부르크 페스티벌에서 오페라 〈피가로의 결혼〉을 지휘한다는 소식에 서둘러 현지 인터뷰를 요청했다. 당시 여든을 앞두고 있던 거장은 모차르트의 생일인 1월 27일에는 장문의 연설과 함께 교향곡 40번을 지휘했고, 기일인 12월 5일에는 미완성 유작인

〈레퀴엠〉을 연주했다. 사실상 '모차르트의 해'를 열고 닫는 역할을 한 것이다. 현지 인터뷰에서도 아르농쿠르는 모차르트의 예술 세계에 대해 열변을 토했다. "천재라는 말로도 모자랍니다. 그는 외계인이자, 신이 소유했던 펜이었습니다." 상업화로 치닫는 '모차르트 열풍'에 대해서는 "돈이나 사업을 위한 광고를 우리는 마땅히 부끄러워해야 한다"고 일갈했다.

그해 여름 잘츠부르크에서 아르농쿠르와 독대한 경험은 기자 생활에서 잊을 수 없는 추억으로 남았다. 인터뷰를 마친 날 저녁, 장대비를 맞으며 공연장에 도착해 아르농쿠르가 지휘하는 〈피가로의 결혼〉을 보았다. 거장의 모차르트는 산뜻하면서도 경쾌했고 무엇보다 유머가 깃들어 있었다.

클래식 클라우드 시리즈를 들었을 때 처음 떠올랐던 작곡가도 그래서 모차르트였다. 바흐와 베토벤, 바그너와 말러까지 클래식 음악사에서 빼놓을 수 없는 작곡가는 많다. 하지만 개인적으로는 〈아마데우스〉를 처음 본 이후 30여 년간 간직하고 있던 보물 상자를 다시 꺼내야 하는 순간이 온 것만 같았다.

영화와 희곡, 뮤지컬 등 모차르트에 관한 수많은 작품 덕분에 우리는 그를 잘 알고 있다고 여긴다. 언제 어디서든 읊을 수 있는 히트곡도 적지 않다. '소야곡小夜曲'으로 번역되는 세레나데 13번 〈아이네 클라이네 나흐트무지크Eine kleine Nachtmusik〉의 1악장, '터키 행진곡'이라는 별명이 붙은 피아노 소나타 11번의 3악장, 〈마술피리〉에서 밤의 여왕이 부르는 '복수의 아리아' 등이 그렇다. 프랑스 작가 필립

솔레르스의 말처럼 "만약 모차르트가 환생해서 자신의 저작권을 챙긴다면 그 돈으로 조국 오스트리아를 사고도 남았을 것"이다.

그러나 선입견이나 고정 관념은 모차르트의 삶이나 음악을 접할 때 오히려 장애물이 되기도 한다. 어릴 적부터 재능을 꽃피웠던 모차르트의 삶은 흡사 온실 속의 화초처럼 보인다. 하지만 잘츠부르크의 봉건적 질서에서 벗어나 빈의 프리랜서 음악가로 거듭나기까지 모차르트의 길지 않았던 35년 인생은 눈부신 성공과 쓰라린 좌절, 영광과 고통으로 가득했다. 그 결정적 단절의 지점을 살피는 것도 이번 여행의 목표였다.

당연시하고 지나치기 쉬운 모차르트의 재능에 대해서도 실은 수많은 질문을 던질 수 있다. 그는 타고난 천재였을까, 아니면 아버지 레오폴트 덕분에 재능을 꽃피울 수 있었을까, 그것도 아니면 고향 잘츠부르크의 봉건적 질서에 온몸으로 맞서고 저항했기 때문에 불멸의 걸작을 남길 수 있었을까.

이 세 가지 가운데 무엇을 택하느냐에 따라 모차르트의 예술 세계에 대해서도 전혀 다른 결론에 이를 수 있다. 타고난 천재라면 유전적 요인이 필수적이고, 예술적 영재라면 조기 교육과 가정 환경이 중요하며, 후천적 의지를 강조하면 예술적 반항아이자 개혁가로 해석할 수 있기 때문이다. 이 질문은 모차르트의 삶과 예술 세계를 관통하는 화두가 된다. 에필로그에서 다시 언급하겠지만 개인적인 생각은 30년에 걸쳐서 서서히 변화했다.

모차르트를 책의 주인공으로 선택할 때에는 주저하지 않았지만, 막상 여행지를 고를 때에는 고민이 적지 않았다. 모차르트는 잘츠

MOZARTS GEBURTSHAUS
MOZART - MUSEUM

IN DIESEM HAUS WURDE
WOLFGANG AMADÉ MOZART
AM 27. JÄNNER 1756 GEBOREN

STIFTUNG
MOZARTEUM
SALZBURG

잘츠부르크의 모차르트 생가

부르크에서 태어나 빈에서 숨을 거뒀다. 그의 삶을 이해하기 위한 여정을 잡는다면 잘츠부르크에서 출발해서 빈에 도착하면 된다. 시발점과 종착점은 어렵지 않다. 문제는 중간 경유지다. 모차르트는 35년을 사는 동안 17차례 여행을 떠났다. 총 여행 기간도 10년 2개월 2일, 즉 3,720일에 이른다. 모차르트는 인생의 3분의 1을 여행으로 보낸 '길 위의 삶'을 살았다. "특히 예술과 학문에 몸담고 있는 사람이 여행할 수 없다면 비참한 존재일 뿐"이라는 1778년 9월 11일 모차르트의 편지 구절은 과장이나 빈말이 아니었다.

특히 1763년 6월 잘츠부르크에서 출발한 모차르트의 여행길은 1766년 11월에야 끝이 났다. 3년 5개월간 모차르트는 88개의 도시와 마을에서 연주했다. 서양음악사에서 전무후무한 기록이다. 대부분의 모차르트 전기는 3년 5개월에 걸친 이 유럽 여행을 '그랜드 투어'라고 부른다.

모차르트 부자는 곧이어 1769년과 1771년, 1772년 세 차례에 걸쳐서 이탈리아 여행에 나섰다. 이 책에서는 이탈리아 여행을 '2차 그랜드 투어'라고 지칭할 것이다. 첫 번째 그랜드 투어가 꼬마 신동 모차르트의 출현을 유럽 전역에 알리는 기회가 됐다면, 2차 그랜드 투어인 이탈리아 여행은 모차르트가 신동 연주자에서 본격적인 작곡가로 거듭나는 계기가 됐다. 특히 모차르트는 이탈리아 여행을 통해서 종교 음악과 오페라를 깊이 받아들였고, 훗날 〈피가로의 결혼〉과 〈돈 조반니〉 같은 걸작 오페라를 쓸 수 있었던 동력을 얻었다. 여행이야말로 모차르트가 신동 연주자에서 천재 작곡가로 진화하는 방법론이었던 것이다.

흔히 모차르트는 '작곡을 하기 위해 하늘에서 내려온 천사', '모든 재능을 타고난 천재' 등으로 묘사된다. 1798년 출간된 프란츠 니메체크의 전기가 대표적이다. 이 책에서 저자는 "모차르트의 악보에서 수정되거나 변경된 경우는 거의 없었다. 그가 책상에 앉기 이전에 이미 마음속에서 작품은 완성된 상태였다"고 기술했다. 〈마술피리〉를 작곡할 당시에도 모차르트가 노래를 흥얼거리면서 당구를 치다가, 나중에 피아노 앞에 앉아서 연주하면 방금 전에 흥얼거렸던 멜로디가 그대로 오페라의 5중창이 됐다는 일화가 남아 있다. 심지어 어느 귀족이 주최한 저녁 무도회에 1시간 일찍 도착한 모차르트가 방에 틀어박혀 있다가 만찬 시간이 되자 무곡舞曲 한 곡이 아니라 네 곡을 들고 나왔다는 믿기지 않는 이야기도 남아 있다.

정식 번호가 붙은 모차르트의 작품만 626곡에 이른다. 모차르트의 작품 번호는 그가 죽은 뒤 체계적인 작품 정리에 나섰던 오스트리아 음악학자 루트비히 리터 폰 쾨헬Ludwig Ritter von Köchel의 이름을 따서 '쾨헬(K.) 번호'라고 부른다. 쾨헬이 숨을 거둔 이후에도 수정보완 작업을 꾸준히 해서 현재 6차 개정판까지 나와 있다. 쾨헬이 직접 붙인 작품 번호를 기준으로 모차르트가 만 5세 때 쓴 피아노 소품이 쾨헬 번호 1번(K.1)이고, 미완성 유작인 〈레퀴엠〉이 쾨헬 번호 626번(K.626)이다. 이 쾨헬 번호를 기준으로 대략 30년간 600여 곡을 썼으니, 매년 20곡씩 쉼 없이 꾸준하게 발표한 셈이다. 이 중에는 몇 분짜리 소품도 있지만 2~3시간에 이르는 오페라도 있다. 특히 모차르트는 마감이 닥치면 한달음에 작곡하는 스타일이었다. 이 때문에 모든 작품이 머릿속에 완성되어 있는 것처럼 보였을지도 모른다.

하지만 모차르트 스스로 "길고 고된 작업의 결실"이라고 불렀던 현악 4중주처럼 퇴고를 거듭했던 경우도 얼마든지 찾을 수 있다. 하이든이 사실상 창안한 현악 4중주를 깊이 받아들이고 발전시켰던 작곡가가 모차르트였고, 그 바통은 다시 베토벤이 건네받았다. 현악 4중주가 보여주듯이 모차르트의 작품들은 당대 음악가들과의 긴밀한 교류 속에서 탄생했다.

책을 쓰기 위해 모차르트 인생의 출발점인 잘츠부르크와 종착점인 빈은 물론 뮌헨과 프라하, 만하임과 아우크스부르크 등을 수차례 둘러보면서 작곡가의 예술적 자취를 쫓아다녔다. 런던과 파리, 베를린 같은 대도시를 제외하면 빈과 잘츠부르크는 이 책을 쓰기 이전에도 자주 방문했던 도시다. 하지만 책을 쓰는 기간 동안 두세 차례 다시 찾아가서 궁금증을 해결하고자 했다. 모차르트의 작품은 고여 있는 물이나 박제된 유물이 아니다. 지금도 활발하게 연주되고 재해석되는 유기적 생명체에 가깝다. 이 때문에 모차르트의 작품을 녹음한 음반과 영상도 기회가 닿는 대로 소개하고자 했다. 무엇보다 지난 1년간 모차르트만 듣고 읽고 생각할 수 있어서 즐거웠다.

모차르트는 예술적 재능을 타고난 경우일까. 그 재능은 아버지 레오폴트에게 물려받은 것일까. 레오폴트는 어떻게 아들의 재능을 발견했고 언제부터 확신을 가졌을까. 모차르트는 타고난 재능을 성인이 될 때까지 별다른 역경이나 굴곡 없이 평탄하게 가꾸고 꽃피웠을까, 아니면 예술적 변곡점이나 단절이 존재하는 걸까. 단절이 존재한다면 그 지점은 어디일까. 그의 재능은 당대에 충분히 인정을 받았을까, 아니면 다른 예술가들과 마찬가지로 오해와 냉대에 시달렸을까. 영화 〈아마데우스〉가 보여주듯이 말년의 작곡가는 쓸쓸하고 불운하게 숨을 거뒀을까. 그렇다면 그 이유는 무엇일까.

모차르트와 함께하는 여정이 끝나는 마지막 에필로그에서 우리는 이 질문 보따리를 다시 풀어놓고 찬찬히 하나씩 해답을 찾아볼 것이다. 어쩌면 우리의 기대 심리나 고정 관념과는 전혀 다른 답이 나올지도 모른다. 쏟아지는 질문에 답하기 위해서라도 우선은 모차르트의 탄생지인 잘츠부르크로 떠나야 한다.

잘츠부르크 번화가 중 하나인 린츠 거리
관광 명소로 알려진 린츠 거리Linzergasse에는 오스트리아의 전통 음식과 세계 각국의 음식을 파는 레스토랑과 카페가 즐비하다. 거리 중간에는 모차르트의 부인 콘스탄체와 아버지 레오폴트의 묘가 있는 성 제바스티안 성당이 있다.

신이 내려준 선물

잘츠부르크의 신동

잘츠부르크의 두 얼굴

오스트리아 잘츠부르크는 두 얼굴을 감추고 있는 도시다. 매년 7~8월 열리는 잘츠부르크 페스티벌 기간의 화려한 모습이 첫 번째 얼굴이라면, 페스티벌이 끝난 뒤 고즈넉하고 한적한 일상은 또 다른 얼굴이다. 한여름 페스티벌 기간에 저녁을 알리는 종소리가 울리고 공연이 시작되면, 이 도시는 모차르트가 걸어놓은 음악의 마법에 빠져든다. 오스트리아 작가 슈테판 츠바이크가 회고록 『어제의 세계』에 적어둔 구절 그대로다. "내가 인구 4만 명의 작은 도시인 잘츠부르크를 선택한 것은 낭만적인 고요함 때문이었는데 놀라울 정도로 변해버렸다. 여름이면 이곳은 유럽뿐 아니라 전 세계의 예술적 수도가 된다."

잘츠부르크가 세계의 예술적 수도가 된 건 여름 페스티벌 덕분이다. 제1차 세계대전이 끝난 직후인 1920년 8월 22일 극작가 후고 폰 호프만슈탈과 연출가 막스 라인하르트, 작곡가 리하르트 슈트라우스가 의기투합해 성당 야외 광장에서 호프만슈탈의 연극 〈예더만Jedermann〉을 공연했던 것이 축제의 기원이다. 지금도 이 전통을 살려서 잘츠부르크 페스티벌은 매년 성당 야외 광장의 가설무대에서 〈예더만〉을 공연하면서 축제의 개막을 알린다.

바그너의 오페라만 엄격하게 고집하는 독일 바이로이트 페스티벌과는 달리 잘츠부르크 페스티벌은 초창기부터 연극과 오페라, 고전과 현대 작품이 어우러지는 '종합 예술 축제'를 지향했다. 모차르트의 작품들이 축제의 중심에 놓여 있지만 현대 음악이나 다른 장르에도 문호를 활짝 개방하고 있는 것이다. 이 때문에 잘츠부르크 페스티벌은 유럽 유수의 페스티벌 중에서도 가장 화려하고 성대한 '음악 잔치'로 정평이 나 있다. 세계 정상급 지휘자와 성악가, 연출가와 연주자들이 두 달간 이 도시에 모여든다. 여기서 공연된 실황은 페스티벌이 끝나기 무섭게 음반과 영상을 통해서 전 세계로 퍼져나간다. "클래식 음악계의 다보스 포럼"이라는 《뉴욕타임스》의 비유가 결코 과장이 아니다.

처음에는 아무래도 잘츠부르크의 화려한 모습에 마음을 빼앗기게 마련이다. 페스티벌 기간 내내 후원자들은 아우디 승용차에서 내려서 공연장으로 직행한 뒤 네슬레의 커피를 마시며 우아하게 담소를 나눈다. 유럽 최고의 명문 음악제인 잘츠부르크 페스티벌은 아우디와 네슬레, 지멘스 같은 굴지의 후원사 덕분에 재정 상황이 튼튼한 편이다. 하지만 미리 티켓을 구입할 여유도 없이 부랴부랴 현장에 도착한 일반 관객들은 공연장 입구에서 '표 한 장 구합니다 I need one ticket'라는 종이 팻말을 들고 여분의 티켓이 나올 때까지 하

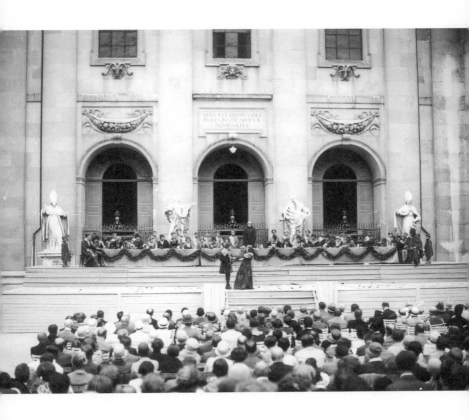

잘츠부르크 페스티벌의 시작, 〈예더만〉 공연 장면(1920)
오스트리아의 대표적 작가인 호프만슈탈의 희곡 〈예더만〉은 1911년 베를린에서 당대 가장 유명한 연출가 막스 라인하르트에 의해 초연됐고, 1920년부터는 잘츠부르크 페스티벌에서 매년 공연되고 있다. 예기치 못한 죽음과 영혼의 심판에 직면한 부호 예더만이 선과 신앙을 통해 회개하면서 구원받는 과정을 묘사하고 있는 작품이다.

염없이 기다리는 수밖에 없다. 장대비라도 쏟아지면 꼼짝없이 젖을 수도 있다. 나 역시 그랬다. 현지 주민인지 암표상인지 분간할 길이 없는 티켓 판매상과 지루한 실랑이 끝에 200유로가 훨씬 넘는 거금을 지불하고 입장했던 기억이 생생하다. 가산 탕진도 괜찮다고 호기롭게 큰소리를 쳤지만 자칫 패가망신할 뻔했다.

'공연은 시간의 예술'이라는 말은 암표를 구입할 때에도 적용된다. 공연 시작 10분 전까지 기다릴 수 있는 두둑한 배짱과 인내심만 있다면 암표 가격도 웃돈이 빠지고 액면가로 되돌아오는 순간이 언젠가는 온다. 하지만 지각 입장하거나 전반부를 놓쳐도 괜찮다는 단단한 각오가 필요하다. 오페라는 지각 입장이라도 가능하지만 콘서트의 경우에는 전반부에 들어갈 수 없다. 그럴 각오가 없다면 거액의 수업료를 내고 암표를 구입하는 수밖에 없다. 처음에는 나 역시 수업료를 많이 냈지만 웃돈을 내는 일도 조금씩 줄어들었다. 그만큼 약아진 것이다.

사실 모차르트는 1781년 빈으로 떠나면서 "잘츠부르크는 내 재능에 걸맞은 곳이 아니다. 직업 음악가를 중요하게 여기지도 않고, 극장이나 오페라도 없다"고 푸념했다. 하지만 생전에 모차르트가 넌더리를 냈던 고향 잘츠부르크는 지금까지 모차르트의 교향곡과 오페라로 전 세계 음악 애호가들을 끌어모으고 있다. 이처럼 유쾌한 역설의 공간이 잘츠부르크다. 페스티벌 기간이면 호텔 숙박부터 공연 티켓까지 모든 물가가 천정부지로 치솟는다. 카페와 식당 역시 장사진을 친 손님들로 대기 시간이 한없이 늘어난다. 하지만 두 달간의 축제 시즌이 끝나면 어김없이 평온한 일상으로 되돌아온다.

잘츠부르크의 화려한 얼굴을 보려면 여름 축제 기간에, 화장기 없는 민얼굴을 보려면 축제가 끝난 뒤에 찾는 편이 좋다. 개인적으로는 잘츠부르크의 민얼굴을 훨씬 더 사랑하는 편이다. 예전에는 화려하게 차려입고 만나는 연인 같았다면, 지금은 함께 생활하는 가족 같다고 할까. 일부러 축제 기간을 피해서 찾아간 적도 많다. 아마 앞으로도 그럴 것이다.

아버지라는 이름 뒤의 레오폴트

흔히 천재성을 좌우하는 건 유전적 요인이라는 주장을 뒷받침하는 사례로 모차르트를 든다. 모차르트 부자가 모두 음악가였다는 사실을 확대 해석하거나 과장하다 보면 빠지는 '일반화의 오류'다. 하지만 역사의 시계를 조금만 더 되돌려 올라가면 그런 믿음에 특별한 근거는 없다는 걸 깨닫게 된다. 유전적 요인을 지나치게 강조하면 모든 운명이 정해진 것만 같은 결정론의 오류에 빠지고, 환경과 노력의 중요성을 간과하게 된다.

본래 모차르트 집안은 잘츠부르크가 아니라 지금의 독일 아우크스부르크Augsburg 출신이다. 모차르트의 증조부인 프란츠 모차르트는 아우크스부르크에서 평생 석공으로 살았다. 가문 대대로 음악에 종사했던 바흐와는 달리 모차르트 집안에는 석공과 벽돌공, 책 제본사가 많았다. 손재주가 뛰어났지만 특별히 내세울 것은 없는 평범한 집안이었다는 뜻이다.

특기할 만한 사실은 증조부 프란츠가 1681년부터 1693년까지 아우크스부르크의 사회 복지 주택인 푸거라이Fuggerei에서 거주했다는 점이다. 푸거라이는 아우크스부르크 출신의 부호 야코프 푸거가 건립했다. 푸거는 자유 도시였던 아우크스부르크에서 은행업과 광산업으로 막대한 부를 축척해서 당대 유럽 최고의 부자로 꼽혔다. 신성로마제국을 다스렸던 합스부르크 왕가를 경제적으로 후원하고 유럽 정치에도 깊숙이 개입했다. 이 때문에 푸거 가문은 로스차일드 가문에 비견되기도 한다.

푸거라이는 1521년 아우크스부르크의 사회 보호 대상자를 대상으로 52채의 주택을 세운 것이 출발점이다. 이 때문에 세계에서 가장 오래된 사회 복지 시설로 불린다. 당시 난방비를 제외하고 1년에 1굴덴만 내면 입주할 수 있도록 했다. 현재 가치로는 0.88유로에 해당한다. 하루에 세 차례씩 푸거 가문을 위해서 기도하는 것이 입주 조건이었다. 이 전통을 이어받아서 지금도 건물 67개 동에 주민 150여 명이 살고 있다. 막대한 부는 언젠가 사라져도 고결한 뜻은 영원히 남는다는 걸 보여주는 곳이다. 모차르트의 증조부 프란츠가 거주했다는 명판도 푸거라이의 미틀러레 가街에 붙어 있다.

모차르트의 아버지 요한 게오르크 레오폴트 모차르트Johann Georg Leopold Mozart도 아우크스부르크에서 1719년에 태어났다. 레오폴트의 생가는 현재 '모차르트 하우스Mozarthaus'로 보존되어 있다. 2019년 레오폴트 탄생 300주년을 앞두고 전년 가을부터 개축 공사에 들어갔다. 공사 직전 박물관을 찾을 수 있어서 행운이었다.

아우크스부르크의 모차르트 하우스(레오폴트 모차르트 박물관)

독일 바이에른 주의 문화 도시 아우크스부르크에 있는 모차르트 하우스는 모차르트 아버지 레오폴트가 태어난 곳이다. 아우크스부르크 시는 모차르트의 업적을 기리기 위해 매년 모차르트 축제를 열다가 1937년 레오폴트의 생가를 박물관으로 조성하고, 모차르트 집안의 가계도와 가족사, 가족의 유럽 여행 등 모차르트와 관련된 자료를 전시하기 시작했다.

3층 건물인 박물관은 모차르트 집안의 가계도와 가족사, 레오폴트가 난네를과 모차르트 두 남매를 데리고 떠났던 유럽 여행 에피소드 등으로 알차게 구성되어 있다. 박물관 뒤뜰의 정원에는 레오폴트와 모차르트 부자의 흉상이 마주 보고 있어서 애틋함을 안긴다.

1737년 11월 레오폴트는 고향 아우크스부르크를 떠나 잘츠부르크에 도착했다. 책 제본사였던 레오폴트의 아버지 요한 게오르크가 세상을 떠난 이듬해다. 레오폴트의 아버지는 아들이 가톨릭 사제가 되기를 바랐다. 실제로 레오폴트는 어릴 적부터 아우크스부르크의 수도원에서 성가대원으로 노래했고, 예수회 학교에서 오늘날의 중고등 과정을 수학했다. 학창 시절에 레오폴트는 논리학과 과학, 신학을 공부했고 라틴어와 그리스어도 배웠다. 학교에서 매년 열리는 연극 공연에서는 가수와 배우로 활동하기도 했다. 당시부터 오르간과 바이올린을 능숙하게 연주했으며, 망원경과 현미경 등 과학에 대한 호기심도 남달랐다. 레오폴트의 폭넓은 관심과 활동은 훗날 모차르트를 가르칠 때도 톡톡히 도움이 됐을 것이다.

하지만 레오폴트는 1736년 6월 고교 과정에 해당하는 성 살바토르 리체움St. Salvator Lyceum을 그만뒀다. 아버지 요한 게오르크가 숨을 거두고 불과 4개월 뒤였다. 이듬해에는 잘츠부르크로 건너가 잘츠부르크 대학교의 전신인 베네딕트 수도원 대학에 등록했다. 이 대학에서 레오폴트는 철학과 법학을 공부했다. 하지만 1739년 저조한 출석률 때문에 퇴학당하고 말았다. 당시 그의 나이는 스무 살이었다. "자연과학 과목에서 한두 차례밖에 출석하지 않았다"는 기록이 남아 있다.

아버지 사후에 레오폴트가 정규 교육을 두 번이나 중도에 그만둔 이유는 명확하게 밝혀지지 않았다. 집안에서 간절히 원했던 사제의 길을 버리고 직업 음악가가 되기 위한 방황의 과정이라는 추정이 유력하다. '아버지의 권위에 대한 반항'이라는 주제가 훗날 레오폴트와 아들 모차르트 사이에서 한 번 더 반복된다는 점도 의미심장하다.

18세기 중반 잘츠부르크는 오스트리아 왕위계승전쟁과 7년전쟁 등 계속된 전쟁의 여파로 암흑기에 접어들고 있었다. 육류 생산이 급감했고 곡물 부족 현상도 두드러졌다. 대학을 떠난 레오폴트도 당장 생계 전선에 뛰어들어야 하는 처지가 됐다. 이때부터 그는 직업 음악가의 길을 걸었다. 1740년에는 요한 밥티스트 백작의 바이올린 연주자 겸 시동으로 첫 직장을 얻었다. 오늘날에는 선뜻 이해하기 힘들지만, 당시에는 음악가와 하인이 크게 다르지 않은 처지였다. 레오폴트가 작품 1번인 〈여섯 개의 트리오 소나타〉를 출판한 것도 같은 해였다. 3년 뒤인 1743년에는 잘츠부르크 대주교의 궁정 악단에 네 번째 바이올린 연주자로 들어갔다. 이후 1758년에 제2 바이올린, 1763년에 부악장으로 승진했지만 평생 악장의 자리에는 오르지 못했다. 가족과 함께했던 유럽 순회를 제외하면 그는 남은 반평생을 잘츠부르크에서만 살았다.

오늘날에는 모차르트의 아버지로만 기억되고 있지만, 레오폴트는 당대 최고의 바이올린 교육자였다. 1756년 그가 출간한 『바이올린 연주법』은 독일어권은 물론, 프랑스와 네덜란드에서도 번역 출간될 만큼 선풍적인 인기를 누렸다. 이 책과 모차르트는 1756년 같은 해에 탄생한 레오폴트의 '두 아이'와 같았다. 이 책은 2010년 국내에도 '레오폴트 모차르트의 바이올린 연주법'이라는 제목으로 출간됐다. 과거의 연주법이나 교육 방식을 살필 수 있어서 음악사적 가치가 높다.

레오폴트는 선생과 학생 모두를 염두에 두고 이 책을 썼다. "쉬운 곡을 박자대로 잘 연주할 수 있기 전에는 초보자에게 어려운 곡을 주지 않아야 한다"거나 "학생은 처음 시작했던 속도로 끝낼 수 있도록 특별히 노력해야 한다"는 구절에서 집필 의도가 명확하게 드러난다. "잘못을 모방하도록 유혹하는 본보기는 해를 끼친다"는 호라티우스의 경구를 인용한 서문에서는 깐깐하고 엄격한 스승 레오폴트의 모습이 떠오른다. 모차르트 연구자 알프레트 아인슈타인은 레오폴트에 대해 "천재 아들이 없었더라도 『바이올린 연주법』의 저자로서 음악사에 당당하게 존재하는 인물이 되었을 것"이라고 말했다.

하지만 레오폴트가 바이올린 연주자 및 교육자뿐 아니라 작곡가로서도 높은 평가를 받았는지는 지금도 논쟁거리다. 18세기, 독일의 음악평론가 프리드리히 빌헬름 마르푸르크는 1757년 "레오폴트 모차르트의 세레나데는 30여 곡, 몇 곡의 협주곡과 수없이 많은 3중주와 디베르티멘토, 음악극도 상당수에 이른다"면서 "완성된 작품 수로 보면 그는 스카를라티와 텔레만처럼 부지런하고 저명한 작곡가들과 어깨를 나란히 할 것"이라고 적었다. 하지만 반대로 미국의 음악학자 메이나드 솔로몬은 "레오폴트가 작곡가로서 족적을 남기는 데 실패했다"고 주장한다.

　레오폴트 사후에 잘츠부르크에 있던 자필 악보와 문서 자료가 대부분 유실된 것도 그의 작품 연구가 더디게 진행된 원인이다. 오스트리아와 독일 남부 일대의 수도원이나 귀족들의 서고에서만 간간이 레오폴트의 작품 악보가 발견됐을 뿐이다. 오늘날 그의 작품 가운데 대중적으로 가장 널리 알려진 곡은 〈장난감 교향곡〉이다. 이 곡마저 1950년대까지 '교향곡의 아버지' 프란츠 요제프 하이든의 작품으로 잘못 알려졌다. 지금도 하이든의 동생인 미하엘 하이든과 레오폴트 사이에서 진짜 작곡가가 누구인지를 놓고 설왕설래가 끊이지 않는다. 1747년 레오폴트는 안나 마리아 페르틀Anna Maria Pertl 과 결혼했다. 이들 부부 사이에서는 일곱 자녀가 태어났지만 오직 둘만 살아남았다. 누나인 마리아 안나Maria Anna와 남동생 볼프강 아마데우스 모차르트Wolfgang Amadeus Mozart 남매였다. 마리아 안나는 가족들이 부르던 '난네를Nannerl'이라는 애칭으로 친숙하다.

신의 사랑을 받는 사람

　잘츠부르크에서 모차르트가 나고 자랐던 생가는 두 곳이다. 생가는 태어난 집을 일컫는다. 엄밀하게 말하면 모차르트가 자랐던 집이 두 곳이라고 하는 편이 옳다. 1756년 1월 27일 볼프강 아마데우스 모차르트는 잘츠부르크 구시가지인 게트라이데Getreide 9번가에서 태어났다. 다음 달 레오폴트는 친구인 인쇄업자 요한 야콥 로

터에게 보낸 편지에 아들이 태어나던 순간을 생생하게 기록했다. "1월 27일 오후 8시 아내가 행복하게 아들을 낳았다네. 그녀는 너무나 허약했지만, 결국 아이와 아내 모두 건강을 되찾았지." 수년 뒤 레오폴트는 "아내가 거의 생명을 잃을 뻔했다"고 당시 순간을 회상했다. 로터는 고향 친구이자 레오폴트의 『바이올린 연주법』을 출간한 인쇄업자다.

모차르트는 태어난 다음 날인 28일 오전 10시 30분 잘츠부르크 성당에서 세례를 받았다. 세례명은 '요하네스 크리소스토무스 볼프강우스 테오필루스 모차르트Johannes Chrysostomus Wolfgangus Theophilus Mozart'였다. 세례명의 '요하네스 크리소스토무스'는 초기 기독교의 성인인 요하네스 크리소스토무스 대주교의 이름에서 유래했다. 모차르트 생일인 1월 27일이 이 대주교를 기리는 축일이다. '볼프강'은 외조부, '테오필루스'는 모차르트의 대부인 상인 요하네스 테오필루스 페르크마이어의 이름에서 각각 따왔다. '신의 사랑을 받는 자'라는 의미의 테오필루스를 라틴어식으로 바꾸면 '아마데우스'가된다. 1770년대부터 모차르트는 이탈리아식으로 '볼프강 아마데오'나 프랑스식으로 '볼프강 아마데'로 서명했다. 모차르트 사후인 19세기 들어서 지금의 '볼프강 아마데우스 모차르트'로 굳어졌다. '신의 사랑을 받는 사람'은 작곡가 사후에도 모차르트의 운명을 결정짓는 이름이 됐다.

모차르트 가족은 게트라이데 9번가 건물의 3층에서 1747년부터 1773년까지 26년간 살았다. 레오폴트가 결혼한 뒤 두 아이가 태어나는 모습을 지켜봤던 신혼집이다. '모차르트가 태어난 곳'이라는 의미에서 '모차르트 생가Mozarts Geburtshaus'로 불린다. 현재 이 거리는 차량 통행을 막고 보행자 전용으로 조성되어 있다. 명품점과 식당이 몰려 있어서 잘츠부르크 최고의 번화가로 꼽힌다. 지금 기준으로 보면 모차르트는 '잘츠부르크의 명동'에서 태어난 셈이다. 130평방미터(39평) 넓이의 모차르트 생가는 부엌과 거실, 침실과 서재, 작은 창고 등으로 구성되어 있다. 난네를과 모차르트 남매가 자라면서 별도의 침실이 필요했지만 당시 집은 그 정도로 넓지 않았다. 두 아이가 자라는 모습을 지켜보면서 레오폴트 부부는 집이 비좁다고 느꼈을 것이다.

현재 게트라이데의 모차르트 생가는 5층 건물의 외양과 입구를 말끔하게 단장해서 1~3층을 박물관으로 사용하고 있다. 모차르트의 발자취를 뒤쫓는 여행의 출발점도 마땅히 여기가 되어야 한다. 1층은 '신동 모차르트', 2층은 '모차르트와 오페라', 모차르트 가족이 거주했던 3층은 '모차르트 아파트'라는 주제로 상설 전시를 하고 있다. 3층에는 모차르트 당대의 부엌을 재현했다. 1층에는 탁자와 찬장, 건반악기와 의자 등 18세기 잘츠부르크 중산층의 거실을 복원했다. 모차르트가 유년 시절에 사용했던 미니 바이올린과 18세기 중반에 연주했던 건반악기도 있다. 모차르트의 아내 콘스탄체는 옥타브 5개의 이 건반악기로 남편이 오페라 〈마술피리〉와 〈티토 황제의 자비〉 등을 작곡했다고 회고했다.

건물주인 하게나워는 단순히 집주인이었을 뿐만 아니라, 모차르트 가족의 경제적 후원자이자 레오폴트의 친구이기도 했다. 모차르트 가족이 유럽 궁정으로 순회공연을 떠나면 하게나워는 유럽 전역

으로 연결되어 있는 사업 파트너의 매장에서 레오폴트가 언제든 현금을 인출할 수 있도록 신용장을 써주었다. 모차르트 일가의 유럽 순회공연에 직접 거금을 투자하기도 했다. 이들은 긴밀한 동업자였던 셈이다. 레오폴트 역시 1763년 7년전쟁의 여파로 네덜란드 암스테르담에서 일어난 금융 위기 등 유럽 전역에서 벌어지는 최신 뉴스를 하게나워에게 발 빠르게 편지로 전했다. 하게나워의 아들과 딸은 유년 시절부터 난네를과 모차르트 남매의 친구이기도 했다.

하게나워의 아들인 카예탄 루페르트 하게나워는 1764년 잘츠부르크의 장크트페터 수도원으로 들어가 가톨릭 사제가 됐다. 그 뒤에는 도미니쿠스 신부로 불렸으며, 1786년에는 수도원장이 됐다. 사제가 된 그를 위해 모차르트가 1769년 작곡한 종교 음악이 〈도미니쿠스 미사〉(K.66)다. 이 곡은 그해 10월 레오폴트의 지휘로 초연됐다. 모차르트의 초기 미사 음악이라는 점에서 가치가 높다.

696년에 건립된 장크트페터 수도원은 독일권에서 가장 오래된 수도원 중 하나다. 1781년 빈으로 떠났던 모차르트는 1783년 10월 잘츠부르크를 마지막으로 방문했다. 당시 그는 이 수도원에서 〈대미사〉로 불리는 〈C단조 미사〉(K.427)를 지휘했다. 이 수도원에서 모차르트 미사곡 두 곡이 탄생한 셈이다. 〈C단조 미사〉는 두 명의 소프

게트라이데의 모차르트 생가

게트라이데는 모차르트가 살던 당시 잘츠부르크 최고의 번화가였다. 차량 통행을 막고 보행자 전용으로 조성된 거리를 걷다 보면 노란색 5층 건물이 단번에 눈에 띈다. 모차르트는 이곳에서 태어나 유년 시절을 보냈다.

라노와 각각 한 명의 테너와 베이스, 합창단과 오케스트라가 필요한 대작이다. 1783년 잘츠부르크 초연 당시 아내 콘스탄체가 소프라노 파트를 직접 부른 것으로 전해진다. 콘스탄체는 이때 시아버지 레오폴트를 처음 만났다.

장크트페터 수도원 묘지에는 난네를이 묻혀 있다. 모차르트의 아버지 레오폴트와 모차르트의 아내 콘스탄체는 인근 성 제바스티안 성당 묘지에 나란히 함께 묻혀 있다. 이 점은 두 가지 사실을 일러준다. 생전에 시아버지와 며느리 사이에 애증이나 갈등이 어떠했든지, 죽고 나면 같은 묘지에 묻히는 것이 인생이라는 점이다. 두 번째는 파란만장했던 모차르트의 삶의 시작점이었던 잘츠부르크가 그리 크지 않다는 사실이다. 모차르트의 생가부터 가족들이 묻혀 있는 묘지까지 한나절이면 둘러볼 수 있는 곳이 잘츠부르크다.

1773년 모차르트 가족은 게트라이데의 생가에서 잘자흐 강 건너편의 마카르트플라츠Makartplatz 8번가로 이사했다. 이 두 번째 집은 '모차르트가 살았던 집'이라는 의미에서 '모차르트 본하우스Mozart Wohnhaus'라고 불린다. 이 집에서 레오폴트는 1787년 세상을 떠날 때까지 14년간 살았다. 1781년 모차르트는 빈으로 떠났고 난네를은 1783년 시집을 갔다. 이 때문에 레오폴트는 3~4년간의 말년을 이 집에서 홀로 지냈다. 이처럼 레오폴트의 삶은 게트라이데의 모차르트 생가와 마카르트플라츠의 집으로 양분된다.

이 집은 가정집과 헛간으로 쓰이던 두 건물을 통합한 구조다. 300평방미터(90평) 넓이에 방 여덟 개짜리의 이 건물은 게트라이데

모차르트의 미사곡이 연주된 잘츠부르크의 장크트페터 수도원

모차르트는 1783년 잘츠부르크를 마지막으로 방문했을 때 장크트페터 수도원에서 〈C단조
미사〉를 지휘했다. 그에 앞서 1769년에는 아버지 레오폴트 지휘로 〈도미니쿠스 미사〉가 초연
됐다. 이 수도원은 모차르트의 두 미사곡이 연주된 장소로 유명하며 모차르트의 누나 난네를
의 묘를 볼 수 있는 곳이기도 하다.

모차르트의 고향이자 유럽의 예술 수도 잘츠부르크

인구 15만 명의 소도시 잘츠부르크는 여름 페스티벌로 전 세계 음악 애호가들을 끌어당긴다. 페스티벌 기간에는 물가가 천정부지로 치솟고 사람들로 발 디딜 틈이 없지만 페스티벌이 끝나면 언제 그랬냐는 듯 평온한 일상으로 돌아온다.

의 생가에 비해 두 배 이상 넓다. 레오폴트가 제2 바이올린과 부악장으로 승진하면서 형편도 나아졌지만, 1763년부터 레오폴트가 난네를과 모차르트를 데리고 유럽 순회공연에 나서면서 경제적 여유가 생겼기 때문이기도 했다. 레오폴트는 이 집에서 학생들을 가르치거나 악기를 판매해서 부수입을 올렸다.

레오폴트 사후에는 인쇄소로 쓰였지만 1944년 제2차 세계대전 당시 미군의 공습으로 건물 일부가 파괴되고 말았다. 1994년 세계적 차원의 모금 운동을 통해서 건물 전체를 사들인 뒤 복원 공사를 거쳐서 1996년부터 지금의 박물관으로 사용하고 있다.

이 박물관에서도 모차르트 당대에 사용된 미니 오르간과 건반악기, 작곡가가 빈 시절에 사용했던 바이올린 등을 전시하고 있다. 아버지의 그늘에 가려 작곡가로서 제대로 빛을 보지 못했던 모차르트의 차남 프란츠 크사버 볼프강 모차르트Franz Xaver Wolfgang Mozart의 삶과 음악을 조명하는 별도의 전시실을 마련한 것이 특징이다. 프란츠 크사버에 대해 '재능이 적은 작곡가?'라는 짓궂은 반문을 적어 놓은 벽면 문구가 흥미롭다. 19세기 낭만주의 시대에 일어난 '모차르트 열풍'을 조명한 전시실도 있다. 구시가지의 모차르트 생가에 있는 박물관이 모차르트의 유년기에 초점을 맞췄다면, 이 박물관은 모차르트 사후의 영향에도 동등한 비중을 싣고 있다.

모차르트 본하우스의 내부

마카르트플라츠의 집은 잘츠부르크 내 모차르트의 두 번째 집으로, 레오폴트는 1773년 가족과 이곳으로 옮겨왔다. 그는 모차르트와 난네를이 모두 떠난 후에도 1787년 세상을 떠날 때까지 이 집에서 살았다. 모차르트 당대의 건반악기를 전시하면서도 19세기 낭만주의 시대에 일어난 모차르트 열풍도 함께 조명한 것이 특색이다.

하늘이 선사한 재능

레오폴트는 1759년 당시 일곱 살 난 난네를에게 건반악기를 가르쳤다. 이때 만 세 살 반의 모차르트가 아장아장 다가와서 누나를 흉내 내기 시작했다고 한다. 얼마 뒤에는 여러 곡의 소품을 외워서 나무랄 데 없이 연주했고, 네 살 때부터는 소품을 직접 작곡했다. 여섯 살 무렵부터는 독학으로 바이올린도 연주하기 시작했다. '모차르트 신화'의 출발점이다. 난네를도 "네 살 무렵 아버지는 장난삼아 그에게 몇몇 미뉴에트와 소품들을 건반으로 가르치기 시작했다. 동생은 박자를 정확하게 지켜가면서 흠잡을 데 없이 우아하게 연주해 냈다. 다섯 살 때부터는 이미 소품을 작곡했고, 아버지가 그 소품을 받아 적으면 동생은 연주하곤 했다"고 회고했다.

모차르트가 어릴 적부터 음악에 남다른 재능을 보였다는 사실에는 이론의 여지가 없다. 다만 재능의 연원에 대해서는 논의가 분분하다. 낭만주의가 절정에 이르렀던 19세기부터 20세기 전반까지는 대체로 선천적 재능이 강조됐다. "예술가나 음악인으로서 모차르트는 이 세상의 인간이 아니다"라는 물리학자 알베르트 아인슈타인의 말이 대표적이다. 모차르트의 천재성은 하늘에서 선사한 것이기 때문에 도무지 비교 불가능하다는 설명이다.

아인슈타인은 "내가 정말로 음악을 배우기 시작한 것은 열세 살에 모차르트의 소나타와 사랑에 빠진 뒤"라고 했을 만큼 모차르트 음악의 찬미자로 유명하다. 그는 여섯 살에 바이올린을 켜기 시작했으며 열세 살에 모차르트의 소나타를 처음 연주했다.

이처럼 20세기 초까지는 모차르트의 재능이 지닌 천부적 성격을 강조하는 시각이 압도적이었다. 하지만 20세기 중반 이후에는 모차르트의 유년 시절 노력이나 음악적인 가정 환경으로 연구의 무게 중심이 이동하고 있다. 당시 예술의 수공업적 성격에서 해답을 찾았던 독일 출신의 유대인 사회학자 노르베르트 엘리아스가 대표적이다. 레오폴트가 모차르트에게 어릴 적부터 음악을 가르친 것도 수공업 장인들이 대를 이어 전문적 기술을 전수했던 시대적 상황과 무관하지 않다는 설명이다. 당시 예술은 창작자인 예술가의 개인적인 취향보다는 주문자인 왕실이나 귀족의 기호에 맞추는 것이 중요하다는 점에서도 수공업적이었다. 하이든이나 슈베르트 등 다른 작곡가들이 성가대 같은 단체 생활을 통해서 음악 교육을 받았던 것과 달리, 모차르트의 경우는 당대 최고의 음악 교육자인 아버지에게 철저하게 맞춤형 개인 지도를 받았다는 점이 다를 뿐이다.

최근에는 해당 분야에서 최고 수준에 도달하려면 1만 시간 이상의 훈련과 연습이 필요하다는 '1만 시간 법칙'에 비추어 모차르트의 유년 시절을 설명하려는 노력도 있다. 스웨덴 심리학자 안데르스 에릭슨의 이 법칙은 뉴요커 기자 출신의 작가 말콤 글래드웰이 2008년 저서 『아웃라이어』에서 인용하면서 세계적으로 널리 알려졌다. 이 법칙을 적용하면 하루 3시간씩을 투자할 때 10년이 필요하지만, 거꾸로 하루 10시간을 연습한다면 3~4년이면 충분하다. '타고난 천재'나 '미완의 대기'는 존재하지 않으며, 성패를 가르는 것은 철저하게 연습량과 집중도에 달렸다는 관점이다. 심지어 말콤 글래드웰은 "모든 시대를 통틀어 최고의 음악 신동이라 불리는 모차르트도 1만 시간의 훈련을 통해 독창적인 작품을 썼다"고 단언했다. 사실상 하루 종일 음악과 떨어진 적이 없었던 모차르트의 경우라면, 어릴 적에 대가의 경지에 오른다고 해도 크게 이상하지 않을 것이다.

잘츠부르크 궁정의 트럼펫 연주자이자 레오폴트의 친구였던 요한 안드레아스 샤흐트너도 모차르트의 유년 시절에 대해 귀중한 증언을 남겼다. "무엇이든 한 번 배우면 너무나 몰두해서 다른 모든 건 잊어버리고 말았다. 그가 계산을 하면 탁자와 의자, 벽과 바닥에는 온통 숫자로 가득했다"는 것이다. 모차르트는 라틴어와 프랑스어, 이탈리아어 같은 외국어는 물론이고 산수와 그림, 짧게나마 펜싱도 배웠다. 누나 난네를 역시 "어릴 적부터 그는 한 번 눈에 들어온 건 모두 배우려는 열망으로 가득했고 그림이나 덧셈에도 재능을 보였지만, 음악에 너무나 관심을 쏟아서 다른 방향에는 결국 재능을 보여주지 못했다"고 기록했다. 특히 모차르트는 건반악기 앞에 한 번 앉으면 일어나지 않을 만큼 애정을 쏟았다. 난네를은 이렇게 회고했다.

모차르트가 밤 9시에 건반악기 앞에 앉으면 누구도 자정 이전에 그를 떼어내지 못했다. 내 생각에 그는 밤새 연주할 것만 같았다. 아침에도 보통 6~9시에는 침대에서 작곡을 했다. 빨리 써야 할 게 없으면 한번 일어난 뒤에 낮에는 작곡을 하지 않았지만, 저녁 8시가 되면 다시 건반악기 앞에 앉거나 작곡을 했다.

음악에 있어서는 가르치는 것이 아니라 오히려 말리는 것이 고민거리였다. 장난감을 다른 방으로 옮길 때에도 바이올린으로 행진곡을 연주하거나 흥얼거려야 했고, 날마다 어린 모차르트가 노래를 부르면 아버지가 곁에서 함께 불러줘야 행복하게 잠들었다고 한다. 이 신동에게는 음악 공부와 놀이가 도통 분간되지 않았다.

아이의 음악적 재능을 평가하는 잣대는 다양하지만, 모차르트가 어릴 적부터 특히 탁월한 솜씨를 보여준 분야가 악보 독해와 즉흥 연주다. 악보를 처음 보고 별다른 연습 없이 그 자리에서 연주하는 것을 '초견初見 능력'이라고 한다. 외국어 독해를 할 때 여러 번 읽지 않고 단번에 해석하는 능력과도 흡사하다. 잘츠부르크 베네딕트회 수도사 플라치두스 샤를은 모차르트가 세상을 떠난 뒤인 1808년 회고록에서 그의 유년 시절을 이렇게 회고했다.

여섯 살 즈음부터 그는 자신이 작곡한 지극히 까다로운 작품도 연주했다. 그 작은 손은 닿지도 않은 옥타브를 환상적인 속도로 건너뛰면서도 너무나 정확했다. 누군가 푸가나 인벤션으로 작곡하기 위해 염두에 두고 있던 주제를 건네면, 그는 기묘한 변주곡으로 발전시키면서 자유자재로 단락을 바꿔냈다. 그는 몇 시간씩 이 주제를 푸가풍으로 즉흥 연주했다. 이런 환상적인 연주는 그의 장기였다.

모차르트 신화의 숨은 연출가

우리는 천재 탄생이라는 신화에만 관심을 쏟는 나머지 신화 이면의 인물들을 간혹 잊고 지나친다. 모차르트 신화에서 주연 배우가 모차르트라면, 모차르트의 재능을 누구보다 일찍 알아보고 절대적 확신을 가졌던 연출가는 아버지 레오폴트다. 레오폴트의 눈에 비친 모차르트는 '신이 잘츠부르크에 내려준 기적'이었다. 실제 레오폴트는 1768년에 하게나워에게 보낸 편지에서 아들 모차르트에 대해 이렇게 적었다.

> 신이 잘츠부르크에 태어나도록 허락하신 기적이네. 만약 이 기적을 세상에 알리는 것이 내 의무라면, 바로 지금일 거야. 사람들이 기적이라고 불리는 것에 대해 냉소적이고 부인하는 시대라고는 하지만, 이 기적은 너무나 분명하고 부인하기 힘든데도 사람들은 무시하려고 하지. 그들은 신에게 이 영광을 돌리려고 하지 않아.

레오폴트는 모차르트의 재능을 세상에 알리고자 하는 의무감과 확신으로 가득했다. 1777년 12월 레오폴트는 편지에서 "굳이 언급할 수는 없지만 그들은 조롱을 통해서 나를 무덤으로 보내고자 한다. 볼프강의 행운과 성공이야말로 우리의 가장 달콤한 복수가 될 것"이라고 적었다. 레오폴트에게는 적의와 불신으로 가득한 세상에 복수하는 최고의 방법이 아들 모차르트의 성공이었다.

레오폴트의 친구 샤흐트너의 회상에 따르면, 네 살 난 모차르트

안토니오 로렌초니가 그린 레오폴트 모차르트의 초상화(1765년경)

모차르트가 천재 탄생 신화의 주연 배우가 될 수 있었던 것은 아버지 레오폴트가 있었기 때문
이다. 레오폴트의 눈에 비친 모차르트는 '신이 잘츠부르크에 내려준 기적'이었다. 그는 모차르
트의 재능을 세상에 알리고자 하는 의무감과 확신으로 마지막까지 살았다.

루이 카로지 카르몽텔이 그린 모차르트 가족(1763)

모차르트가 아무리 뛰어난 재능을 타고났어도, 그 실력이 발현될 기회가 없었다면 거장으로
성장하지 못했을 것이다. 레오폴트는 유년의 모차르트를 세상 밖으로 이끌어준 유일한 스승
이었다.

가 부지런하게 펜을 놀리면서 작곡하는 모습을 보던 레오폴트는 눈물을 흘리며 이렇게 말했다고 한다. "이보게, 샤흐트너 선생! 이보다 더 정확하고 논리 정연할 수가 있을까! 다만 이 곡이 엄청나게 어려워서 아무도 연주하지 못할 것 같으니, 결과적으로 쓸모없는 작품이 아닌가 싶네." 그러자 모차르트는 "그래서 협주곡인 거예요. 똑바로 연주할 때까지 연습해야 해요"라면서 직접 시연했다고 한다.

유럽 전역의 궁정으로 순회공연을 다닐 무렵인 1763년, 프랑스 출신의 화가이자 건축가 루이 카로지 카르몽텔이 모차르트 일가를 그린 수채화에서도 레오폴트의 역할은 분명하게 드러난다. 이 그림에서 레오폴트와 모차르트는 같은 악보를 보면서 바이올린과 건반악기를 연주하고 있다. 아버지는 바이올린 연주자인 동시에 아들의 건반 연주를 관찰하고 감독하는 역할을 수행하고 있다. 당시 레오폴트의 실제 역할이었을 것이다. 또한 난네를은 별도의 악보를 손에 들고 아버지를 마주 보면서 노래한다. 모차르트 남매는 학교에 다닌 적이 없었고, 이들 남매의 유일한 스승은 아버지 레오폴트였다. 이들은 생물학적 가족인 동시에 음악 공동체, 더 나아가 운명 공동체이기도 했다. 이 그림을 볼 때마다 조금은 애틋한 마음이 드는 이유다.

모차르트 전후에도 유년기에 남다른 음악적 재능을 보인 사례는 적지 않다. 하지만 모차르트처럼 대기만성한 사례는 극소수에 불과하다. 클래식 음악사에서도 작곡가 펠릭스 멘델스존이나 카미유 생상스, 프란츠 리스트 등이 유년 시절에 보여준 음악적 재능을 꾸준히 갈고 닦아서 훗날 거장이 된 예외적 경우에 해당한다. 우리는 선천적인 재능에 관심을 쏟지만 그것만으로는 천재 탄생의 필요충분조건이라고 할 수 없다. 오히려 영국 음악학자 스탠리 세이디의 말처럼 "모차르트의 음악적 재능은 그가 물려받은 것으로 설명 가능한 수준이 아니었다"는 편이 진실에 가깝다. 천재성은 발견되는 것이고 남다른 관심과 애정을 갖고 육성되는 것이기도 하다. 어쩌면 재능의 조기 발견과 확신이야말로 천재 탄생의 첫 번째 조건일지 모른다.

모차르트 재능의 산물, 난네를 악보집

유년 시절 모차르트의 재능을 확인할 수 있는 희귀한 자료 가운데 하나가 『난네를 악보집Nannerl Notenbuch』이다. 레오폴트가 1759년부터 딸 난네를과 아들 모차르트에게 건반악기 연주법을 가르치기 위해 사용했던 교재다. 당초 48쪽 분량이었지만 36쪽만 남아 있었다. 나머지 12쪽 가운데 8쪽은 1987년 파리와 뉴욕, 라히프치히 등에서 뒤늦게 발굴됐다. 당시에는 책의 제본 상태가 튼튼하지 못해서 쉽게 헐거워지나 해지는 일이 다반사였다. 모차르트 사후에 난네를이 이 악보집을 보관하고 있다가 손님들이 찾아오면 기념으로 한 장씩 선물했던 것으로 전해진다. 이 때문에 전체 복원은 힘들다. 하지만 지금도 이 책이 가치 있는 건 작곡가 모차르트의 첫 작품들이 실려 있기 때문이다.

모차르트의 첫 번째 곡이 실린 『난네를 악보집』의 음반

『난네를 악보집』은 레오폴트가 난네를과 모차르트에게 건반악기 연주법을 가르치기 위해 사용했던 교재로, 전체 48쪽 분량이다. 레오폴트는 모차르트가 작곡한 피아노 소품들도 이 악보집에 적어두었다. 모차르트의 첫 작품들이 실려 있어 모차르트가 작곡가로서 막 걸음마를 시작하던 시절을 살펴볼 수 있다.

'음악의 아버지' 요한 제바스티안 바흐의 차남인 카를 필립 에마누엘 바흐와 오스트리아 작곡가 게오르크 크리스토프 바겐자일 등의 소품도 여기에 실려 있다. 작곡가 미상의 미뉴에트 8곡에는 "볼프강이 네 살 반 때 이 작품들을 배웠다"는 구절이 적혀 있다. 또 다른 '미뉴에트 F장조' 악보에는 "볼프강이 다섯 번째 생일 전날인 1761년 1월 26일 9시 반부터 30분간 미뉴에트와 트리오를 배웠다"고 기록되어 있다. 레오폴트는 어린 모차르트가 작곡한 피아노 소품들도 이 악보집에 적어나가기 시작했다.

앞에서 이야기한 것처럼 모차르트의 작품 번호는 그가 세상을 떠난 뒤 작품을 정리한 쾨헬의 이름을 따서 '쾨헬 번호'로 불린다. 약자로는 'K.'이나 'KV'로 기록한다. 쾨헬 번호 1번에 해당하는 여섯 곡이 '안단테 C장조'와 '알레그로 C장조', '알레그로 F장조', '미뉴에트 F장조', '미뉴에트 G장조'와 '미뉴에트 C장조'다. 모차르트의 첫 작품들인 셈이다. 이 여섯 곡은 모두 『난네를 악보집』에 실려 있다. 모차르트는 1761년 1~2월부터 이 작품들을 써나간 것으로 추정된다. 즉, 다섯 살 생일 직후에 작곡가로 데뷔한 셈이다.

레오폴트의 가정 교육은 모차르트의 발전 단계와 성장 과정을 실시간으로 공개했다는 점에서 특이하다. 모차르트는 작곡가로 첫발을 내딛는 무렵부터 성인이 될 때까지 모든 과정이 드러나 있는 희귀한 사례로, 『난네를 악보집』이 그 첫 번째 증거물이다. 레오폴트는 아이 스스로 연습하고 호기심을 갖도록 충분한 시간적 여유를 주었다는 점에서 기계적인 반복 훈련보다는 '자율 교육'을 선호했다고 볼 수 있다. 독일의 음악학자 폴크마르 브라운베렌스는 "레오폴트는 스스로 발전해나가는 아이의 음악적 재능을 관찰하고, 그것을 진지하게 받아들이고 경탄해보임으로써 격려해주었다"고 말했다.

모차르트의 첫 작품이라고 할 수 있는 이 곡들은 유년기의 음악적 재능을 가늠해볼 수 있는 척도 역할을 한다. 하지만 첫 작품인 '안단테 C장조'의 경우 10마디 정도에 불과하다. '알레그로 C장조'는 12마디, '알레그로 F장조'는 24마디, '미뉴에트 F장조'는 20마디, '미뉴에트 G장조'는 18마디다. 반복을 포함하고 있기 때문에 단순히 마디 수가 늘었다고 해서 완성도가 빼어나다고 단정할 수는 없다.

초기 곡들은 1분 남짓에 불과하기 때문에 이 곡들만으로 모차르트의 천재성을 단언할 수는 없다. 흥미로운 사실은 모차르트의 첫 작품들이 부자간 협업의 산물이었다는 점이다. 당시 모차르트는 다섯 살 무렵이었다. 이 때문에 아버지 레오폴트가 악보 표기를 대신해준 것으로 추정한다. 레오폴트는 모차르트의 스승이자 관찰자인 동시에 기록자였던 셈이다. 이 악보집에 등장하는 필체는 모두 다섯 종류다. 레오폴트와 모차르트 부자 외에도 세 명의 필경사가 더 존재한다는 뜻이다. 이 필체의 주인들은 아직 확인되지 않았다.

이 악보집에 적혀 있는 K.2~5 작품도 미뉴에트와 알레그로 같은 소품들이다. 1764년 잘츠부르크에서 작곡한 것으로 보이는 '피아노 소품 C장조'(K.5a)는 모차르트가 처음으로 직접 기보한 곡으로 추정된다. 같은 해 이어서 작곡한 것으로 보이는 '안단테 B플랫장조'(K.5b)는 반복을 포함해 61마디에 이른다.

1763년 10월 브뤼셀에서 작곡한 것으로 추정되는 '미뉴에트 C장조'와 '안단테 F장조'는 모두 〈바이올린 소나타 1번〉(K.6)의 2~3악장으로 쓰였다. '알레그로 B플랫장조'는 〈바이올린 소나타 3번〉(K.8)의 1악장으로 사용됐다. 이 작품들을 통해 모차르트가 작곡과 놀이를 구분하기 힘든 유년기에서 벗어나 작곡가로 걸음마를 시작하는 발전 과정을 엿볼 수 있다. 이처럼 『난네를 악보집』은 신동 모차르트의 새싹 시절을 엿볼 수 있다는 점에서 음악적 가치가 높다. 과연 이 악보집에 담겨 있는 음악적 맹아들이 훗날 600여 곡에 이르는 무성한 걸작의 숲으로 자라날 것이라고 당시에 상상이나 할 수 있었을까.

잘츠부르크의 음악가, 카라얀

잘츠부르크의 인구수는 2018년 기준으로 15만 명 남짓이다. 수도 빈과 그라츠, 린츠에 이어 오스트리아에서 네 번째 크기로, 인구 기준으로는 한국의 경남 통영 정도다. 구시가지도 그리 크지 않아 대략 한나절이면 둘러볼 수 있다. 잘츠부르크는 작은 도시이지만 유럽에서 중세시대의 건축물을 잘 보존하고 있는 데다 그 역사성을 인정받아 1996년 유네스코 세계 문화유산으로 지정됐다.

통영에서 시인 유치환과 작곡가 윤이상 등 수많은 예술가가 태어난 것처럼, 잘츠부르크도 불세출의 음악가 두 명을 낳은 고향으로 유명하다. 작곡가 모차르트와 지휘자 헤르베르트 폰 카라얀Herbert von Karajan이다. 우리 상식으로는 모차르트가 훨씬 유명할 것 같지만, 음반 산업의 절정기였던 20세기 후반 오스트리아에서는 거꾸로 이런 농담도 나돌았다. "모차르트는 헤르베르트 폰 카라얀의 고향 잘츠부르크에서 태어났다." 카라얀의 위세가 얼마나 등등했는지 알려주는 사례다. 카라얀은 베를린 필하모닉 오케스트라와 빈 국립 오페라 극장 등을 이끌면서 평생 1,200여 장의 음반을 남겼다. 총 음반 판매고도 2억 장에 이르는 것으로 추산한다. 지금도 그 숫자는 늘고 있다.

잘츠부르크에서 카라얀의 자취를 찾는 건 그리 어렵지 않다. 카라얀은 잘츠부르크 구시가지에서 마카르트슈테크Makartsteg 다리를 건너면 나오는 요제프 프리드리히 훔멜 J. F. Hummel 거리 1번가에서 태어났다. 마카르트슈테크는 차량 통행은 금지되고 사람만 건널 수 있는 보행자 전용 다리다. 잘츠부르크를 찾아온 연인들이 영원한 사랑을 속삭이면서 자물쇠를 난간에 걸어 잠근 뒤 열쇠를 강바닥에 던지는 곳으로도 유명하다. 강을 건너서 요제프 프리드리히 훔멜 거리에 도착하면 '카라얀의 생가Geburtshaus'라는 안내문이 적혀 있는 아담한 건물이 보인다. 생가 뒤뜰에는 카라얀의 동상도 있다.

카라얀 생가 뒤뜰의 동상

모차르트 신화의 시작

1차 그랜드 투어

여섯 살 꼬마의 생애 첫 콘서트

여섯 살 소년 모차르트가 오스트리아 최고 권력자와 만났다. 1762년 10월 13일 빈의 쇤브룬 궁전에서 열린 연주회였다. 3시간 가까이 지속된 이날 음악회에는 황제 프란츠 1세와 황후 마리아 테레지아 부부가 참석했다. 모차르트는 손수건으로 눈을 가린 채 정확하게 건반을 누르거나, 손가락 하나로 연주하는 기교를 뽐냈다. 오늘날 방송 프로그램에서 신동들이 자랑하는 재주와 비슷했을 것이다. 하지만 연주가 끝난 직후에는 평범한 개구쟁이 꼬마로 되돌아갔다. 레오폴트는 하게나워에게 보낸 편지에 "볼페를(볼프강의 애칭)이 황후의 무릎 위로 뛰어올라 목을 끌어안고 입을 맞췄다"고 적었다. 아들의 모습을 뒤에서 지켜봤을 레오폴트의 자랑스럽고 뿌듯한 표정이 눈에 그려질 것만 같다.

이 연주회가 열린 곳은 쇤브룬 궁전 서관 '거울의 방'이다. 유럽의 양대 왕가였던 프랑스 부르봉 왕가에 베르사유 궁전이 있다면,

오스트리아 합스부르크 왕가에는 쉰브룬 궁전이 있다. 합스부르크 왕가의 여름 궁전이었던 쉰브룬 궁전은 방이 1,441개나 된다고 한다. 1996년에는 유네스코 세계 문화유산으로 등재됐다. 빈 필하모닉의 여름 음악회도 쉰브룬 궁전의 야외 광장에서 열린다. 일반에 공개하는 방 가운데 2018년 기준으로 안내 번호 16번이 거울의 방이다. 쉰브룬 궁전은 보수 공사 중일 때가 많고 거울의 방도 예상만큼 크지는 않다. 이 때문에 대갤러리와 혼동하고 그냥 지나치기 쉽다. 또한 단체 관광객이 많고 일방통행이기 때문에 한번 지나치면 돌아가기도 쉽지 않다. 놓친 뒤에 돌아가려면 관리 직원들에게 제지당하는 수모를 각오해야 한다. 이럴 땐 발걸음을 늦추고 천천히 여유 있게 둘러보는 편이 낫다.

모차르트가 마리 앙투아네트 공주에게 결혼해달라고 졸랐다는 일화도 이 음악회에서 나왔다. 마리 앙투아네트는 프란츠 1세와 마리아 테레지아 부부의 막내딸이다. 마리 앙투아네트는 훗날 프랑스 국왕 루이 16세와 결혼했지만 프랑스혁명으로 단두대의 이슬로 사라지고 말았다. 하지만 이런 비극도 모두 나중의 일이다. 당시에는 모차르트보다 두 달 먼저 태어난 여섯 살 동갑내기 꼬마 공주에 불과했다. 덴마크 출신의 외교관으로 모차르트가 세상을 떠난 뒤 미망인 콘스탄체의 두 번째 남편이 된 게오르크 니콜라우스 폰 니센 Georg Nikolaus von Nissen은 1829년 출간된 모차르트 전기에서 당시 모습을 이렇게 묘사했다.

반들반들하게 윤이 나는 마룻바닥에 익숙하지 않은 모차르트는 그

모차르트가 첫 콘서트를 열었던 '거울의 방'

1762년 빈의 쇤브룬 궁전에서 여섯 살 모차르트는 오스트리아 최고 권력자인 황제 프란츠 1세 앞에서 피아노 연주를 하면서 신동으로서의 기교를 뽐냈다. 연주가 끝난 직후에는 황후의 무릎 위로 뛰어올라 목을 끌어안고 입을 맞추기도 했다고 전해진다.

만 넘어지고 말았다. 두 공주 가운데 한 명은 넘어진 모차르트에게 그다지 신경 쓰지 않았지만, 마리 앙투아네트는 친절하게 그를 일으켜주었다. 모차르트는 그녀에게 "당신은 착하네요. 당신과 결혼하고 싶어요"라고 말했다. 마리 앙투아네트가 어머니께 이 이야기를 전해주자, 마리아 테레지아는 모차르트에게 왜 이런 결심을 하게 됐는지 물었다. 그러자 모차르트는 대답했다. "고마워서요. 다른 공주님은 저를 신경도 쓰지 않는데, 그녀는 친절하게 대해줬거든요."

이 전기는 모차르트 사후 30년 뒤에 출간됐다. 당시 연주회를 직접 보지 못한 콘스탄체의 간접 증언에 따른 것이기 때문에 이 일화의 사실 관계를 확인하기는 힘들다. 다만 신분의 높낮이를 괘의치 않고 거리낌 없이 할 말은 하는 유년기 모차르트의 쾌활한 성격을 보여주는 사례로는 충분히 이해할 수 있다. 8일 뒤인 10월 21일 모차르트 남매는 빈의 궁정 음악회에 다시 초대받았다. 훗날 마리아 테레지아와 모차르트 부자의 관계는 악연으로 변한다. 하지만 이때까지만 해도 황제와 황후 부부는 모차르트 남매의 재주에 깊은 인상을 받았던 것 같다.

당시 음악회에는 궁정 음악가 게오르크 크리스토프 바겐자일도 참석했다. 모차르트 남매가 피아노 연주법을 배우기 시작했을 때 교재로 사용한 『난네를 악보집』의 소품을 쓴 작곡가였다. 요즘으로 치면 갓 피아노를 배우기 시작한 꼬마 아이가 체르니를 직접 만난 것이나 다름없었다. 하지만 소년 모차르트는 거침없었다. 황제의 분부를 받은 바겐자일이 건반악기를 연주하려는 모차르트의 곁에 앉았다. 그러자 모차르트는 이렇게 말했다. "당신의 협주곡 가운데 하나를 연주할 테니, 당신은 저를 위해 악보를 넘겨주세요." 당대 빈 궁정 최고의 음악가가 졸지에 소년 모차르트의 악보를 넘겨주는 페이지터너로 전락했던 것이다.

음악회의 성과는 모차르트 가족이 받은 상금과 선물을 통해 가늠해볼 수 있다. 모차르트 가족은 금화 100두카트를 받았고, 이틀 뒤 황후는 모차르트 남매를 위해 고급 의상을 하사했다. 당시 화폐 가치로 1두카트는 4.5플로린에 해당했다. 18세기 유럽의 화폐 가치를 오늘날과 단순 비교하는 것은 불가능에 가깝다. 학자들마다 의견이 분분하기 때문에 정확한 추산은 힘들지만 대략 1플로린이면 현재 30~60달러 정도의 구매력을 가지고 있는 것으로 본다. 모차르트 가족이 받았던 100두카트(450플로린)는 1만 3,500~2만 7,000달러에 이르는 것으로 추산할 수 있다.

10월 19일 레오폴트는 540플로린에 해당하는 금액을 고향으로 송금했다. 이 액수는 잘츠부르크 궁정에서 레오폴트가 받는 2년치 연봉보다 많았다. 사회학자 엘리아스의 표현대로 "그들은 빈 여행을 통해 단번에 사회의 최상부로 이동했던 것"이다. 과연 여섯 살 소년이 빈에서 황제와 황후 부부를 만날 수 있었던 비결은 무엇이었을까. 아무리 재능이 뛰어나다고 해도 어떻게 그 어린 나이에 황실에서 공연을 하고, 그 후로도 당대 유명한 음악가들과 어깨를 나란히 할 수 있었을까.

도전의 시작

잘츠부르크 게트라이데 9번가 모차르트의 생가를 개조한 박물관 1층 벽면에 그 힌트가 적혀 있다.

모차르트는 평생 17차례 여행했다. 여행 기간은 3,720일로, 환산하면 10년 2개월 2일이다. 이 기간은 모차르트 일생 가운데 3분의 1에 해당한다. 모차르트는 6세 때인 1762년 뮌헨으로 처음 여행을 떠났고, 1791년 오페라 〈티토 황제의 자비〉를 초연하기 위해 프라하로 마지막 여행을 갔다. 그가 세상을 떠나기 불과 3개월 전이었다.

남들이 재능을 알아주지 않는다면 직접 찾아가는 수밖에 없었던 것이다.

아버지 레오폴트가 난네를과 모차르트 남매를 데리고 여행을 떠나기로 결심한 것은 1762년이다. 당시 난네를은 만 10세, 모차르트는 6세였다. 이때부터 시작된 이들의 여행을 '그랜드 투어'라고 부른다. 본래 그랜드 투어는 유럽에서 귀족이나 상류층 자제들이 인문학적 안목을 넓히기 위해 프랑스나 이탈리아의 고전 문화유산을 답사하는 여행을 의미했다. 이들의 여행에는 뛰어난 안목을 지닌 가정교사가 동행했다. 요즘 말로는 인문학과 여행을 결합한 현장 교육이었다. 『국부론』을 쓴 영국의 경제학자 애덤 스미스도 그랜드 투어의 가정교사였다. 애덤 스미스는 훗날 『국부론』에서 "영국에서는 젊은이들이 학교를 졸업하면 대학교에 보내지 않고 외국에 여행 보내는 것이 점점 더 유행하고 있다"고 전했다. 당시 영국에서 그랜 드 투어 열풍이 일어났다는 뜻이다.

하지만 모차르트 가족의 그랜드 투어는 철저하게 달랐다. 유럽 궁정에서 순회공연을 열어서 왕과 귀족들 앞에서 남매의 음악적 재 능을 직접 선보이는 것이 레오폴트의 계획이었다. 다시 말해, 모차 르트 가족의 그랜드 투어는 '인문학 여행'보단 '유럽 순회공연'에 가 까웠다.

1762년 1월 12일 모차르트 가족은 3주 일정으로 첫 여행에 나섰 다. 모차르트의 여섯 번째 생일을 보름 앞두고 있었다. 바이에른 공 국의 선제후 막시밀리안 3세가 다스리는 뮌헨이 첫 목적지였다. 뮌 헨은 잘츠부르크와 인스부르크 같은 오스트리아 도시뿐 아니라 레 오폴트의 고향인 아우크스부르크와 뉘른베르크 등을 이어주는 독 일의 교통 요지다. 지금도 오스트리아 잘츠부르크에서 기차로 2시 간이면 독일 남부 뮌헨에 도착한다. 뮌헨은 모차르트 가족들이 유 럽 전역으로 진출하기 위해 반드시 거쳐야 하는 관문과도 같았다.

막시밀리안 3세는 오스트리아 왕위계승전쟁 중이던 1745년 부 친 카를 7세의 서거로 선제후 자리를 물려받았다. 당시 바이에른 공 국은 합스부르크 왕가에 맞서 신성로마제국의 황제의 계승권을 주 장하고 있었다. 하지만 막시밀리안 3세는 제국의 황위를 깨끗하게 단념하고 오히려 숙적이었던 합스부르크 왕가와 평화 협정을 맺었 다. 막시밀리안 3세는 대외적으로 중립을 지키면서, 대내적으로 학 문과 예술을 장려하여 진보적 계몽주의 군주라는 평가를 받았다.

바이에른 공국의 궁정이 뮌헨 레지덴츠Residenz다. 뮌헨 레지덴츠는 14세기 이후 증개축을 거듭해서 지금은 10개의 뜰과 130여 개의 방을 갖추고 있다. 현재 독일 도심 궁정 가운데 가장 큰 규모로, 매년 관람객만 30만 명에 이른다.

모차르트 가족은 1762년 1월 뮌헨에서 선제후를 처음 만났다. 아쉽게도 첫 뮌헨 여행에 대한 상세한 기록은 남아 있지 않다. 하지만 이 여행을 통해서 레오폴트가 자신감을 얻은 것만큼은 확실하다. 곧이어 같은 해 9월 18일부터 12월 31일까지 3개월에 걸쳐서 다시 연주 여행에 나섰으니 말이다.

두 번째 여행의 목적지는 합스부르크 왕가의 수도 빈으로, 황제 프란츠 1세와 황후 마리아 테레지아를 만나기 위해 떠난 것이었다. 모차르트 가족에게 이 여행은 모든 운명을 걸어야 하는 '정면 도전'과도 같았다.

잘츠부르크에서 빈으로 가기까지 여정만 3주에 이르렀다. 모차르트 가족은 빈으로 가는 도중에도 끊임없이 음악회를 열었다. 빈 궁정 연주를 위한 실전 연습인 동시에 현지에서 여행 경비를 마련하는 일석이조의 효과가 있었을 것이다. 10월 1일에는 파사우의 귀족들 앞에서 음악회를 열었고, 나흘 뒤에는 오스트리아 입스 안 데어 도나우의 성당에서 모차르트가 오르간을 연주했다. 연주에 깜짝 놀란 프란체스코회 수사 두 명이 식사 도중에 자리에서 일어나 성당으로 달려가 보니 여섯 살 꼬마가 오르간 앞에 앉아 있더라는 이야기도 있다. 다분히 아버지의 자부심이 섞인 일화일 것이다. 이런

모차르트 가족의 첫 여행지, 뮌헨 레지덴츠

모차르트는 여섯 번째 생일을 보름 앞두고 첫 유럽 순회공연에 나선다. 레오폴트는 모차르트 남매의 음악적 재능을 유럽 궁정에 선보이기 위해 이 여행을 계획했다. 막시밀리안 3세가 다스리던 뮌헨이 그 첫 목적지였다.

소식들은 빈으로 빠르게 퍼졌다. 신동의 출현을 오스트리아 전역에 알리는 선전 효과도 적지 않았을 것이다. 한마디로 레오폴트는 '홍보의 달인'이었다.

이들 가족이 빈에 도착한 건 1762년 10월 6일 오후 3시쯤이었다. 당시 빈에 들어가려면 까다로운 검문검색을 거쳐야 했다. 하지만 모차르트가 세관원들 앞에서 즉석으로 바이올린 솜씨를 보여준 덕분에 무사히 통과할 수 있었다. 레오폴트는 "아이들은 더할 나위 없이 쾌활하다. 어디를 가나 집에 있는 것처럼 행동한다. 아들 녀석은 낯선 사람들, 특히 관리들 앞에서 너무나도 다정하고 자연스러워서 오랜 친구들을 만나는 것처럼 보일 정도"라고 편지에 적었다.

'가족 기업'이 된 모차르트 일가

과거의 연구들은 모차르트의 재능을 유럽 전역에 알리려는 아버지 레오폴트의 헌신적 노력에 초점을 맞췄다. 하지만 최근에는 모차르트 가족이 당시 유럽 순회공연을 통해서 적지 않은 경제적 이익을 얻었을 것이라는 주장도 나온다. 미국의 음악학자 메이나드 솔로몬이 대표적이다. 그는 레오폴트가 잘츠부르크에 보낸 송금 기록과 편지 등을 바탕으로 모차르트 가족이 벌어들인 수입을 대담하게 추론했다.

실제로 레오폴트는 당시 여행 경비가 2만 플로린 가까이 들었다고 기록했다. 하지만 수입에 대해서는 명확하게 밝힌 적이 없다. 솔로몬은 레오폴트가 지출은 부풀려서 말하는 반면, 수입에 대해서는 낮춰서 기록하거나 언급을 피하는 경향이 있다고 보았다. 이들 가족의 여행 경비가 1만 3,500플로린을 넘지 않았던 반면 수입은 2만 플로린 이상이었다는 사실에 유럽 왕실이나 귀족들에게 받은 호화로운 선물까지 감안하면 적어도 1만 2,500플로린 이상의 수익을 냈을 것이라는 추론이다. 당시 레오폴트가 부악장으로 받은 연봉이 450플로린이었다는 점을 감안하면 엄청난 액수가 틀림없다.

18세기의 경제를 오늘날과 같은 기준에서 비교할 수는 없다. 당시에는 생필품은 비쌌지만 그에 비해 인건비는 저렴했다. 지금처럼 화폐 경제의 개념이 엄밀하지 않아서 일부 임금은 현물로 지급하기도 했다. 당시 중간급 공무원의 연봉은 500~1,000플로린, 궁정 악단의 악장은 450플로린, 평단원은 150~450플로린, 하인은 60플로린, 하녀는 10~30플로린 수준이었다고 한다. 솔로몬도 200여 년을 거슬러 올라가는 이런 계산이 부정확하고 오차 범위가 클 수밖에 없다고 인정한다. 하지만 1762년 10월의 540플로린, 1764년 4월의 2,000플로린, 1764년 6월의 1,000플로린 같은 송금 기록은 엄청난 수입이 없었다면 불가능했을 것이라는 주장이다. 어쩌면 유럽 순회 공연을 다니는 모차르트 일가는 '가족 기업'이었을지도 모른다.

빈의 황제와 황후 부부 앞에서 두 차례나 음악회를 열고 모차르트 남매가 연주 솜씨를 뽐낸 것은 분명 대성공이었다. 하지만 두 번째 음악회를 마치고 숙소로 돌아오는 길에 모차르트는 전신 통증과 발진, 고열을 호소했다. 성홍열이었다. 결국 모차르트는 11월 4일까지 모든 연주회를 취소하고 꼼짝없이 누워 있었다. 레오폴트는 "이

일 때문에 최소한 50두카트는 들었을 것"이라고 말했다. 아버지의 말치고는 다소 비정하게 들린다. 하지만 음악적으로든 경제적으로든 이들 가족의 운명이 달려 있던 여행이었다는 사실을 감안할 필요가 있다. 아들의 병 앞에서 안절부절못해서 발을 동동 구르며 초조한 표정을 지었을 레오폴트의 모습이 연상된다.

모차르트의 병세가 호전된 뒤인 12월 11일부터 모차르트 가족은 프레스부르크 귀족들의 초청을 받고 다시 여행을 떠났다. 지금의 슬로바키아 수도인 브라티슬라바가 목적지였다. 이들 가족은 다음 달인 1763년 1월 잘츠부르크로 돌아왔다. 귀향 직후 레오폴트는 잘츠부르크 궁정 악단의 부악장으로 승진했다. 부악장은 레오폴트가 잘츠부르크에서 오를 수 있는 최고 직위였다. 그는 당대 명성을 누렸던 바이올린 교육자였지만, 악장에는 끝내 오르지 못했다. 어쩌면 승진 포기는 그랜드 투어를 추진할 때부터 레오폴트가 치러야 하는 대가였는지 모른다.

주요 교통수단은 우편 마차였다. 슈베르트의 연가곡 〈겨울 나그네〉의 13번 '우편 마차'를 비롯해 음악 작품에 마차가 자주 등장하는 것도 이 때문이다. 잘츠부르크에서 뮌헨까지 지금은 기차로 2시간이면 충분하다. 하지만 당시 마차로는 29시간이나 걸렸다.

오전 8시에 잘츠부르크에서 우편 마차를 타고 출발하면 다음 날 낮 1시에야 뮌헨에 도착했다. 마차의 평균 속도를 환산하면 시속 5.5~7.5킬로미터 정도에 불과했다. 오늘날 휴게소나 주유소에 들르는 것처럼 중간에 대여섯 번은 쉬어야 했다. 지친 말을 쉬게 하거나 교체하는 동안 여행객들은 커피를 마시거나 간식을 먹었다. 한

번 타면 3~4시간은 덜컹거리는 마차 안에 꼼짝없이 앉아 있어야 했다. 바퀴가 고장 나거나 도로 상태가 좋지 않으면 여행 시간은 더 늘어났다. 한밤이 되면 벼룩이나 빈대가 들끓는 여관이나 선술집에서 묵었다. 모차르트 남매에게도 무척 고단한 여정임에 틀림없었다. 성인이 된 모차르트는 1780년 편지에서 당시 여행을 이렇게 회고했다. "밤에 1분도 제대로 잠들기 힘들 거라고 장담할 수 있네. 이 마차는 넋을 빼놓을 지경이지. 좌석은 또 얼마나 딱딱한지! 우편 마차를 타느니 차라리 걸어 다니는 편을 택하겠네."

마차가 교통수단이었다면 통신수단은 편지였다. 1778년 잘츠부르크에서 보낸 편지는 열흘 뒤에야 파리에 도착했다. 편지를 보낸 사람이 답장을 받아보려면 3주는 걸렸다는 뜻이다. 이 때문에 당시 사람들은 편지를 보낼 때마다 시시콜콜한 사연을 미주알고주알 적어 보냈다. 부주의한 표현으로 오해나 앙금이 생기면 그만큼 풀기도 어려웠다. 훗날 레오폴트가 아들 모차르트에게 보낸 편지에서 지나치게 노심초사하거나 전전긍긍하는 모습을 보였던 것도 이 때문이다. 실시간으로 반응을 확인할 수 있는 온라인 통신과 이메일의 시대에는 의아하게 보이지만, 당시 편지를 제대로 이해하려면 통신 속도의 차이를 반드시 감안할 필요가 있다. 레오폴트의 깐깐함은 성격만이 아니라 통신 속도의 한계 때문이기도 했다.

1,269일에 걸친 순회공연

4개월간의 뮌헨과 빈 여행은 모차르트 일가에게는 본격적인 그랜드 투어를 위한 든든한 준비 운동이자 예행연습이었다. 그 뒤 레오폴트는 곧바로 유럽 전역의 궁정을 순회한다는 야심찬 계획을 마련했다. 오늘날 독일과 프랑스, 벨기에와 네덜란드, 영국에 이르는 긴 여정이었다. 1763년 6월 9일부터 다시 시작된 그랜드 투어는 1766년 11월 29일에야 끝났다. 1,269일에 이르는 대장정이었다. 3년 5개월 하고도 20일 동안 88개의 도시와 마을에서 연주했다. 서양음악사에서 전무후무한 기록이다.

모차르트 남매의 재능에 대해 확신을 갖자마자 유럽 투어를 추진한 레오폴트의 결단력은 지금 봐도 놀랍다. 레오폴트는 '신께서 잘츠부르크에서 태어나도록 허락하신 기적을 세상에 알리는 것'이 자신의 임무라고 철석같이 믿을 만큼 무시무시한 확신을 지니고 있었다. 해당 분야의 전문성을 지닌 성인이 자식의 재능에 대해 이처럼 뚜렷한 신념을 갖는 것도 지극히 드물다.

흔히 '신동 탄생'은 아이의 재능에만 달린 것으로 생각하기 쉽다. 하지만 모차르트 가족의 그랜드 투어는 두 가지 요소를 함께 감안할 필요가 있다는 점을 일러준다. 아이의 재능을 조기에 발견할 수 있는 부모의 전문가적 식견과 아이가 충분히 재능을 발휘할 기회를 마련해주는 추진력이다. 모차르트 가족의 그랜드 투어는 레오폴트의 예술적 감식안과 추진력, 모차르트의 음악적 재능이라는 삼박자가 행복하게 맞아떨어진 경우였다.

레오폴트는 평생 고향 아우크스부르크와 잘츠부르크, 뮌헨 등 오늘날 독일 남부와 오스트리아를 넘어가 본 적이 없었다. 당시 여행이 모차르트 남매에게는 물론 아버지 레오폴트에게도 얼마나 거대한 프로젝트였는지 짐작할 수 있다. 레오폴트는 1764년 시종에게 임무를 상기시키는 편지에 이렇게 적었다. "언제나 지갑을 붙들고 있어야 한다. 오감을 모두 동원해서 수개월 전부터 여행 계획을 기억하고 있어야 한다. 그렇다고 해도 예기치 못한 상황 때문에 언제든 계획은 바뀔 수 있다." 레오폴트의 꼼꼼하고 주도면밀한 성격은 이 편지에서도 드러난다.

모차르트 일가에게 하인이나 시종이 있었다고 하면 깜짝 놀라는 경우가 많다. 음악인의 신분이 하인과 별반 다르지 않았던 당시 사회상 때문이다. 하지만 이들 가족은 모차르트가 태어난 잘츠부르크 게트라이데 9번가 시절부터 유모를 두고 있었다. 그랜드 투어에도 하인이 함께했다. 레오폴트는 그랜드 투어 당시 편지에 "가족의 건강과 궁정의 내 명예를 지키려면 귀족이나 기사들처럼 여행하는 수밖에 없다"고 썼다.

3년여간의 여행을 마치고 잘츠부르크로 돌아올 때에도 레오폴트는 게트라이데 생가의 집주인 하게나워의 부인에게 집안일을 돌볼 하녀를 구해달라고 부탁하는 편지를 보냈다. 하녀 모니카는 난네를이 결혼할 때 따라가기도 했다. 이런 정황으로 볼 때 레오폴트 가족이 가난했다고 볼 수는 없다. 오히려 그 반대에 가깝다. 모차르트 남매를 데리고 유럽 투어에 나서면서 벌어들인 수입과 레오폴트의 승진 덕분에 살림살이가 윤택해졌다고 보아도 좋을 법하다.

잘츠부르크로 돌아오는 길에 레오폴트는 마차까지 구입했다. 18세기에는 음식과 숙박보다 교통수단이 더 많은 돈을 잡아먹었다. 이 때문에 여행을 시작할 때 마차를 구입했다가 돌아온 뒤에 되파는 경우도 잦았다. 일일이 택시 타고 다니느니 중고차라도 장만하는 편이 낫다고 보면 이해하기 쉽다.

두 번째 여행도 뮌헨에서 시작됐다. 이번에는 비교적 상세한 기록이 남아 있다. 모차르트 남매는 님펜부르크 궁전에서 선제후 막시밀리안 3세를 위해 연주했고, 이들 남매의 연주에 감동한 막시밀리안 3세는 100굴덴을 하사했다. 슈베칭엔 Schwetzingen 에서는 당시 유럽 최고의 악단으로 꼽혔던 만하임 오케스트라와 협연했다. 레오폴트도 "이 오케스트라가 독일 최고라는 점은 이론의 여지가 없다"고 격찬했다.

프랑크푸르트에서는 다섯 차례나 콘서트를 열었다. 이 연주회에는 독일의 문호 요한 볼프강 폰 괴테가 참석했다. 훗날 괴테는 제자이자 비서 요한 페터 에커만에게 모차르트에 대한 첫인상에 대해 이렇게 말했다. "나는 그가 일곱 살 소년이었을 때 본 일이 있네. 마침 그가 연주 여행을 하고 있을 때였지. 머리를 곱슬곱슬하게 땋아 내리고 칼을 차고 있던 모습이 눈에 아주 선하다네."

이후 모차르트 가족이 파리에 도착한 것은 1763년 11월 18일이다. 프랑크푸르트 연주회에서 만난 상인 부인의 소개로 프리드리히 멜쇼르 폰 그림 남작을 찾아간 것이 큰 도움이 됐다. 독일에서 태어난 폰 그림 남작은 프랑스에 정착한 뒤 문예비평가로 활동하며 디드로와 루소 등과 우정을 나누고 있었다. 폰 그림은 모차르트 남매

모차르트 남매가 공연했던 뮌헨 님펜부르크 궁전

막시밀리안 3세는 님펜부르크 궁전에서 모차르트 남매의 연주에 감동해 100굴덴을 하사했다. 이 시기부터 모차르트는 유럽 전역에서 서서히 유명해지기 시작했다.

를 도와주기로 마음먹었다. 1763년 12월 자신의 문예비평지에 모차르트 가족에 대해 다분히 호의적인 글을 기고했다.

　　잘츠부르크의 음악 감독이 최근 자신의 두 아이를 데리고 도착했다. 열한 살 난 그의 딸은 너무나 영특하게 하프시코드를 연주한다. 남동생은 비범한 신동이라서 직접 보고 듣고 있는데도 도무지 믿기 힘들 정도다. 1시간 동안 독창적인 영감에 의존해서 악보 없이 연주하는 모습이 특히 그렇다. 흥겨운 악상들을 조화롭고 우아하게 편곡해서 청중을 놀라게 한다는 점이 특히 대단하다.

　그의 글은 파리 상류층과 음악 애호가들 사이에서 모차르트의 이름을 알리는 데 큰 역할을 했다. 그해 크리스마스와 이듬해 정월 초하루까지 모차르트 가족은 2주간 베르사유 궁전에 머물면서 연주회를 열었다. 프랑스 청중은 대부분 모차르트의 연주에 깊은 감명을 받았다. 하지만 프랑스 국왕 루이 15세의 정부였던 퐁파두르 부인만은 모차르트에게 키스해달라는 청을 받고서도 냉담한 반응을 보인 것으로 전해진다. 레오폴트는 "극도로 오만한 여인이 모든 걸 지배하고 있다"고 기록했다. 불과 3개월 뒤에 퐁파두르 부인이 폐결핵으로 세상을 떠났다는 사실을 감안하면, 단순히 병세가 심각했기 때문일 수도 있다. 1764년 모차르트 가족은 프랑스 왕실로부터 50루이와 금으로 된 담뱃갑을 하사받았다.

요한 크리스티안 바흐와의 만남

1764년 4월 10일 모차르트 가족은 파리를 떠나 런던으로 향했다. 지금은 파리 북역 Gare du Nord에서 유로스타 기차로 3시간이면 런던에 도착한다. 당시에는 배를 타고 도버 해협을 건너야 했다. 레오폴트도 처음에는 런던행을 탐탁하게 여기지 않았다. 하지만 1764년 4월 23일부터 시작된 이들의 런던 체류는 이듬해 7월 24일까지 1년 넘게 지속됐다. 단일 여행지로는 최장 체류 기간이다. 모차르트 가족은 런던에 도착하고 나흘이 지난 뒤 곧바로 조지 3세의 궁정으로 불려갔다.

모차르트가 런던을 방문할 당시의 영국 국왕 조지 3세는 독일 하노버 선제후 출신이었다. 이 때문에 언어 장벽이 없었다는 점도 모차르트 가족에게는 유리하게 작용했다. 모차르트는 조지 3세의 명으로 헨델과 요한 크리스티안 바흐Johann Christian Bach의 작품을 연주했고, 독일에서 건너온 당시 19세의 왕비 샬럿이 부르는 아리아를 반주하기도 했다. 마지막에는 헨델의 아리아를 바탕으로 자유롭게 즉흥 연주를 했다. 레오폴트는 "너무나 아름다운 선율에 모든 사람이 감명을 받았다"고 적었다.

왕실 연주에서 모차르트가 깊은 인상을 남기자 레오폴트는 발 빠르게 움직였다. 조지 3세의 생일 다음 날인 6월 5일에는 기념 음악회를 열었고, 곧이어 6월 29일에는 조산원에서 자선 음악회를 열었다. 레오폴트는 "이 특별한 나라에서 받은 사랑을 되돌려주기 위한 방법"이라고 선전했다. 굳이 선행을 감추기보다는 홍보의 방편으

모차르트 남매가 공연했던 런던 버킹엄 궁전

파리를 떠나 런던에 도착한 모차르트 가족은 버킹엄 궁전에서 왕실 연주를 가졌다. 모차르트의 연주는 국왕 조지 3세와 왕비 샬럿은 물론 최상층 귀족들에게 깊은 인상을 남겼다. 레오폴트는 이 기회를 놓치지 않고 모차르트 남매를 적극적으로 홍보해, 런던 구석구석에서 1년 넘게 연주 활동을 펼쳤다.

로 삼았던 것이다. 10월 25일 국왕 취임 4주년 음악회에서도 모차르트 남매가 연주했다. 당시 모차르트는 '7세에 불과하지만 저명하고 놀라운 대가'로 소개됐다. 모차르트는 당시 8세였지만 굳이 나이를 솔직하게 밝힐 필요는 없었다. 그랜드 투어 당시 모차르트를 2년 가까이 7세라고 선전했다.

공식 연주회가 없는 날에도 모차르트 가족이 머물고 있는 숙소에서 5실링만 내면 이들 남매의 연주를 들을 수 있었다. 레오폴트는 벽보와 신문 광고 등을 통해 이렇게 홍보했다.

주중 날마다 정오에서 2시까지 어린 모차르트의 재능을 생생하게 확인하는 기회를 제공. 어떤 곡을 가져와도 초견 연주 가능. 주어진 선율 악보에 즉석에서 하프시코드 없이 저음부 완성 가능.

독일의 음악학자이자 작가 볼프강 힐데스하이머는 모차르트 가족의 처지를 '곡예사 가족'에 비유했다.

그러나 런던의 여정은 모차르트가 한 단계 도약할 수 있는 발판이 되기도 했다. 그중 특히 음악적으로 중요한 의미가 있었던 건 영국에 머물던 작곡가 요한 크리스티안 바흐와의 만남이었다. 요한 크리스티안 바흐는 음악의 아버지 요한 제바스티안 바흐가 쉰의 나이에 얻은 막내아들이다. 요한 크리스티안 바흐는 15세 때 아버지를 여읜 뒤 프로이센의 궁정 음악가였던 둘째 형 칼 필립 에마누엘 바흐를 따라 베를린으로 갔다. 이들 형제는 나이 차가 스물한 살이나 났다.

1756년 21세가 된 요한 크리스티안 바흐는 이탈리아로 건너가 음악을 공부한 뒤 밀라노 성당의 제2 오르가니스트가 됐고, 1762년에는 자신의 오페라 세 편을 초연하기 위해 영국으로 향했다. 평생 독일에 머물며 교회 음악에 매진했던 아버지 바흐보다는 오히려 독일에서 태어나 이탈리아에서 유학하고 영국으로 귀화했던 헨델처럼 '국제적 경력'을 쌓았던 셈이다. 요한 크리스티안 바흐는 1763년 오페라들이 성공을 거두자 영국에 정착했고 왕비 샬럿의 음악 교사를 맡았다. 이 때문에 '런던 바흐'로 불린다.

요한 크리스티안 바흐와 모차르트가 처음 만난 것도 1764년 영국 런던에서였다. 둘은 피아노 소나타를 함께 연주하면서 금세 친해졌다. 요한 크리스티안이 소년 모차르트를 무릎 위에 앉히고 한 사람이 먼저 몇 마디를 연주하면, 곧이어 다른 사람이 연주를 이어갔다고 한다. 훗날 난네를은 "이 장면을 보지 않은 사람은 한 명이 연주하는 줄 알았을 것"이라고 회고했다.

모차르트는 요한 크리스티안 바흐의 관현악곡에서 깊은 인상을 받았다. 아버지 레오폴트가 인후염으로 4주간 꼼짝없이 앓아 누워 있는 동안 교향곡 1번(K.16)을 작곡했다. 요한 크리스티안 바흐의 교향곡에 영향을 받은 작품이었다. 모차르트가 피아노 소품과 바이올린 소나타에 이어서 교향곡의 세계에 눈을 뜨게 된 것이다. 요한 크리스티안 바흐의 시대에는 아버지 바흐의 엄격한 대위법에서 벗어나 경쾌하고 우아한 로코코 스타일의 음악이 인기를 얻고 있었다. 바로크에서 고전파로 이행하던 18세기 중반에 유행했던 양식을 '갈랑Galant 음악'이라고 부른다. 우아하고 정중하다는 뜻의 프랑

모차르트의 교향곡에 큰 영향을 미친 요한 크리스티안 바흐

모차르트는 1764년 영국에서 음악의 아버지 바흐의 막내아들 요한 크리스티안 바흐를 처음 만났다. 그의 관현악곡에서 깊은 인상을 받은 모차르트는 곧 교향곡 1번을 작곡했다. 피아노 소품과 바이올린 소나타에 이어 교향곡에 눈을 뜨게 된 것이다.

스어에서 비롯한 말이다. 음악의 아버지 바흐의 차남 칼 필립 에마누엘 바흐가 하이든과 베토벤에게 직접적인 영향을 미쳤다면, 막내아들 요한 크리스티안 바흐는 모차르트를 통해 빈 고전파 음악의 발전에 공헌했다. 음악의 아버지는 이렇듯 아들들을 통해서도 음악의 발전에 이바지했다.

요한 크리스티안 바흐의 영향을 받아 작곡한 교향곡 1번은 모차르트의 스펀지 같은 흡수력을 보여주는 사례 가운데 하나다. 1764년 5월 레오폴트는 친구 하게나워에게 보낸 편지에 "우리가 잘츠부르크를 떠날 때 볼프강이 알고 있던 건 지금 터득한 것에 비한다면 그저 하찮을 뿐이라네. 독창력과 상상력이 넘쳐흐르고 있지"라고 적었다.

1765년 2월 런던에서는 모차르트의 교향곡만이 선곡된 연주회가 열렸다. 당시 레오폴트는 "콘서트에서 연주하는 모든 교향곡이 볼프강 모차르트의 작품"이라며 "악보 1장당 1실링을 내지 않으려면 내가 스스로 사보하는 수밖에 없다"고 썼다. 작곡가 모차르트의 탄생은 무엇보다 부자간 협력의 산물이었던 것이다.

모차르트는 교향곡 1번의 2악장 안단테에서 '도레파미'라는 네 음표의 간단한 동기動機를 사용했다. 호른을 연주하는 이 동기는 그의 마지막 41번 교향곡 〈주피터〉의 4악장에 다시 등장한다. 이처럼 그의 음악 세계는 단절보다는 연속성에 바탕하는 경우가 많다. 모차르트 전문가 아르농쿠르는 "모차르트는 교향곡 1번부터 대담한 화성으로 듣는 사람을 놀라게 한다"면서 "초기 교향곡들이 8~12세

아르농쿠르가 지휘한 모차르트 초기 교향곡 음반

2016년에 타계한 고음악 전문 지휘자 아르농쿠르는 모차르트를 두고 교향곡 1번에서부터 놀라운 영감과 완성도를 보인다고 격찬했다. 이처럼 교향곡 1번은 신동 모차르트의 천재적 재능을 보여주는 증거로 종종 언급된다.

아이의 곡이라고 믿을 수 있겠는가? 놀라운 수준의 영감과 기술적 완성도를 확인한 모차르트의 아버지 레오폴트가 머지않아 스스로 작곡을 그만둔 것도 충분히 이해할 만하다"고 언급했다. 아르농쿠르의 말대로라면 모차르트 가족은 자연스럽게 '세대교체'를 단행했던 셈이었다.

이처럼 교향곡 1번은 될성부른 나무 모차르트의 떡잎 시절을 보여주는 증거로 언급되는 경우가 많다. 하지만 최근에는 교향곡 1번이 전문가 수준에는 미치지 못한다는 반론도 나온다. "활력은 넘치지만 아직 높은 수준에 이르지는 못한 작품"이라고 평가한 독일 출신의 미국 역사학자 피터 게이가 대표적이다. 음반 프로듀서인 대니얼 레비틴도 『뇌의 왈츠』에서 "사실 작품 자체는 그렇게 훌륭하지 않으나, 우리가 이 작품을 기억하는 이유는 이 곡을 작곡한 꼬마가 훗날 모차르트가 되었기 때문"이라는 주장을 펼친다. "결국 우리는 작품에 미적 흥미가 아니라 역사적 흥미를 느낄 뿐"이라는 것이다. 아르농쿠르의 의견에 동의하든 피터 게이를 지지하든 교향곡 1번이 한창 성장하고 있던 8세 꼬마의 작품이라는 점은 염두에 둘 필요가 있다.

요한 크리스티안 바흐의 영향은 교향곡 1번에만 그치지 않았다. 1772년쯤 모차르트는 요한 크리스티안 바흐의 피아노 소나타들을 피아노 협주곡 3곡(K.107)으로 직접 편곡했다. 1778년 '런던 바흐'와 모차르트는 파리에서 다시 상봉하게 된다. 그해 8월 27일 22세의 모차르트는 아버지 레오폴트에게 보낸 편지에서 "런던의 바흐는 벌써 14일째 파리에 머무르고 있는데 조만간 프랑스 오페라를 쓰게 될 것 같습니다"면서 "아버지도 아시다시피 저는 진심으로 그를 사랑하고 존경하지요"라고 고백했다. 1782년 요한 크리스티안 바흐가 세상을 떠났다는 소식을 접한 모차르트는 아버지에게 보낸 편지에 "영국인 바흐가 타계한 것을 알고 계시겠지요. 음악계에 커다란 손실이 아닐 수 없습니다"라고 적었다.

잘츠부르크로 돌아오는 길

런던에서 돌아오는 길은 길고도 고통스러웠다. 가족들의 연이은 병 때문이었다. 도버 해협을 건너자마자 모차르트가 프랑스 릴에서 편도염을 앓았다. 이어서 레오폴트가 어지럼증을 호소했다. 1765년 8월 한 달간 이들 부자의 병으로 꼼짝없이 발이 묶였다. 9월 네덜란드의 헤이그에 도착하자 이번에는 난네를이 몸살 때문에 연주할 수 없었다. 오늘날 장티푸스로 추정되는 병으로 난네를은 생사의 고비를 넘나들었다. 죽기 전에 마지막으로 치르는 병자성사를 받을 정도로 증세가 심각했다. 아버지 레오폴트는 "우리 딸이 세상을 떠나야만 한다면 행복하게 떠날 수 있기를. 신이 딸을 살려주신다면 지금처럼 순수하게 살다가 먼 훗날 축복 속에서 세상을 떠날 수 있기를"이라고 기도했다. 난네를이 천신만고 끝에 회복하자, 이번엔 모차르트가 다시 병을 앓았다. 결국 1766년 1월까지 모든 연주회를 취소할 수밖에 없었다.

이처럼 이들 가족의 여행은 끊임없는 질병과의 싸움이었다. 레오폴트는 두통과 감기, 어지럼증과 복통은 물론 류머티즘에도 시달렸다. 말년에 그는 자식들에게 편지를 보낼 때마다 자잘한 증세를 빠짐없이 기록했고, 편지 말미엔 "존경받는 의사 레오폴트 모차르트"라고 서명했다. 농담이었겠지만 그만큼 잔병치레가 잦았다는 의미다.

1766년 5월 모차르트 가족은 파리에 도착한 뒤 두 달간 머물렀다. 이번에도 폰 그림 남작의 도움이 컸다. 폰 그림 남작은 이번에도 자신의 문예비평지에 "모차르트는 벌써 이탈리아 아리아들을 작곡했다. 12세가 되면 이탈리아 극장들에서 오페라를 공연하게 될 것"이며 "이 아이들이 성장하면 잘츠부르크에만 머물지는 않을 것이다. 머지않아 왕궁들에서 그를 붙잡기 위해 경쟁을 펼칠 것"이라고 격찬했다. 파리를 떠난 뒤에는 디종과 리옹, 스위스 로잔과 제네바를 거쳐 1766년 11월 8일 뮌헨에 도착했다. 막시밀리안 3세 앞에서 다시 연주한 뒤 11월 29일 잘츠부르크에 도착했다.

잘츠부르크 장크트페터 수도원의 사서였던 베다 휘브너 신부는 이렇게 기록했다. "오늘날 세계적으로 유명한 레오폴트 모차르트 부악장과 아내, 두 아이가 돌아와 마을 전체에 기쁨과 위안을 안겼다. 지난 2년간 모차르트 아이들의 놀라운 예술성만큼 신문에서 자주 보도된 것도 없었다." 심지어 휘브너 신부는 "모차르트 가족이 곧 스칸디나비아 반도와 러시아 전역, 어쩌면 심지어 중국을 방문할지도 모른다"고 적었다. 그만큼 고향의 기대도 컸다는 의미다.

하지만 잘츠부르크로 돌아오는 길에 레오폴트의 고민은 커져만 갔다. 모차르트 남매는 더 이상 '아이'라는 말에 어울리지 않은 나이가 되고 있었기 때문이다. 그랜드 투어를 떠날 당시에 이들 남매는 12세와 7세에 불과했다. 하지만 잘츠부르크로 돌아왔을 때 난네를은 15세, 모차르트는 10세였다. 더구나 이들 남매의 놀라운 재능을 접한 유럽 궁정 귀족이나 상류층은 똑같은 재주에 두 번 놀라지 않을 가능성이 높았다. 모차르트 남매의 음악적 재능도 '한계 효용 체감의 법칙'에서 예외일 수는 없었던 것이다. 성공리에 유럽 투어를 마쳤지만, 정작 레오폴트의 시름은 깊어질 수밖에 없었다. 과연 레오폴트는 어떤 비장의 카드를 마련하고 있었을까.

신동 연주자에서
오페라의 거장으로

2차 그랜드 투어

'전천후 작곡가'의 탄생 비밀

18~19세기 고전주의와 낭만주의 시대에 교향곡과 오페라, 세속
음악과 종교 음악에 두루 능한 작곡가가 드물었다는 점은 클래식
음악사의 묘한 아이러니 가운데 하나다. 아홉 곡의 교향곡을 남겨
서 고전주의의 완성자로 불리는 악성樂聖 베토벤도 정작 오페라는
〈피델리오Fidelio〉 한 편을 완성했을 뿐이다. 슈만과 브람스 역시 모
두 네 곡의 교향곡을 썼지만 오페라 걸작은 없다. 반대로 이탈리
아 오페라의 대표적인 작곡가 베르디와 푸치니는 교향곡에서 뚜렷
한 족적을 남기지 못했다. 독일의 오페라 작곡가 바그너 역시 일찌
감치 교향곡은 손을 뗐다. 독일의 음악학자 하인츠 베커의 표현처
럼 "가곡의 왕 슈베르트는 무대를 위한 작품에서는 제한적이었고,
쇼팽은 피아노를 위한 작품에 한정됐으며, 바그너는 오페라 작곡
가로서만 오랜 족적을 남겼고, 리하르트 슈트라우스는 본능적으로
종교 음악을 피했던 것"이다.

따지고 보면 이유는 여러 가지다. 낭만주의 시대에 이르면 베토벤의 음악적 유산을 충실히 계승할 것인지, 고전주의 양식은 완성된 것으로 보고 오페라 같은 다른 분야로 개혁을 확산시킬 것인지를 놓고 독일 음악의 진영이 양분됐다. 이 복잡다단한 논쟁을 딱 한마디로 압축하면 '교향곡이냐 오페라냐'가 된다. 전자에 해당하는 슈만과 브람스가 교향곡에 매진했던 반면, 후자의 대표 주자인 바그너가 음악극의 혁신을 주도했던 건 우연이 아니다. 미리 의도했던 건 아니었지만 이러한 현상은 교향곡과 오페라의 교집합이 줄어드는 결과를 낳고 말았다.

시기적으로 교향곡의 틀이 완성된 것은 교향곡의 아버지 요제프 하이든 무렵이다. 이후 20세기에 이르러 교향곡은 낡은 형식이자 극복의 대상으로 전락했다. 이 때문에 교향곡의 전성기는 18~19세기로 한정된다. 지역적으로도 교향곡과 협주곡 같은 기악곡들이 독일권에서 발달한 반면, 오페라는 대대로 이탈리아가 종주국이었다. 교향곡과 오페라에 모두 능하려면 독일의 엄격한 형식과 이탈리아의 서정적 감수성이 모두 필요했다.

이처럼 까다로운 조건에 들어맞는 예외적 존재가 모차르트다. 교향곡 41곡과 피아노 협주곡 27곡, 바이올린 협주곡 5곡과 현악 4중주 23곡, 오페라 22편까지 정식 번호가 붙은 작품 수만 봐도 어디하나 빠지는 장르가 없는 '전천후 작곡가'가 모차르트다. "모차르트의 음악을 듣는 사람은 그 속에서 18세기 전체 음악을 듣게 된다"는 스위스의 신학자 카를 바르트의 말이 결코 과장이 아니다. 이처럼 자유자재로 변신 가능한 클래식 음악의 '트랜스포머'는 과연 어떻게 탄생했을까.

1766년 11월 잘츠부르크로 돌아온 레오폴트는 이듬해 9월 빈 여행을 추진했다. 황제 프란츠 1세와 황후 마리아 테레지아의 딸 마리아 요제파 공주가 나폴리와 시칠리아의 국왕인 페르디난도 1세와 결혼식을 올린다는 소식이 들려왔기 때문이다. 이 결혼식에는 유럽 왕실 인사들이 모두 참석할 예정이었다. 레오폴트는 이번에야말로 모차르트 남매의 음악적 재능을 보여줄 절호의 기회라고 생각했다. 당시 난네를은 어느새 결혼 적령기인 16세에 접어들고 있었다. 1751년생 동갑내기인 마리아 요제파 공주가 혼인한다는 사실도 레오폴트의 초조감을 부채질했을 것이다. 분명 승부수가 필요한 시점이었다.

모차르트의 첫 번째 오페라

당시 나폴리는 이탈리아 오페라의 중심지 중 하나였다. 모차르트가 페르디난도 1세의 눈에 띄면 이탈리아에서 오페라 작곡가로 성공할 가능성이 충분했다. 모차르트의 첫 오페라에 대해서는 다소간의 설왕설래가 있다. 1767년 3월 12일 잘츠부르크에서 초연된 〈첫 번째 계율의 책무Die Schuldigkeit des ersten Gebots〉를 대개 첫 오페라로 간주한다. 하지만 엄밀하게 보면 이 작품은 모차르트와 미하엘 하이든Michael Haydn, 안톤 카예탄 아들가서Anton Cajetan Adlgasser가 공동 작곡한 오라토리오에 가깝다. 오라토리오는 17~18세기에 성행한 대규모의 종교적 극음악으로, 동작이나 특별한 무대 장치가 없는 것이 특징이다. 〈첫 번째 계율의 책무〉에서 모차르트가 1막을 작곡하고 하이든과 아들가서가 각각 2막과 3막을 맡았는데, 안타깝게도 2막과 3막은 현재 남아 있지 않다. 〈첫 번째 계율의 책무〉는 공동 창작의 결과물이라는 점과 오라토리오라는 점 때문에 모차르트의 오페라에 포함시켜야 하는지를 놓고 종종 논쟁이 벌어진다. 하지만 모차르트 탄생 250주년이었던 2006년 잘츠부르크 페스티벌에서 모차르트의 오페라 전곡을 모두 공연하는 프로젝트에 이 작품을 포함시켜서 오랜 논란에 사실상 종지부를 찍었다.

프란츠 요제프 하이든의 동생 요한 미하엘 하이든은 1762년부터 43년간 잘츠부르크의 궁정 악장 겸 작곡가로 봉직했다. 이 때문에 모차르트의 아버지 레오폴트와는 경쟁 관계에 있었다. 레오폴트는 미하엘 하이든이 미사 도중에 오르간을 연주하면서도 틈틈이 와인을 홀짝거린다고 꼬집었다. 반면 아들 모차르트에게 미하엘 하이든은 둘도 없는 스승이자 협력자였다. 모차르트의 첫 오페라인 〈첫 번째 계율의 책무〉 초연 당시 소프라노 역할을 맡은 것도 미하엘 하이든의 부인 마리아 막달레나 립이었다.

당시에는 예수의 죽음과 부활을 되새기는 사순절 기간 동안 세속적인 오페라 공연이 금지됐다. 이 금지령을 피해서 공연했던 장르가 오라토리오였다. 여러 작곡가가 오라토리오를 공동 창작하는 것도 관례였다. 그렇다고 해도 11세 소년이 미하엘 하이든이나 잘츠부르크 성당의 오르가니스트였던 아들가서와 함께 작곡을 맡았다는 건 분명 이례적이었다. 모차르트가 잘츠부르크에서 작곡가로 인정받기 시작했다는 걸 뜻하기 때문이다.

모차르트가 어린 나이에 작곡 능력을 선보였다고는 해도 11세 소년이 아버지의 도움 없이 혼자서 오페라를 작곡할 수 있었는가를 의심하는 눈초리가 있었다. 1770년 영국의 변호사이자 박물학자인 데인스 배링턴은 왕립 협회에 제출한 보고서에서 흥미로운 일화를 소개했다. 잘츠부르크 대주교는 모차르트가 아버지 레오폴트의 도움을 받지 않고 〈첫 번째 계율의 책무〉를 완성했는지 의심한 나머지, 1주일 동안 자신의 궁전에 모차르트를 사실상 감금했다는 것이다. 외부인과 접견을 금한 뒤 악보와 펜만 건네주고 오라토리오를 완성하라는 과제를 냈지만, 모차르트는 훌륭하게 작곡을 마쳤다고 한다. 정확한 날짜가 없기 때문에 그저 신빙성 없는 이야기일 뿐이라는 반론도 있다. 모차르트가 의심을 산 건 이 작품이 아니라 같은 해 완성한 〈장례 음악Grabmusik C장조〉 때문이라는 설도 있다.

1769년 모차르트는 잘츠부르크 궁정 악단의 수석 연주자로 임명됐다. 당시에는 무급이었기 때문에 명예직에 가까웠지만, 이탈리아 여행을 마치고 돌아오는 대로 정식 채용하기로 했다. 모차르트가 더 이상 신동이 아니라 정식 음악가로 대우받기 시작했다는 걸 보여준다. 모차르트가 주변 사람들과 주고받은 서한과 관련 문서 등 1차 자료를 정리한 독일의 음악학자 오토 에리히 도이치는 잘츠부르크에 모차르트의 발을 묶어두기 위한 포석으로 풀이한다. 1777년 아들가서가 오르간 연주 도중에 뇌졸중으로 쓰러져 세상을 떠난 뒤 잘츠부르크 성당의 오르가니스트 직을 물려받은 것도 모차르트였다.

Gior: Michele Haydn.

Eigenthum der Verleger.

WIEN

bei Ant. Diabelli und Comp.
Graben Nr.1133.

프란츠 요제프 하이든의 동생 요한 미하엘 하이든

모차르트와 더불어 〈첫 번째 계율의 책무〉를 공동 작곡한 미하엘 하이든은 1762년부터 43년
간 잘츠부르크의 궁정 악장 겸 작곡가로 활동했다. 이 때문에 모차르트의 아버지 레오폴트와
는 경쟁 관계에 있었지만, 모차르트에게는 둘도 없는 스승이자 협력자였다.

당시 모차르트가 작곡한 장르는 피아노 소품에서 바이올린 소나타, 교향곡을 거쳐서 오페라로 급속하게 넓어지고 있었다. 아버지 레오폴트의 주도면밀한 계획과 교육이 뒷받침됐기에 가능했던 '초고속 압축 성장'이었다. 훗날 모차르트가 일부 장르에 국한되지 않고 기악곡과 성악곡, 세속 음악과 종교 음악 등 사실상 모든 분야에 걸쳐서 두루 걸작을 남길 수 있었던 동력이기도 했다.

연주 대신 작곡으로 승부하다

〈첫 번째 계율의 책무〉가 초연되고 바로 두 달 뒤인 1767년 5월 잘츠부르크 대학교에서 초연한 작품이 〈아폴로와 히아킨투스Apollo et Hyacinthus〉다. 학자에 따라서는 이 작품을 첫 오페라로 보기도 한다. 3막짜리 이 오페라는 오비디우스의 〈변신 이야기〉를 원작으로 잘츠부르크 대학교의 철학 교수이자 베네딕트회 신부였던 루피누스 비들이 집필한 라틴어 대본을 바탕으로 하고 있다. 루피누스 비들의 5막 비극 〈크로이소스의 자비〉를 상연하는 도중에 공연하기 위한 일종의 막간극이었다.

〈아폴로와 히아킨투스〉는 아폴로의 원반에 히아킨투스가 머리를 맞고 쓰러져 숨을 거둔다는 그리스 신화에 바탕하고 있다. 인간의 의지와는 무관하게 찾아오는 비극적 운명이라는 주제를 다루고 있지만, 모차르트의 오페라는 신화에는 나오지 않는 히아킨투스의 여동생을 등장시켜 원작의 결말과 다르게 재해석하고 있다.

〈첫 번째 계율의 책무〉와 〈아폴로와 히아킨투스〉는 불과 두 달 간격으로 잘츠부르크에서 초연됐다. 이어서 모차르트는 〈바스티앙과 바스티엔 Bastien und Bastienne〉도 거의 완성한 상태였다. 〈바스티앙과 바스티엔〉은 독일 의사 프란츠 안톤 메스머의 위촉을 받고 작곡한 작품이다. 도입부의 서곡에서 베토벤의 교향곡 3번 〈영웅〉 1악장에도 등장하는 테마가 살짝 모습을 비친다는 점이 흥미롭다. 35년 뒤 베토벤이 〈영웅〉을 작곡할 당시에 모차르트의 이 초기 오페라를 알고 있었을 가능성은 낮다. 이 때문에 두 작곡가가 당시 유행했던 선율을 인용한 것으로 추정한다. 이처럼 모차르트는 10대가 되자마자 오페라를 쏟아내기 시작했다. 피아노 소품과 바이올린 소나타에서 출발한 창작력의 불꽃이 오페라로 옮겨 붙었던 것이다.

하지만 빈에서 천연두가 퍼지는 바람에 모든 계획은 물거품이 되고 말았다. 결혼식을 앞두고 있던 마리아 요제파 공주가 1767년 10월 15일 천연두로 세상을 떠난 것이다. 설상가상으로 오늘날의 체코 동부 올로모우츠로 피신했던 모차르트 남매마저 천연두에 걸리고 만다. 10월 26일 모차르트가 천연두 증상을 처음으로 보였을 때 레오폴트는 이렇게 기록했다.

볼프강이 눈이 아프다고 끙끙거렸다. 그 아이의 머리에 열이 있었고, 뺨은 뜨겁고 붉게 달아올랐다. 하지만 손은 또 얼음처럼 차기만 했다. 맥박도 정상이 아니었다. 화약 가루를 바르고 침대에 눕혔지만, 밤새 뒤척였고 아침에는 열이 더 올라갔다.

알렉산드르 키셸료프의 〈히아킨투스의 죽음〉 (19세기 후반)

모차르트의 오페라 〈아폴로와 히아킨투스〉는 인간의 의지와는 무관하게 찾아드는 비극적 운명을 주제로 한다. 하지만 원작인 그리스 신화와 달리 히아킨투스의 여동생을 새롭게 등장시켜 원작과는 다른 결말을 보여준다.

당시 모차르트는 앞을 제대로 보지 못할 만큼 증세가 악화됐다. 난네를은 "모차르트가 천연두에 걸린 뒤 9일간 아무것도 보지 못할 만큼 상태가 나빠졌다. 회복한 뒤에도 몇 주 동안은 눈을 보호해야 했다"고 회고했다. 11월 10일쯤 그의 증세는 호전됐지만, 이번엔 난네를이 3주간 앓아누웠다. 이들 남매가 별다른 후유증 없이 회복된 것이 천만다행이었다.

모차르트 가족은 거의 넉 달이 지난 뒤에야 빈에 갈 수 있었다. 하지만 이번에는 빈의 기성 음악가들이 사사건건 텃세를 부렸다. 모차르트의 즉흥 연주는 사전에 조율된 조작극에 지나지 않으며, 작곡 능력도 의심스럽다는 비방을 퍼뜨렸던 것이다. 조숙한 신동 모차르트는 언제나 자신보다 나이와 경력이 많은 기성세대와 경쟁이나 갈등을 피할 수 없었다.

결국 레오폴트는 고심 끝에 '신동 연주자'에서 '오페라 작곡가'로 전략을 수정한다. 화려한 연주 실력을 자랑하는 음악회를 줄이는 대신, 본격적으로 오페라 작품을 발표하는 편을 택한 것이다. 그는 하게나워에게 보낸 편지에서 "모차르트는 무대를 위한 오페라를 쓰려고 하네. 작곡가들 사이에서 은밀하게 소동이 일어났다는 것을 믿을 수 있겠나? 오늘은 위대한 글룩의 작품을 공연한 뒤, 다음 날에는 12세 소년이 하프시코드 앞에 앉아서 자신의 오페라를 지휘하는 모습을 그들이 상상이나 할 수 있겠나?"라고 적었다.

모차르트보다 무려 42세 연상인 오페라 작곡가 글룩은 오늘날로 따지면 조용필이나 싸이처럼 도무지 넘기 힘든 존재를 의미했다. 하지만 레오폴트는 글룩마저 모차르트의 라이벌로 설정할 만큼 대담하면서도 주도면밀한 전략가였다. 훗날 모차르트가 빈으로 활동 무대로 옮겼을 당시 글룩은 빈 궁정 음악가로 활동하고 있었다. 모차르트는 1787년 글룩이 세상을 떠난 뒤에야 빈 궁정의 실내 음악 작곡가로 임명됐다. 결과적으로 레오폴트는 먼 훗날을 정확하게 내다본 혜안을 지니고 있었던 셈이다.

모차르트는 1768년 1월 오페라 〈가짜 바보 La Finta Semplice〉를 쓰기 시작했다. 전체 3막 26곡에 이르고 공연만 2시간 이상 걸리는 대작이었다. 그해 6월 말 황제가 헝가리에서 돌아오는 대로 초연하기로 하고 연습에 들어갔지만 첫 리허설부터 삐걱댔다. 성악가들은 노래하기 힘들다고 불평했고, 오케스트라 단원들은 꼬마 소년의 지휘로 연주하는 것을 달가워하지 않았다. 빈에서 두 개의 극장을 운영하고 있던 나폴리 출신의 공연 기획자 주세페 아플리지오는 결국 작곡료도 주지 않은 채 공연을 취소하고 말았다. 아플리지오는 빈에서 캐스팅과 리허설, 최종 공연까지 막강한 힘을 휘두르던 실력자였다. 화려한 여성 편력으로 악명 높았던 문인이자 모험가 자코모 카사노바마저 회고록에서 아플리지오를 "질 나쁜 속임수를 일삼는 노름꾼이자 이 세상에서 제일가는 악당"이라고 비난했다.

아플리지오의 횡포에 분노한 레오폴트는 1768년 9월 황제 요제프 2세에게 직접 청원을 올렸다. "신이 선사한 비범한 재능으로 다른 나라에서도 선망의 대상이 되고 있는 순진무구한 생명을 조국의 수도에서 억누르고 불행하게 만들고자 하는 질투에 가득하고 비열한 중상모략자들"에 대한 조사를 간청하는 내용이었다. 레오폴트는 하게나워에게도 "우리의 적들은 사악한 거짓말과 중상모략을 일삼으며 질투에 가득 차 있다"는 편지를 보냈다. 황제는 조사를 지시했지만 별다른 소득은 없었다.

레오폴트의 눈에는 공연이 취소된 것이 빈 음악계의 텃세와 중상모략 탓으로 보였겠지만, 반대로 빈 음악계의 입장에서는 소도시 잘츠부르크 출신인 레오폴트의 극성이 유난스럽게 비쳤을지 모른다. 모차르트 부자는 빈에서 처음으로 쓰디쓴 좌절을 경험했고, 결국 1769년 1월 잘츠부르크로 발길을 돌려야 했다. 〈가짜 바보〉는 그해 5월 잘츠부르크에서 빛을 보았다.

게으른 천재는 존재하지 않는다

빈에서 별 소득 없이 돌아왔지만 레오폴트는 낙심하거나 좌절하지 않았다. 그는 아들 모차르트를 위해 또 다른 계획을 마련하고 있었다. 바로 오페라의 본고장인 이탈리아 여행이었다. 모차르트 전기 작가 스탠리 세이디의 비유처럼, 당시 작곡가들에게 이탈리아는 무한한 영감의 원천이라는 점에서 '꿀단지'와도 같았다. 실제로 헨델과 요한 크리스티안 바흐 모두 이탈리아 체류를 통해서 오페라 작곡가로 재능을 꽃피웠다.

모차르트에게 지난 3년간의 유럽 투어가 순회 공연이었다면, 이번 이탈리아 여행은 현지 유학에 가까웠다. 우선 베네치아와 나폴리, 로마의 음악 조류를 배우는 동시에 상대적으로 취약했던 이탈리아어를 습득하는 기회가 될 터였다. 이탈리아 현지에서 든든한 인맥을 쌓고, 더 나아가 이탈리아 북부를 다스리고 있던 합스부르크 왕가의 궁정 음악가로 취직할 가능성도 타진해볼 수 있었다. 음악과 언어 공부, 인맥과 취업까지 노린 다목적 포석이었다.

이탈리아 여행은 18세기 유럽의 상류층 자제뿐 아니라 지식인과 예술가들에게도 유행이었다. 1980년대 후반, 해외여행 자유화 이후 경제적 여유가 생긴 한국의 중산층과 대학생들 사이에서 유럽 여행이 인기를 이룬 것과도 비슷했다. 18세기 영국의 시인이자 비평가 새뮤얼 존슨은 "이탈리아에 다녀오지 않은 사람은 항상 열등감을 느낀다"고 말할 정도였다.

당시 이탈리아 여행을 다녀온 유럽의 지식인과 예술가들은 앞다퉈 기행문을 출간했다. 당시 여행기 중에서 가장 유명한 건 괴테의 『이탈리아 여행』이었다. 괴테는 바이마르 공국에서 11년간 고문관으로 봉직한 뒤 1786년 9월 3일 이탈리아 여행에 나섰다. 괴테의 여행기는 "새벽 3시에 칼스바트를 남몰래 빠져나왔다"는 구절로 시작한다. 1788년 6월 바이마르로 돌아올 때까지 2년 가까이 계속된 괴테의 이탈리아 여행은 관료에서 작가로 돌아오는 과정이기도 했다. 괴테는 이 여행을 '재탄생'이라고 불렀다.

그런데 괴테와 모차르트의 이탈리아 여행에는 뚜렷한 차이점이 있다. 괴테는 25세에 『젊은 베르테르의 슬픔』을 발표해서 유럽 문단의 스타로 떠오른 뒤였다. 반면 이탈리아 여행을 떠날 당시 모차르트는 유럽 왕궁을 순회했다고는 하지만 13세 소년에 불과했다. 또 괴테의 이탈리아행에 도피와 휴식의 의미가 숨어 있었다면, 모차르트의 이탈리아행은 상대적으로 현지 유학과 구직 활동의 의미가 강했다.

하지만 차이점만큼이나 중요한 공통점이 있다. 둘 다 장기간 여행 중에도 개인 작업을 손에서 놓지 않았다는 점이다. 괴테는 산문 형식으로 완성했던 희곡 〈이피게니에〉를 여행 기간에 운문으로 개작하기로 결심하고 이듬해 1월 로마에서 탈고했다. 같은 해 희곡 〈에그몬트〉도 완성했다. 괴테는 『이탈리아 여행』에서 집필 비결을 이렇게 기술했다. "로마에서는 작업이 꾸준히 진행됐다. 저녁에 잠자리에 들면서 이튿날의 과제를 미리 준비했고, 덕분에 잠에서 깨자마자 곧바로 작업을 시작할 수 있었다."

이는 이탈리아 여행 중에 오페라 〈미트리다테, 폰투스의 왕Mitridate, re di Ponto〉을 완성하고 밀라노에서 초연한 모차르트의 부지런함과도 무척 닮았다. 독일의 문호와 클래식 신동은 모두 지독한 일벌레였던 것이다.

'게으른 천재'라는 말은 환상에 지나지 않는다. 백조가 잔잔한 호수에서 유유하게 노니는 것처럼 보여도 정작 수면 아래서는 부지런히 발놀림을 멈추지 않는다는 것이 오히려 진실에 가깝다. 재주와 노력을 상반된 자질로 간주하는 시각도 낭만주의 예술관의 잔재일 뿐이다. 타고난 재주와 후천적 노력은 결코 정비례하거나 반비례하는 관계가 아니다. 서로 별개의 잣대일 뿐이다. 천재나 신동이라는 단어가 지니고 있는 마력에 홀려서는 안 된다.

이탈리아 오페라에도 능한 15세 소년 거장

이탈리아에서도 레오폴트와 모차르트 부자는 가는 곳마다 관심과 화제를 모았다. 1769년 12월 26일 북부 도시 로베레토의 성 마르코 성당에서 열린 오르간 연주회는 관객들이 몰려드는 바람에 질서 유지 요원을 둬야 할 정도였다. 곧이어 베로나에 도착한 모차르트는 이듬해 1월 5일 신년 음악회를 열었다. 이 음악회에서도 모차르트는 즉흥 연주와 작곡 실력을 유감 없이 발휘했고 베로나의 유서 깊은 '음악 애호가 협회Accademia Filarmonica di Verona' 회원으로 인정받았다.

음악 애호가 협회는 15~16세기의 이탈리아에서 귀족 집안과 명문가의 예술 애호가들이 함께 음악을 공부하고 연주하던 모임이다. 오늘날의 독서 모임이나 음악 감상회와 흡사하지만, 당시 이들의 수준이나 운영 방침을 보면 지금도 시사점이 적지 않다. 전문 작곡가와 음악 교사를 초빙해서 숙식과 연봉을 지급하고 음악 수업을 진행하거나 모임에 참관하도록 했다. 과외 교사이자 음악 고문이었던 셈이다. 사적 모임에서 출발했지만, 도시마다 음악 애호가 협회가 발달하면서 공개 음악회와 미사, 연례행사 등을 주관하기 시작했다. 베로나의 음악 애호가 협회는 1732년 오페라 극장을 짓기에 이르렀다. 처음에는 동호회 수준이었지만 도시의 예술을 주도하는 정식 단체로 격상된 것이다. 모차르트가 1770년 협회 회원으로 인정받고 기뻐한 것도 충분히 이해 가능하다.

1770년 1월 23일 밀라노에 도착한 모차르트는 성탄절 시즌에 공연할 오페라를 위촉받았다. 이탈리아 여행에서 처음으로 거둔 실질적 성과였다. 모차르트는 두 달 뒤 밀라노를 떠나서 파르마와 볼로냐, 피렌체로 여행하면서 〈미트리다테, 폰투스의 왕〉의 구상에 들어갔다. 오페라의 주인공인 미트리다테스는 오늘날 터키와 크림 반도 일대의 폰투스 왕국을 다스렸던 실존 인물이다. 흑해 일대의 해상 무역을 통해 막대한 부를 축적한 그는 기원전 88년부터 20여 년간 세 차례에 걸쳐 로마와 전쟁을 일으켰다. 이 전쟁은 그의 이름을 따서 '미트리다테스전쟁'이라고 부른다.

1차 전쟁 당시 미트리다테스에 의해 학살된 로마 주민이 8만~15만 명에 이르는 것으로 추정된다. 특히 폼페이우스가 이끄는 로마군과 격돌했던 마지막 3차 전쟁은 10년이나 지속됐다. 미트리다테스는 로마군의 포위 공격을 뚫고 탈출에 성공했지만, 결국 전쟁에서 패한 뒤 독을 마시고 자결한 것으로 전한다. 프랑스 계몽주의 사상가 샤를 드 몽테스키외는 "로마인이 공격했던 왕들 가운데 폰투스의 왕 미트리다테스만큼 용감하게 저항하면서 로마를 궁지에 몰아넣은 왕도 없었다"고 평했다. 그의 말처럼 미트리다테스는 한니발 이후 로마의 가장 위대한 숙적으로 꼽힌다.

이 영웅의 몰락을 주제로 오페라를 쓰기로 한 모차르트는 1770년 7월부터 볼로냐 백작의 별장에 머물면서 작곡에 매달렸다. 10월 중순에는 밀라노로 돌아와서 오페라에 필요한 아리아 20여 곡을 서둘러 완성했다. 모차르트는 어머니에게 보낸 편지에서 "끝도 없이 레치타티보(오페라에서 대사를 말하듯이 노래하는 형식)를 쓰는 바람에 손가락이 아파서 더 이상 작곡할 수 없다"고 푸념했다. 모차르트는 이

오페라 〈미트리다테, 폰투스의 왕〉이 초연된 밀라노 궁정 극장

미트리다테스전쟁을 소재로 한 오페라 〈미트리다테, 폰투스의 왕〉은 밀라노의 궁정 극장에서 초연됐다. 이 극장은 1776년 화재로 소실돼 그림으로만 화려한 옛 모습을 짐작할 수 있다. 밀라노 궁정 극장이 소실된 후 새로 지은 극장이 지금의 라 스칼라 극장이다.

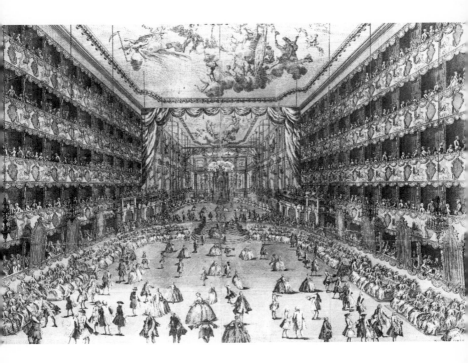

탈리아에서 오페라 외에도 교향곡과 현악 4중주, 소프라노 아리아 등을 쏟아내고 있었다. 로마에서 고향에 보낸 편지를 보면 그의 맹렬한 작업 속도를 짐작할 수 있다. "이 편지를 쓰고 나면, 이미 시작한 교향곡을 끝낼 거예요. 아리아는 마쳤고, 교향곡 한 곡은 필사 작업에 들어갔죠."

오페라 〈미트리다테, 폰투스의 왕〉 초연을 앞두고 밀라노 가수들은 요구 사항을 끝없이 늘어놓았다. 이 바람에 모차르트는 성악가들과 치열한 신경전을 벌였다. 특히 1막의 첫 아리아는 테너의 주문으로 이틀 사이에 다섯 차례나 고쳐야 했다. 하지만 이 같은 진통을 통해 모차르트가 '오페라 세리아opera seria'로 불리는 정가극正歌劇의 세계에 눈뜨게 된 것도 사실이었다. 진지하고 심각하다는 뜻의 영어 단어 '시리어스serious'에서 짐작할 수 있듯이 오페라 세리아는 비극적인 신화나 전설의 주인공을 지극히 서정적으로 묘사하는 음악극이다. 반대로 풍자와 해학을 버무린 희가극喜歌劇을 '오페라 부파opera buffa'라고 한다.

이 오페라에서 왕비 아스파지아가 1막에서 부르는 아리아 '내 마음은 슬픔으로 박동하고Nel sen mi palpita'는 10대 소년의 솜씨라고는 믿기 힘들 만큼 격조와 우아함을 갖추고 있다. 〈미트리다테, 폰투스의 왕〉은 그해 12월 26일 밀라노 궁정 극장에서 모차르트의 지휘와 건반 악기 연주로 초연됐다. 공연이 끝난 뒤 모차르트에게 "거장 만세Viva il Maestro"라는 격찬이 쏟아질 정도로 대성공이었다. 밀라노 현지 신문은 "15세에 불과한 젊은 마에스트로가 보기 드문 음악적 우아함을 가미해서 자연의 아름다움을 드러냈다"는 호평을 실었다. 초연 성공에 힘을 얻은 이 오페라는 22차례나 공연됐다. 모차르트는 곧바로 다음 시즌에 공연할 차기작을 위촉 받았다. 〈미트리다테, 폰투스의 왕〉은 모차르트가 오페라에서도 완성된 경지에 이르렀다는 징표와도 같았다.

이처럼 모차르트가 오페라의 세계에 눈뜨게 됐다는 점이야말로 이탈리아 여행의 가장 큰 소득이었다. 훗날 모차르트가 〈이도메네오Idomeneo〉와 〈티토 황제의 자비La clemenza di Tito〉 같은 이탈리아어 정가극과 〈코시 판 투테Cosi Fan Tutte〉 같은 이탈리아어 희가극, 〈후궁 탈출Die Entführung aus dem Serail〉과 〈마술피리Die Zauberflöte〉 같은 독일어 음악극에서 두루 걸작을 남길 수 있었던 것도 이탈리아 여행이 든든한 밑거름이 되었기 때문이다. 선배 작곡가 헨델이나 요한 크리스티안 바흐와 마찬가지로 '이탈리아 오페라에도 능한 독일 작곡가의 탄생'이라고 할까. 모차르트 입장에서는 영국과 프랑스, 독일에 이어서 이탈리아까지 범유럽인으로 거듭나기 위한 마지막 연결 고리가 완성된 셈이었다.

교황의 훈장

밀라노를 떠난 모차르트는 볼로냐에서 당대 최고의 작곡가이자 음악 이론가로 꼽히는 조반니 바티스타 마르티니Giovanni Battista Martini 신부를 만나 대위법(둘 이상의 선율을 결합하는 작곡 기술)을 배웠다. 마르티니 신부는 19세에 볼로냐 성 프란체스코 성당의 성가대 지

모차르트에게 대위법을 가르친 마르티니 신부

모차르트가 이탈리아 여행에서 얻은 가장 큰 음악적 성과는 당대 최고의 대위법 전문가 조반니 바티스타 마르티니 신부에게 대위법을 배웠다는 것이다. 모차르트는 그에게서 종교 음악을 접하고 잘츠부르크로 돌아와 수많은 미사곡을 쏟아냈다.

휘자로 임명됐으며, 모차르트가 런던에서 만났던 요한 크리스티안 바흐를 가르친 인연이 있었다. 음악 서적과 악보를 1만 7,000권 가까이 소장한 이론가로도 명성이 높았다. 모차르트의 음악적 자질에 깊은 인상을 받은 마르티니 신부는 모차르트가 볼로냐 음악 애호가 협회에 들어갈 수 있는 자격시험을 치를 수 있도록 주선했다.

1666년에 설립된 볼로냐 음악 애호가 협회는 마르티니 신부를 비롯해 작곡가 아르칸젤로 코렐리와 카스트라토(높은 음역을 소화하기 위해 거세한 남자 성악가) 파리넬리 등을 배출한 명문 단체였다. 1770년 10월 9일 오후 4시, 모차르트는 성가 〈먼저 하느님의 나라를 구하라Quaerite primum regnum Dei〉를 과제 곡으로 제출했다. 자격시험은 통상 3시간이었지만, 30분 만에 작곡을 마쳤다는 일화가 남아 있다. 이 작품으로 모차르트는 협회 역사상 최연소 회원이 됐다. 20세 이상만 입회할 수 있다는 규정을 감안하면 파격적인 결정이었다. 모차르트의 작곡과 연주 실력을 확인한 마르티니 신부는 시험 사흘 뒤인 10월 12일 "하프시코드로 즉흥 연주할 수 있도록 여러 주제를 건네주자 그는 예술적 조건에 맞게 뛰어난 기교로 수행해냈다"는 내용의 추천서를 써주었다.

1770년 4월 로마에 도착한 모차르트는 교황 클레멘스 14세에게 '황금박차 훈장'을 받았다. 레오폴트가 아내에게 보낸 편지에는 흥분과 초조감이 그대로 드러난다. "내일 우리는 놀라운 뉴스를 듣게 될지도 모르오. 교황께서 모차르트에게 훈장을 수여하라는 지시를 팔라비치니 추기경에게 내린 것 같소. 아직은 많이 이야기하지 않는 편이 좋겠소. 사실이라면 토요일에 다시 편지를 하리다." 레오폴트는 모차르트가 훈장을 가슴에 달고 있는 초상화를 주문 제작해, 볼로냐의 마르티니 신부에게 보냈다. 답례의 의미가 담긴 선물이었다. 이 초상화는 볼로냐 시립음악박물관에 소장되어 있다.

모차르트가 그레고리오 알레그리의 종교곡 〈미제레레Miserere〉를 들은 것도 그때가 처음이었다. 당시 이 곡은 바티칸의 시스티나 성당에서만 연주할 수 있었다. 또한 성당 밖으로 악보를 유출하다가 적발될 경우 파문에 처한다는 엄격한 규정 때문에 신비로운 이미지를 지니고 있었다.

하지만 이 같은 금지령도 모차르트의 천재성을 돋보이게 하는 장치에 불과했다. 이 곡을 들은 모차르트는 그 자리에서 암기한 뒤 숙소로 돌아와 오로지 기억에만 의존하여 악보에 옮겨 적었다. 모차르트가 옮겨 적은 이 악보는 영국의 작곡가 찰스 버니가 입수한 뒤 이듬해 런던에서 출간했다. 교황청의 금지령을 어기고 해적판이 나온 셈이다. 하지만 모차르트는 파문은커녕 훈장을 받았으니 애당초 금지령에 다분히 과장이 섞인 것일 수도 있다. 레오폴트는 1770년 5월 편지에 이렇게 적었다. "모든 로마 사람들과 교황마저 모차르트가 그 곡을 받아 적었다는 걸 알고 있소. 하지만 두려워할 필요는 없소. 오히려 그에게는 커다란 명예가 되고 있으니까."

이처럼 모차르트는 이탈리아 여행에서 경이로운 기록과 성과를 남기고 1771년 3월 28일 잘츠부르크로 돌아왔다. 로마 교황청의 훈장은 모차르트의 명성을 한껏 드높여주었다. 밀라노의 오페라 상연은 모차르트가 신동 연주자에서 본격적 작곡가로 변신하는 계기가 됐다. 더구나 모차르트는 밀라노에서 발표할 두 번째 오페라 〈루치오 실라Lucio Silla〉를 계약했다. 잘츠부르크로 돌아온 직후에는 세 번째 오페라 〈알바의 아스카니오Ascanio in Alba〉도 위촉받았다. 〈알바의 아스카니오〉는 페르디난드 대공의 결혼식을 축하하기 위한 축제에서 공연될 작품이었다. 결혼식에서 공연할 또 다른 오페라를 위촉받았던 독일의 작곡가 요한 아돌프 하세는 "이 소년 때문에 우리는 모두 잊히는 신세가 되고 말 것"이라고 탄식했다.

모차르트는 오페라를 쓰면서 이탈리아어 실력이 빠르게 향상됐고, 마르티니 신부에게 대위법도 배웠다. 모차르트의 음악적 성장 과정을 볼 때 이탈리아 여행은 '레오폴트의 맹모삼천지교'라고 부를 수 있다. 맹자의 어머니가 자식을 제대로 키우기 위해 묘지와 시장, 서당으로 끊임없이 이사했던 것처럼 레오폴트 역시 아들 모차르트의 교육을 위해서라면 어떤 노력도 마다하지 않았다. 그는 잘츠부르크에서 손수 아들을 가르쳤고, 유럽의 궁정을 돌아다니며 아들의 연주 실력을 선보였으며, 이탈리아 현지에서 다시 오페라와 종교 음악을 공부시켰다.

사회학자 엘리아스는 모차르트가 1756~1777년에 유럽 전역과 이탈리아로 두 차례에 걸쳐 그랜드 투어를 다녀온 시기를 '모차르트의 수련기'라고 부른다. 모차르트는 어느 날 갑자기 하늘에서 뚝 떨어진 천재가 아니라 장기간의 힘든 수련기를 거치면서 유럽 최고의 작곡가로 도약할 수 있었다는 설명이다. 그런 측면에서 이탈리아 여행에 나서면서 레오폴트가 아들 모차르트를 위해 치밀하게 준비했던 계획도 적중했던 셈이다.

음악학자 메이나드 솔로몬의 말처럼 15개월간 40여 개의 도시와 마을을 방문했던 이탈리아 여행은 레오폴트에게도 '가장 훌륭하고 행복한 시절'이었다. 그렇다면 잘츠부르크로 돌아온 아들 모차르트에게는 행복한 꽃길만 놓여 있었을까. 전혀 예상하지 못했던 방향으로 상황은 급변하고 있었다.

황금박차 훈장을 달고 있는 모차르트 (작자 미상)

어린 시절부터 전 유럽을 다니며 각국의 군주들로부터 인정받은 모차르트는 로마에 이르러 교황 클레멘스 14세에게 황금박차 훈장을 받았다. 황금박차 훈장은 가톨릭 신앙 전파에 큰 공을 세웠거나, 뛰어난 저작 활동을 통해 교회에 공헌한 사람에게 교황이 직접 수여하는 훈장이었다.

가족 여행에서 배제된 모차르트의 누나 난네를

레오폴트와 모차르트 부자가 이탈리아 여행에 나선 건 1769년 12월 13일이었다. 여행은 지난 3년간의 그랜드 투어와 결정적인 차이가 있었다. 누나 난네를이 동행하지 않았다는 점이다. 그랜드 투어가 천재 남매의 음악적 재능을 보여주기 위한 것이었다면, 이탈리아 여행은 모차르트의 작곡 능력을 보여주고 취업 가능성을 알아보는 데 초점이 맞춰져 있었다. 여행 경비를 절감해야 했던 것도 사실이었다. 이때부터 난네를은 가족 여행에서 사실상 배제되었다.

한 가족에서 두 스타가 탄생하기 힘들다는 점을 인정한다고 해도, 클래식 음악사에서 유독 여성들이 배제와 차별의 대상이 됐다는 사실만큼은 부인하기 힘들다. 난네를 역시 예외가 아니었다. 1769년부터 남동생 모차르트가 이탈리아에서 눈부신 음악적 성과를 거두는 동안 난네를은 어머니와 함께 잘츠부르크에 남아 있었다. 반대로 1777년부터 모차르트가 어머니와 파리 여행을 할 당시에는 레오폴트와 함께 잘츠부르크에 머물러야 했다. 난네를 역시 작곡을 했고, 동생 모차르트도 편지에서 난네를의 작품을 높이 평가했다. 하지만 레오폴트는 편지에서 난네를의 작품에 대해서는 언급한 적이 없다. 레오폴트가 특별히 비정하거나 부당했다기보다는 남녀 차별적인 당시의 고정 관념이 투영된 결과로 보는 편이 옳을 것이다. 아쉽게도 난네를의 작품은 현재 전해지지 않는다.

난네를은 1784년 인근 마을 장크트길겐의 치안 판사 요한 바티스트 베르히톨트 폰 조넨부르크 남작과 결혼했다. 조넨부르크 남작은 이미 두 차례 결혼해서 5명의 아이를 두고 있던 홀아버지였다. 남작 부인이 된 난네를은 남편을 따라서 장크트길겐으로 건너갔다. 장크트길겐은 모차르트 남매의 어머니 안나 마리아의 고향이다. 지금은 잘츠부르크 중앙역에서 버스를 타고 1시간 정도 가면 장크트길겐에 도착하지만 당시에는 마차로 6~8시간 걸렸다고 한다. 인구 3,800명 정도이니 도시보다는 마을에 가깝다. 당시 인구는 1,000명 정도에 불과했다.

흥미로운 건 난네를이 결혼 뒤에 살았던 집이 어머니 안나 마리아의 생가였다는 점이다. 이 집은 장크트길겐의 법원이자 치안 판사의 관사였다. 이 관사에서 안나 마리아의 아버지이자 난네를의 외할아버지인 볼프강 니콜라우스 페르틀도 치안 판사로 근무했다. 난네를은 외할아버지의 직장 후배인 조넨부르크 남작을 남편으로 맞았고, 어머니의 생가에서 살았던 셈이다. 지금도 장크트길겐 호숫가의 이 생가는 '모차르트 하우스

Mozarthaus' 박물관으로 사용하고 있다. 여기의 '모차르트'는 우리가 아는 작곡가 모차르트가 아니라 그의 어머니와 누나 난네를을 뜻한다. 입장료 4유로를 내면 호숫가의 아담한 집을 둘러볼 수 있다. 난네를은 1801년 남편을 여의고 잘츠부르크로 돌아왔다. 이들 모녀는 장크트길겐에서 살다가 잘츠부르크로 왔던 인생 유전까지 닮았다.

모차르트의 누나 난네를과 잘츠부르크 장크트페터 수도원의 난네를 묘지

장크트길겐의 모차르트 하우스

속박과 억압의 사슬

대주교와의 악연

잘츠부르크의 돔 지구

잘츠부르크를 대표하는 곳을 딱 하나만 고른다면 어디일까. 해발 542미터의 언덕에서 도시를 내려다볼 수 있어서 포스터나 엽서에 빠지지 않고 등장하는 호엔잘츠부르크 성이나 지금도 잘츠부르크를 먹여 살리는 모차르트의 생가가 떠오를 것이다. 하지만 나는 구시가지의 성당과 대주교의 궁전인 레지덴츠가 나란히 있는 '돔 지구Dom Quartier'를 첫손으로 꼽고 싶다. 그 이유는 잘츠부르크에서 정치적으로나 종교적으로 심장부에 해당하기 때문이다.

잘츠부르크의 구시가지에는 독특한 특징이 있다. 세속적 정치의 핵심인 레지덴츠와 종교적 상징인 성당이 사실상 붙어 있는 구조라는 점이다. 돔 지구라는 명칭도 성당의 '돔Dom'에서 유래한 것이다. 우리 식으로는 청와대와 명동성당이 함께 있다고 할까. 잘츠부르크의 대주교가 종교적 지도자인 동시에 세속적 권력을 휘두르는 통치자였다는 역사적 사실에서 비롯한 것이다. 이렇듯 세속과 종교가 하나로 뒤엉켜 있는 도시가 잘츠부르크다.

잘츠부르크에 처음 도착하면 화려한 궁전을 찾기 힘들다는 사실에 놀란다. 파리의 베르샤유 궁전이나 빈의 쇤브룬 궁전처럼 거대한 궁전은 잘츠부르크에서 기대하지 않는 편이 낫다. 아름다운 정원으로 유명한 미라벨 궁전도 1~2시간이면 충분히 둘러볼 수 있다. 호엔잘츠부르크 성도 궁전보다는 도시를 지키기 위한 군사적 요새에 가깝다. 빈이나 파리 같은 유럽의 대도시에 익숙한 관광객들은 잘츠부르크에서 볼거리는 많아도 정작 찐빵에 팥소는 빠진 듯한 허전함을 느낄 수도 있다. 이런 첫인상을 지우려면 대주교의 사무실이자 관사였던 레지덴츠를 방문할 필요가 있다. 1923년부터 레지덴츠는 박물관으로 사용되고 있다.

레지덴츠 박물관은 렘브란트 판 레임의 〈기도하는 노파〉와 프랑수아 부셰의 〈꿈꾸는 양치기 소녀〉 등 16~20세기 유럽 회화를 전시하고 있다. 관광객이 급증하는 여름철 성수기를 제외하면 박물관 내부는 대체로 호젓한 편이다. 성당과 레지던츠, 장크트페터 수도원 박물관까지 모두 합쳐 2,000여 점을 전시하는 전체 공간의 규모는 1만 5,000평방미터(약 4,500평)에 이른다. 2005년부터 9년간의 구조 변경 작업을 거쳐 테라스와 회랑을 통해 하나로 이어지는 지금의 구조로 탈바꿈했다. 이 때문에 모두 둘러보려면 단단히 발품을 팔아야 한다. 하지만 이 박물관을 걷다 보면 모차르트의 발자취를 따라서 잘츠부르크의 수백 년 역사를 둘러보는 듯한 즐거움을 만끽할 수 있다.

레지덴츠는 소년 모차르트가 처음으로 궁정 음악회에 출연했던 역사적 명소이기도 하다. 모차르트는 6세 때 '레지덴츠 회의실Konferenzsaal'에서 첫 연주회를 가졌다. 회의실 바로 옆의 '기사들의 방Rittersaal'에서는 모차르트의 첫 오페라로 꼽히는 〈첫 번째 계율의 책무〉가 초연됐다. 모차르트의 데뷔 장소라고 할까. 좋았을 때든 나빴을 때든 모차르트 인생의 전반부는 레지덴츠와 떨어지지 않는다. 레지덴츠의 계단을 오를 적마다, 음악적 재주를 뽐낸 소년 모차르트의 쾌활한 웃음소리가 들릴 것만 같다.

소금의 도시, 잘츠부르크

잘츠부르크가 대대로 독립을 유지할 수 있었던 비결은 도시 이름에 숨어 있다. 바로 소금이다. 잘츠부르크라는 명칭 자체가 도시를 관통하는 잘자흐Salzach 강에서 유래했다. 독일어로 '잘츠Salz'는 소금이라는 뜻으로, 영어의 '솔트salt'와 같다. 19세기까지 잘자흐 강을 따라서 소금을 실어 나르는 무역업이 이 지역의 효자 산업이었다.

실제로 독일 남부 바이에른에서 오스트리아에 이르는 알프스 일대에는 소금 광산에서 암염을 캐는 채굴 산업이 일찍부터 발달했다. 1997년에 유네스코는 잘츠부르크 동쪽의 잘츠카머구트Salzkammergut 일대를 세계 문화유산으로 지정했다. 당시 유네스코는 "잘츠카머구트의 빼어난 자연 풍경에서 인류는 기원전 2000년부터 지금까지 소금 채취 작업을 해왔으며, 이 지역 번영의 바탕을 이루었다"고 선정 사유를 밝혔다. 잘츠카머구트는 소나무로 뒤덮인 산악이나 연녹

모차르트의 데뷔 무대 잘츠부르크 레지덴츠에서 바라본 광장
대주교의 사무실이자 관사였던 레지덴츠는 모차르트가 6세 때 궁정 음악회
에 첫 출연한 데뷔 무대다. 모차르트의 첫 오페라로 꼽히는 〈첫 번째 계율의
책무〉가 초연되기도 했다. 현재 박물관으로 사용되고 있는 잘츠부르크 레지
덴츠는 16~20세기 유럽 회화 2,000여 점을 전시하고 있다.

색 바닥까지 투명하게 보이는 호수의 절경뿐만 아니라 소금 광산으로도 유명하다.

지금도 잘츠부르크에서 남쪽으로 30킬로미터 떨어진 독일 최남단 베르히테스가덴Berchtesgaden에 가면 잘츠부르크 경제력의 원천을 확인할 수 있다. 인구 8,000명에 불과한 이 마을에는 1517년부터 무려 500년간 암염을 채굴하고 있는 소금 광산이 있다. 채굴 방법도 독특하다. 알프스 산맥 지하의 암석층에 민물을 유입시켜 소금을 녹인 뒤, 파이프라인을 통해 농도 26.5퍼센트의 소금 용액을 끌어오는 용해 채굴 방식이다. 지하에 매설된 파이프라인만 20킬로미터가 넘는다.

채굴 작업이 끝난 갱도에는 1.4킬로미터의 레일을 깔아서 관광객들이 광부 복장을 입고 1시간 동안 광산을 둘러볼 수 있는 견학 프로그램을 운영하고 있다. 지하 광산 내부의 철도 운행과 미끄럼틀 타기, 갱도의 천장이 지하수면에 반사되어 은은하게 빛나는 '거울 호수'를 보트를 타고 둘러보는 체험까지 교육과 오락적 요소를 결합한 구성이 독특하다. 연간 35만 명이 이 소금 광산을 찾는다. 직접 둘러보면 왜 소금이 과거에 '하얀 금'이라고 불릴 만큼 귀한 대접을 받았는지 실감할 수 있다. 소금에서 나오는 경제력에 기반한 도시가 잘츠부르크였던 것이다.

잘츠부르크는 바이에른 공국과 소금 채굴권을 둘러싼 갈등으로 전쟁을 벌인 적도 있다. 1611년 볼프 디트리히 폰 라이테나우 잘츠부르크 대주교는 소금 광산이 있는 베르히테스가덴의 영유권을 주장하며 이 일대를 점령했다. 이에 반발한 바이에른 공국의 군대는

잘츠부르크 경제력의 비밀, 소금 광산

잘츠부르크 동쪽 잘츠카머구트 일대는 소금 광산으로 유명하다. '소금Salz'은 잘츠부르크가 대대로 독립을 유지할 수 있었던 비결이다. 잘츠부르크는 암염 채굴 산업이 발달한 덕분에 막강한 경제력을 갖출 수 있었다.

이듬해 1612년 잘츠부르크까지 쳐들어갔다. '소금 전쟁'에서 패한 라이테나우 대주교는 호엔잘츠부르크 성에 5년간 감금돼 있다가 세상을 떠났다. 생전에 이 대주교가 연인 잘로메 알트를 위해 짓기 시작한 궁전이 미라벨 궁이다. 당시에도 가톨릭 성직자의 결혼이나 축첩은 엄연한 불법이었지만, 둘은 15명의 자녀를 두었을 만큼 금슬이 좋았다고 한다.

잘츠부르크에 거주민이 정착하기 시작한 건 기원전 8세기 무렵이다. 하지만 잘츠부르크의 수호성인으로 불리는 성 루페르트가 장크트페터 수도원을 건립한 696년을 도시의 기점으로 삼는다. 잘츠부르크는 독일어권 최초의 수도권 가운데 하나다. 당시에는 알프스 동쪽으로 선교를 확대하기 위한 '전진 기지' 역할을 했을 것이다.

보름스의 주교였던 성 루페르트는 다뉴브 강 일대의 이교도들을 대상으로 선교 활동을 하다가 잘츠부르크에 정착했다. '소금의 도시'라는 뜻의 잘츠부르크라는 이름을 붙인 것도 성 루페르트였다. 그는 종교 활동뿐 아니라 지역 경제 발전에도 앞장섰고, 바이에른 공국으로부터 소금 광산 채굴권도 넘겨받았다. 성 루페르트가 그림이나 동상에서 소금 통을 든 모습으로 묘사되는 것도 이 때문이다. 5세기, 서로마제국 멸망 이후 200여 년간 폐허로 방치되다시피 했던 도시도 이때부터 발전했다. 성 루페르트는 자신이 부활절에 선종할 것이라는 사실을 알고 미리 후임자를 임명했다고 한다. 잘츠부르크는 출발부터 종교적인 도시였던 셈이다.

잘츠부르크는 739년 주교가 다스리는 도시로 공인됐다. 798년 잘츠부르크 주교는 대주교로 승격됐다. 996년, 신성로마제국 황제 오토 3세는 잘츠부르크 대주교에게 일일 시장을 개설하고 동전을 주조할 권리를 부여했다. 정치적 독립에 이어 경제적 자율권까지 선물 받은 잘츠부르크는 금, 은, 구리 같은 천연 광물과 소금 교역으로 막대한 부를 축적했다. 1852년에 이르러서는 잘자흐 강에서 출발한 화물선이 멀리는 흑해까지 항해했다. 한마디로 잘츠부르크는 작지만 강한 강소국이었던 셈이다.

잘츠부르크의 두 대주교

모차르트 생전에 잘츠부르크를 다스렸던 대주교는 둘이다. 그런데 모차르트 가족에 대한 두 대주교의 입장은 판이하게 달랐다. 1753년부터 1771년까지 18년간 잘츠부르크의 대주교를 지낸 지기스문트 폰 슈라텐바흐Sigismund von Schrattenbach는 레오폴트 부자의 음악 여행을 전폭적으로 지원했다. 1762년 레오폴트가 아들 모차르트를 데리고 첫 여행에 나설 당시부터 대주교는 레오폴트의 월급을 전액 지급한 것은 물론이고 600플로린의 여행 경비까지 쾌척했다. 이듬해인 1763년 2월에는 레오폴트를 부악장으로 승진시켰다. 그에게 레오폴트와 모차르트 부자는 잘츠부르크의 국위선양을 위한 문화사절이었다. 오늘날 올림픽이나 월드컵 같은 스포츠 행사에 출전하는 국가대표 선수들을 파격적으로 지원하는 것과도 비슷하다. 레오폴트가 하게나워에게 보낸 편지에 "멀리 자리를 비워서 대주교의 신임을 잃는 일이 생긴다면 언제든 즉시 잘츠부르크로 향하는 우편 마차를 탈 준비가 되어 있어야 한다"고 적었을 정도다.

하지만 그랜드 투어 때문에 레오폴트의 부재 상태가 길어지면서 대주교와 레오폴트 사이에는 미묘한 긴장이 감돌기도 했다. 모차르트 부자가 빈에 머물던 1767년 11월 무렵 잘츠부르크에는 레오폴트가 빈 궁정에서 일자리를 구하고 있다는 소문이 나돌았다. 슈라텐바흐 대주교는 1768년 3월 레오폴트의 월급 지급을 돌연 중단하기에 이른다. 레오폴트의 장기 부재 때문에 유급 출장에서 무급 휴가로 바뀐 셈이다. 당시 대주교의 수석 간사장이 레오폴트에게 보낸 편지에는 경고의 의미가 담겨 있다.

대주교께서는 모차르트 선생이 원하시는 만큼 체류를 하는 데 이의가 없으시며 분명 3월 월급도 지급하실 겁니다. 잘츠부르크에 체류하지 않더라도 궁정 소속은 분명하겠지만, 앞으로는 자리를 비운 동안 월급이 지급되지 않을 것입니다.

그런데도 레오폴트가 그 뒤에도 아들과 함께 이탈리아 여행을 다시 감행한 것을 보면, 여행을 통해 벌어들인 경제적 이득이 레오폴트의 월급 손실액보다 컸다는 것을 짐작할 수 있다.

모차르트 부자가 세 차례의 이탈리아 여행 가운데 두 번째 방문을 마치고 잘츠부르크로 돌아온 건 1771년 12월 15일이었다. 이들 부자가 귀향한 다음 날 잘츠부르크에서는 상전벽해 같은 변화가 일어났다. 16일 슈라텐바흐 대주교가 세상을 떠나고, 히에로니무스

슈라텐바흐 대주교(왼쪽)와 콜로레도 대주교

슈라텐바흐 대주교는 일종의 문화사절로서 레오폴트와 모차르트의 유럽 순회공연을 적극 지원했다. 하지만 그가 타계한 뒤 후임으로 선출된 콜로레도 대주교는 긴축 정책에 우선순위를 두고 이들 부자를 핍박했다. 지금까지도 콜로레도 대주교는 모차르트를 푸대접하다가 내쫓은 사람으로 악명이 높다.

폰 콜로레도Hieronymus von Colloredo 백작이 이듬해 후임 대주교로 선출된 것이다.

콜로레도 대주교는 서양음악사에서 모차르트를 핍박하고 쫓아낸 것으로 악명 높다. 하지만 그는 궁정 악단에서 바이올린을 연주할 만큼 빼어난 음악적 감식안을 지니고 있었다. 결국 전임 대주교와 후임자의 차이는 선악의 문제라기보다 정책적 우선순위가 달랐다고 이해하는 편이 옳다. 전임자가 잘츠부르크의 국위선양을 위해 문화 정책에 힘을 실었다면, 후임자는 긴축 정책을 통한 재정 건전성을 중시했다고 할까. 실제 콜로레도 대주교는 잘츠부르크 부임 이후에 미신적 관습과 순례를 금지하고, 가톨릭 전례 절차를 간소화하며, 성당 장식에도 제약을 두는 등 대대적인 개혁 조치에 나섰다.

그런 대주교의 눈에 툭하면 자리를 비우는 레오폴트 부자가 곱게 비쳤을 리 만무했다. 전임과 후임 대주교의 정책 변화를 이해하지 못했다는 점이야말로 레오폴트 부자의 불행이었다. 모차르트 연구자인 클리프 아이젠은 "모차르트 가족의 불행에 대한 일차적 책임은 콜로레도 대주교가 아니라 모차르트 가족 자신에게 있었다"고 말했다.

하지만 모차르트와 콜로레도 대주교의 관계가 처음부터 나빴던 건 아니다. 모차르트는 당초 슈라텐바흐 대주교의 사제서품 50주년을 기념하기 위해서 단막 오페라 〈시피오네의 꿈Il sogno di Scipione〉을 작곡하고 있었다. 하지만 슈라텐바흐의 타계 이후 1772년 콜로레도 대주교가 취임하자 후임자에게 이 작품을 헌정했다. 1772년 콜로레도 대주교 앞에서 오페라의 아리아와 합창 일부를 연주한 것으로 추정된다.

그 뒤 모차르트와 대주교의 관계는 점차 악화됐다. 하지만 그런 와중에도 모차르트는 작품 활동을 왕성하게 했다. 1775년 마리아 테레지아 황후의 막내아들인 막시밀리안 프란츠 대공이 잘츠부르크를 방문했을 때에도 오페라 〈양치기 임금님Il Re Pastore〉을 초연했다. 모차르트와 동갑내기인 막시밀리안 프란츠 대공은 프랑스 파리에서 한 살 터울의 손위 누이 마리 앙투아네트를 만나고 돌아오는 길이었다. 주빈인 대공을 위해 잘츠부르크에서는 사흘간 음악회가 계속됐다. 그 가운데 이튿날 상연된 이 오페라의 작곡을 모차르트는 6주 만에 마쳤다.

당시 모차르트는 잘츠부르크 대주교의 궁정과 성당, 대학과 극장을 위해 기악곡과 합창곡을 쉴 새 없이 쏟아내고 있었다. 1773년에는 교향곡 7곡과 디베르티멘토 4곡, 현악 4중주 6곡과 현악 5중주 1곡 등을 작곡했고 이듬해 1774년에는 교향곡 3곡과 피아노 소나타 1곡, 협주곡 2곡과 오페라 〈가짜 여정원사La Finta Giardiniera〉 등을 완성했다. 1775년에도 오페라 〈양치기 임금님〉 외에 피아노 소나타 6곡과 바이올린 협주곡 5곡, 미사곡을 작곡했다.

모차르트 가족은 여행 중일 때는 주고받은 편지의 양이 늘었지만, 여행을 마치고 고향으로 돌아오면 편지도 자연스럽게 줄었다. 이 때문에 후세 연구자의 입장에서는 오히려 모차르트가 고향으로 돌아온 뒤의 심경을 추측하기가 어렵다. 이탈리아 여행을 마치고 잘츠부르크에 돌아온 직후의 상황도 다르지 않다. 다만 모차르트가 교향곡과 실내악, 오페라 등 전 분야에 걸쳐 신작을 쏟아낸 사실로

미루어 볼 때, 유럽과 이탈리아의 그랜드 투어를 마친 뒤 본격적인 음악적 성과를 내기 시작했다고 볼 수 있다. 연수를 마친 뒤 현업으로 돌아와 훌쩍 성장한 모습을 보여주었다고 할까.

고향에서 맞닥뜨린 존재론적 고민

모차르트가 잘츠부르크로 돌아온 뒤 보여준 작곡 분량이나 속도를 보면 모차르트 특유의 눈부신 생산력을 짐작할 수 있다. 이는 모차르트가 35세로 세상을 떠날 때까지 정식 번호가 붙은 작품만 626곡을 남길 수 있었던 동력이다. 그런 의미에서는 신동 연주자에서 작곡가로 아들의 진로를 수정한 아버지 레오폴트의 혜안이 들어맞았던 셈이다. 프랑스의 작곡가이자 지휘자, 교육자였던 나디아 불랑제의 말처럼 "아버지 레오폴트 모차르트는 아들에게 불가능을 뛰어넘는 법을 가르친 것"인지도 모른다. 불랑제는 "아버지 레오폴트는 오로지 아들 모차르트가 할 수 있는 것만 아들에게 요구했다. 그런데 그 아들은 뭐든 다 할 수 있었던 것"이라고 위트 있게 표현했다.

하지만 모차르트의 눈높이와 실제 처지 사이에는 크나큰 괴리와 간극이 있었다. 모차르트는 유럽 전역에서 순회공연을 마치고 돌아온 '월드 스타'였지만, 잘츠부르크로 돌아온 뒤에는 다시 평범한 궁정 음악가의 처지가 되고 말았다. 유럽의 '월드 스타'와 잘츠부르크의 '직장인' 사이에는 도무지 양립 불가능한 거리가 존재했다. 이러한 간극이야말로 모차르트를 끈질기게 따라다닌 존재론적 고민이었을 것이다.

모차르트가 훗날 "잘츠부르크는 내 재능에 걸맞은 곳이 아니다. 우선, 전문 음악가들을 소중하게 여기지 않는다. 다음으로, 극장도 오페라도 없기에 들을 것도 없다"고 푸념한 것도 이 때문이었다. 더구나 콜로레도 대주교가 이탈리아의 작곡가 도메니코 피스키에티를 잘츠부르크의 새로운 궁정 악장으로 영입하면서, 아버지 레오폴트도 사실상 승진 기회를 잃었다.

이들 부자는 잘츠부르크에서 합법적으로 벗어날 수 있는 방안을 찾아 나서기에 이르렀다. 모차르트의 취업이었다. 1773년 7월 빈 여행과 이듬해 겨울 뮌헨 여행은 모두 모차르트의 일자리를 알아보기 위한 목적이 분명했다. 한 가지 흥미로운 점은 그 무렵 아버지 레오폴트가 아내에게 보낸 편지에서도 당시 여행의 목적을 감추려고 했다는 사실이다.

> 글로 남기지 않는 게 상책인 일이 있소. 세상에는 사람들이 적을 수 없는 사안도 많지 않소? 더구나 우리는 잘츠부르크나 여기에서 의심을 일으킬 수 있는 건 무엇이든 피해야 하오. 우리 계획에 차질을 가져올 수 있는 것 말이오.

이 편지에서 레오폴트는 당시 무슨 계획을 추진 중이었는지, 어떤 의심을 불러일으킬 수 있다는 건지 구구절절하게 밝히지 않았다. 하지만 콜로레도 대주교 취임 이후 잘츠부르크 궁정의 상황이 모차르트 부자에게 호의적이지 않은 쪽으로 변하고 있었다는 점만은 분명하다.

어쩌면 이 여행은 가족의 주 수입원을 아버지 레오폴트에서 아들 모차르트로 바꾸고, 내친 김에 다른 지역으로 근거지도 옮기기 위한 야심찬 계획일지도 모른다. 하지만 어떤 목적이든 모차르트의 일자리를 알아보기 위한 빈 여행은 처음부터 성사 가능성이 불투명했다. 1773년 8월 초에는 공교롭게도 콜로레도 대주교가 빈에 머물고 있었다. 잘츠부르크에서 벗어나기 위한 모차르트 부자의 여행을 잘츠부르크 대주교가 지켜보고 있던 셈이다. 더구나 오스트리아를 다스리고 있었던 황후 마리아 테레지아가 레오폴트 부자에 대해 부정적인 인식을 지니고 있었다는 점도 모차르트의 취업에 걸림돌이 됐다.

외면당한 열정

황후 마리아 테레지아와 레오폴트 부자의 악연은 모차르트의 오페라 〈알바의 아스카니오Ascanio in Alba〉가 초연됐던 1771년으로 거슬러 올라간다. 이 오페라는 당시 밀라노 공국을 다스리는 페르디난드 대공의 결혼식을 축하하기 위한 작품이었다. 페르디난드 대공의 어머니인 황후 마리아 테레지아는 아들의 결혼식을 축하하기 위한 오페라를 독일 작곡가 요한 아돌프 하세와 모차르트에게 각각 위촉했다. 하세는 어릴 적 마리아 테레지아의 음악 교사였고 총애

하는 작곡가이자 절친한 친구였다.

페르디난드 대공의 결혼식은 10월 15일에 열렸다. 하세의 오페라 〈루지에로〉는 다음 날인 16일, 모차르트의 〈알바의 아스카니오〉는 17일 각각 공연됐다. 당초 하세의 오페라가 축제의 주연이라면 모차르트의 작품은 조연의 성격이 강했다. 하지만 정작 뚜껑을 열었을 때 열광적인 반응을 얻은 쪽은 모차르트의 작품이었다. 곧바로 이틀 뒤에 추가 공연을 잡아야 할 정도였다. 레오폴트는 이틀 뒤인 10월 19일 "신하들과 다른 사람들이 젊은 작곡가를 축하하기 위해 거리마다 몰려들어서 우리는 끊임없이 멈춰야 했다. 미안하지만 볼프강의 작품이 하세의 오페라를 말할 수 없을 정도로 압도했다"고 아내에게 편지를 썼다.

모차르트는 비너스 여신의 아들인 아스카니오가 요정 실비아와 우여곡절 끝에 결혼한다는 해피엔딩의 이 작품을 오스트리아 황실에 비유하고 있었다. 아스카니오가 페르디난드 대공이라면, 비너스 여신은 황후 마리아 테레지아였던 것이다. 비너스 여신의 덕을 기리는 1막 합창은 사실상 마리아 테레지아에 대한 칭송이었다. 하지만 모차르트의 이런 극진한 노력도 소용없었다. 작품 초연 이후에도 레오폴트 부자는 류머티즘을 이유로 한 달간 밀라노 체류를 연장했다. 이즈음 레오폴트는 아들 모차르트의 취업을 알아보고 있었던 것 같다. 페르디난드 대공은 모차르트에 대한 평판을 어머니인 황후 마리아 테레지아에게 물었다. 황후는 1771년 12월 12일 아들 페르디난드 대공에게 보낸 편지에서 레오폴트 부자에 대해 지극히 부정적 의견을 드러냈다.

젊은 잘츠부르크인이 너를 섬기도록 해도 좋을지 의견을 물었지. 네가 왜 쓸모 없는 작곡가를 필요로 하는지 모르겠구나. 네게 즐거움을 준다면 굳이 막을 생각은 없다. 하지만 쓸모 없는 사람들에게 이런저런 직책을 주는 것만은 막고 싶구나. 그들은 거지처럼 세상을 떠돌아다닌단다. 그런 사람들이 너를 섬긴다면 결국 황실의 품위가 떨어질 수밖에 없을 거야. 게다가 그에겐 먹여 살릴 가족도 많다는구나.

사실상 오스트리아의 최고 실권자가 모차르트의 앞길을 가로막은 것이다. 1768년 빈에서 모차르트의 오페라 〈가짜 바보〉 상연을 둘러싸고 첨예한 갈등이 불거졌을 때부터 황후는 모차르트 부자가 아니라 빈 음악가들의 편에 있었다. 이를 감안하면 황후가 진작부터 레오폴트에게 적잖은 반감을 지니고 있었던 것으로도 해석할 수 있다. 모차르트의 재능을 높이 평가했던 작곡가 하세마저 레오폴트에 대해서는 "그 아버지는 내가 아는 한 어디서든 불만을 드러낸다. 그는 아들을 조금은 지나치게 우상화하고 있으며, 그의 이런 행동 때문에 자칫 아들을 망칠 수도 있다"고 했다. 이 말로 유추할 때 문제를 일으켰던 건 아들 모차르트가 아니라 아버지 레오폴트였을 가능성도 있다. 앞선 이탈리아 여행이 성공적이었는데도, 모차르트가 안정적 직장을 구하지 못했던 이유를 짐작할 수 있다.

이듬해인 1772년 레오폴트는 이탈리아 중부 토스카나 공국의 레오폴트 대공에게도 모차르트의 취업을 청원했다. 레오폴트 대공 역시 마리아 테레지아의 아들이었다. 그때까지 레오폴트는 황후 마리

모차르트의 앞길을 가로막았던 마리아 테레지아

오스트리아를 다스리고 있었던 황후 마리아 테레지아는 레오폴트와 모차르트 부자에게 부정적인 인식을 가지고 있었다. 이들 부자는 잘츠부르크를 벗어나기 위해 구직 여행에 나섰지만, 당시 최고 실권자였던 마리아 테레지아는 이들을 '거지'에 비유하며 모차르트의 취업을 가로막았다.

아 테레지아의 반감을 눈치채지 못했던 것 같다. 1773년 8월 편지에서 레오폴트는 "황후 폐하께선 우리에게 무척 너그러우셨지만, 그것이 전부였소. 편지에 모든 걸 쓸 수는 없으니 돌아갈 때까지 설명은 아껴두리다"라고 적었다.

토스카나 공국의 레오폴트 대공 역시 어머니에게 의견을 물었는지는 확인할 길이 없다. 하지만 마찬가지로 1773년 2월 거절하는 답신이 날아왔다. 모차르트가 이탈리아 궁정에 취직할 기회는 사라진 셈이었다. 그 뒤로 레오폴트와 모차르트는 이탈리아를 다시 방문하지 않았다.

1774년 12월 모차르트는 오페라 〈가짜 여정원사〉를 초연하기 위해 뮌헨으로 향했다. 오페라는 성공을 거두었지만, 잘츠부르크 대주교와의 관계에는 오히려 악재로 작용했다. 1775년 1월 13일 오페라 초연 당일 잘츠부르크 대주교가 공연을 관람하고 있었던 것이다. 레오폴트는 아내에게 보낸 편지에서 "뮌헨의 선제후와 귀족들이 오페라에 찬사를 보내고 진심 어린 감사 인사를 보내는 모습을 보고 대주교가 얼마나 당혹했을지 상상해보시오. 그는 당황한 나머지 머리를 끄덕이고 어깨를 으쓱했을 뿐이오. 우리는 그에게 말도 건네지 못했소"라고 적었다. 잘츠부르크에서는 피고용인에 불과한 레오폴트 부자가 뮌헨에서는 스타 대접을 받는 모습에 대주교도 불편한 심경이었을 것이다. 이 무렵 레오폴트 부자와 대주교와의 관계는 악화일로에 접어들고 있었다. 잘츠부르크로 돌아온 레오폴트 부자는 대주교를 상대로 대담한 승부수를 띄웠다. 사직서였다. 레오폴트는 1777년 8월 대주교에게 청원서를 보냈다.

부모는 자식들이 스스로 밥벌이를 할 수 있는 능력을 키워주기 위해 애쓰게 마련입니다. 이는 부모의 의무이자 국가적인 의무이기도 합니다. 아이들이 신으로부터 많은 재능을 받을수록, 그들은 자신이나 부모의 처지를 낫게 만들고, 부모를 봉양하며, 자신의 발전과 앞날을 위해 그 재능을 사용해야 합니다. 성서는 우리에게 재능의 적절한 사용 방법에 대해 가르치고 있습니다.

이 편지가 레오폴트 부자 중 누가 쓴 것인지 여부는 중요하지 않다. 중요한 건 이 편지를 콜로레도 대주교가 직접 받아보았고, 심한 모욕감을 느꼈다는 점이다. 내용을 떠나 대주교 앞에서 신을 운운하는 행위 자체가 오만불손하게 비치기에 충분했다. 콜로레도 대주교는 짐짓 너그러운 척하면서 "아버지와 아들의 입신출세를 위해 어디든 마음대로 가도록 허락함. 성서에 의거하여"라는 간단명료한 답신을 보냈다. 싸늘한 해고 통보였다. 당황한 쪽은 아버지 레오폴트였다. 아들의 앞길을 열어주기 위한 편지가 거꾸로 자신의 발목을 붙잡게 된 것이다.

레오폴트는 대주교에게 복직을 간청한 끝에 간신히 궁정 악단으로 복귀할 수 있었다. 1777년 9월 26일 대주교는 "청원자가 궁정 악단에 소속된 악장이나 다른 사람들에게 평온하고 침착하게 처신한다는 확신 하에서 그의 고용을 유지하며 교회를 위해 최선을 다해 노력할 것을 너그러이 명한다"는 답변을 보냈다. 레오폴트는 복직하는 대신 사실상 잘츠부르크 궁정을 떠날 수 없게 된 것이다. 그 뒤로 레오폴트는 1785년 빈 여행을 제외하면 잘츠부르크 지역을 벗어난 적이 없었다.

모차르트의 자기 복제

　모차르트의 구직 여행에는 레오폴트 대신에 어머니 안나 마리아가 따라나섰다. 안나 마리아는 아들 모차르트의 의식주를 보살피는 보호자인 동시에, 잘츠부르크의 남편 레오폴트에게 아들의 일거수일투족을 알리는 감시자라는 이중적 역할을 맡았다. 1777년 9월 모차르트는 어머니와 함께 독일 남부를 거쳐 파리로 향했다. 하지만 18개월에 이르는 모차르트의 취업 여행은 처음부터 실패와 좌절의 연속이었다. 첫 방문지인 뮌헨에서 만난 막시밀리안 3세는 "그런데 귀여운 아가야, 빈자리가 없구나. 미안하다. 빈자리만 있었다면"이라며 완곡하게 거절했다.

　막시밀리안 3세는 모차르트가 여섯 살 때부터 음악적 재능을 지켜보았다. 이 점을 감안하면 공석이 없다는 말이 거짓일 가능성은 높지 않다. 그는 모차르트에게 레오폴트가 잘츠부르크에 여전히 재직 중인지 묻기도 했다. 이 질문으로 미루어 볼 때 모차르트 영입으로 인해서 뮌헨과 잘츠부르크 사이에 '스카우트 파동'이 일어나는 걸 원하지 않았을지 모른다. 어쩌면 7년전쟁과 뒤이은 기근으로 왕실 지출을 줄여야 하는 경제적 부담감이 작용했을 수 있고, 모차르트가 궁정 악단 생활을 하기에는 경험이 부족하다고 판단했을 가능성도 있다.

이후 모차르트는 아버지 레오폴트의 고향인 아우크스부르크에서 두 차례 음악회를 열었다. 하지만 구직 활동은 별다른 성과가 없었다. 곧이어 10월 26일 만하임에 도착했다. 유럽 최고 수준의 오케스트라가 있던 만하임에서 모차르트는 직장을 구할 수 있을지 모른다는 기대감에 부풀었다. 하지만 여기서도 선제후 칼 테오도르에게 거절 통보를 받았다. 모차르트가 구직 여행을 하고 있던 1777년, 칼 테오도르는 바이에른 선제후를 겸하게 되어 뮌헨으로 궁정을 옮길 예정이었다. 뮌헨으로 옮긴 이후인 1780년 선제후가 모차르트에게 오페라 〈이도메네오〉를 위촉했다는 점을 감안하면, 특별히 거부감이나 반감을 지니고 있었다고 볼 여지는 없다. 공교롭게도 구직 여행의 시기가 좋지 않았던 셈이다.

그런데도 모차르트는 만하임을 떠나지 않았다. 오히려 네덜란드 출신의 외과 의사이자 아마추어 플루트 연주자였던 페르디난드 드 장의 위촉으로 플루트 협주곡과 플루트 4중주를 작곡했고, 명문 귀족과 부유층 자제들에게 레슨을 하면서 이듬해 3월까지 반년 가까이 그곳에 머물렀다.

드장의 위촉으로 작곡한 플루트 협주곡과 플루트 4중주에는 재미난 일화가 있다. 드장은 네덜란드 동인도회사 소속으로 오늘날 인도네시아의 자카르타에서 10년간 근무하면서 적지 않은 재산을 모았다. 드장은 "세 곡의 짧고 어렵지 않은 협주곡과 플루트 4중주 몇 곡을 작곡"하는 대가로 모차르트에게 200굴덴을 지급하기로 했다. 모차르트는 플루트 4중주는 세 곡 썼지만, 정작 세 곡을 완성하기로 약속한 플루트 협주곡은 한 곡을 쓰는 데 그쳤다. 다른 한 곡은 예전에 잘츠부르크에서 완성했던 오보에 협주곡을 플루트 버전으로 편곡했다. 슬쩍 '자기 복제'를 했던 셈이다. 마지막 세 번째 협주곡은 심지어 착수조차 하지 않았다.

1778년 2월 모차르트는 아버지에게 보낸 편지에서 "아버지께서도 아시듯이, 견디기 힘든 악기를 위해서 작곡하는 것이 맘에 내키지는 않죠"라고 고백했다. 이 사실을 보면 작곡 진도가 늦었던 건 플루트에 대한 애정이 부족했던 탓일 수도 있다. 하지만 드장은 원곡에 해당하는 오보에 협주곡의 존재를 이미 알고 있었던 것으로 보인다. 당초 지급하기로 했던 200굴덴의 절반에도 못 미치는 96굴덴으로 작곡료를 깎았으니 말이다. 1920년대 오보에 협주곡 악보가 뒤늦게 발견되면서 플루트 협주곡 2번이 개작한 작품이라는 사실이 확인됐다. 모차르트의 작곡 인생에서 '흑역사'로 남아 있는 에피소드다.

모차르트가 게으름을 피웠던 건 아니다. 당시 그는 아버지에게 보내는 편지를 통해 만하임의 하루 일과를 상세하게 묘사했다. 오전 8시에 일어나서 오전 10시부터 오후 12시 반까지는 작곡을 하고, 점심 식사 이후에는 주로 레슨을 한다는 내용이었다. 모차르트의 어머니 안나 마리아도 "그는 작곡과 레슨으로 너무나 바빠서 사람들을 만날 시간조차 없다"고 적었다. 이 삶은 훗날 빈에서 시작하는 프리랜서 생활의 예행연습과도 같았다.

가족이라는 이름의 굴레

아버지의 채근을 이기지 못한 모차르트는 파리로 향했다. 그는 1778년 3월 24일부터 9월 26일까지 반 년 동안 파리에 머물렀다. 작곡가로서 그는 18세기 파리에서 유행했던 대중 음악회인 '르 콩세르 스피리튀엘 Le Concert Sprituel'을 통해 적잖은 성공을 거뒀다. 1778년 6월 18일 초연된 교향곡 31번 〈파리〉(K.297)가 대표적이다.

이 교향곡의 초연에는 단원 57명이 투입됐다. 당시 기준으로는 대규모 편성이었다. 영국 런던에서 발행되던 《유럽 통신 Courier de l'Europe》에도 "어릴 적부터 건반악기 연주자로 명성을 얻었던 모차르트는 오늘날 가장 유능한 작곡가 중 하나로 평가해야 할지도 모른다"는 극찬이 실렸다.

정작 모차르트는 연습 당시 단원들의 연주 실력에 실망해서 연주회 직전까지 불참을 심각하게 고려할 정도로 노심초사했다. 아버지에게 보낸 편지에서는 "리허설처럼 엉망이면 오케스트라로 걸어 들어가서 악장의 바이올린을 낚아챈 다음 직접 연주할 작정이었다"고 고백했다. 하지만 초연에서 성공을 거두자 모차르트는 "정확히 1악장 중간 부분에서 감동한 청중이 우레 같은 박수 갈채를 쏟아냈다. 곡을 쓸 때 이런 효과를 끌어내리라고 짐작했기 때문에 같은 대목을 종결부에 다시 넣었다"고 자랑스럽게 말했다. 실제 이 교향곡은 초연 직후 파리에서 수차례 다시 연주됐고, '르 콩세르 스피리튀엘'의 정기 연주곡으로 자리잡았다. '파리'라는 별명이 붙은 것도 이 때문이다. 음악적으로는 모차르트가 클라리넷을 처음으로 사용한 교향곡이라는 점에서 의미가 적지 않다.

이처럼 모차르트는 작곡가로서 명성을 떨치고 있었지만, 파리 생활에 좀처럼 정을 붙이지 못했다. 프랑스인들이 "끔찍하게 오만"하고 "대체적으로 음란하다"고 비판하는가 하면, 프랑스어 역시 "악마가 그 사람들의 언어를 창조한 것임에 틀림없다"면서 비음악적이라고 꼬집었다. 심지어 프랑스 청중과 음악에 대해서도 "그들은 음악에 대해 아무것도 모른다"거나 "프랑스 음악은 한 푼의 가치도 없다"고 악담할 정도였다.

파리에서의 구직 활동 역시 별다른 소득이 없었다. 왜 실패했을까? 전통적으로는 기성 음악인들의 질시와 텃세, 귀족들의 몰이해 등을 이유로 꼽았다. 하지만 음악학자 솔로몬은 정반대에서 실패의 원인을 찾았다. 레오폴트의 계획 자체가 아들 모차르트의 경제적 자립이 아니라 가족 전체의 이주에 초점이 맞춰져 있었고, 이 때문에 기대 연봉이나 경제적 처우 모두 지나치게 높게 설정되어 있었다는 것이다. 애초에 목표를 높게 잡았으니 실패하는 것도 당연했다는 지적이다. 사회학자 엘리아스는 모차르트가 어리다는 점도 구직 활동에는 불리하게 작용했을 것이라고 추정했다. 모차르트가 어린 것은 순회 연주를 할 때는 감탄과 박수를 받는 이유였지만, 막상 상근직으로 채용을 고려할 때는 장애 요인이 되었다는 것이다. 그렇다면 뮌헨에서 막시밀리안 3세가 모차르트에게 호의와 애정을 보였지만 정작 궁정 악단에는 채용하지 않았던 이유도 자연스럽게 설명된다.

파리에서의 구직이 실패로 돌아갔으니, 아들의 앞길에 가족 전체의 미래를 걸고자 했던 레오폴트도 고민이 많아졌을 것이다. 1778년 4월 레오폴트의 편지에는 가족을 중시하는 사고방식이 고스란히 드러나 있다.

네가 파리에서 대공들에게 월급을 받을 수 있고, 극장이나 콘서트에서 추가로 작품을 위촉받고, 간간이 악보 수입까지 있다면, 거기에 네 누나와 나도 레슨을 하고 네 누나가 콘서트 등에서 연주할 수 있다면 우리는 편안하게 살 만큼 벌 수 있을 거야.

모차르트 역시 별다른 이의를 제기하지 않았다. 1778년 7월 31일 아버지에게 보낸 편지에서 모차르트는 "우리가 행복하게 다시 모여서 함께 사는 것"이 유일한 소망이라고 적었다. 하지만 모차르트가 만하임에서는 프리랜서 음악가로 활동했다는 사실을 감안하면, 가족을 부양해야 하는 의무와 경제적 자립에 대한 소망이 막연하게 혼재된 과도기로 이해하는 편이 옳을 듯하다.

18개월에 걸친 구직 여행이 결실을 맺지 못하자 레오폴트는 다시 팔을 걷어붙이고 나섰다. 그는 1777년 12월 궁정 오르가니스트 아들가서가 세상을 떠나자 모차르트를 후보자로 추천했다. 하지만 모차르트는 이듬해 7월 아버지에게 보낸 편지를 통해 잘츠부르크로 돌아갈 의사가 없다고 분명하게 못박았다. 모차르트가 편지에서 잘츠부르크의 음악가들을 "이 조악하고 게으르고 제멋대로인 궁정음악인들"이라고 지칭하면서 거절 사유로 꼽았다는 점이 흥미롭다. 아버지를 겨냥하지는 않았지만, 레오폴트 역시 잘츠부르크 음악계의 중심인물 가운데 하나였던 것이다. 모차르트는 "왜 번듯한 가정 교육을 받은 정직한 사람들은 그들과 더불어 살 수 없는 것인지요! 그들과 어울리기보다는 아마도 그들을 부끄러워 할 거예요. 바로 이런 이유 때문에 우리 중에는 유명하거나 존경받는 음악인들이 없는 것 아닐까요?"라고 적었다. 당시 모차르트의 편지들에는 잘츠부르크의 봉건적 질서에 대해 비판적 시선을 드러내는 구절이 급속히 늘고 있었다.

그때까지 모차르트는 레오폴트의 뜻을 거역한 적이 없었다. 모차르트는 레오폴트의 자식이자 제자였고, 레오폴트가 만들어낸 스타였다. 역사학자 피터 게이의 비유처럼 레오폴트는 "모차르트의 교사이자 협력자이자 조언자이자 간호사이자 비서이자 흥행사이자 홍보관이자 응원단장"이었다. 그런데 모차르트가 막상 성인이 되고 취업을 해야 할 시기에 이르자 이들 부자의 관계에 균열이 생긴 것이다.

하지만 이미 레오폴트는 잘츠부르크 대주교와 모차르트의 연봉과 조건을 놓고 구체적인 협상까지 마친 뒤였다. 모차르트의 직책은 궁정 오르가니스트이자 수석 연주자가 될 것이며, 부악장 레오폴트와 합쳐서 매년 1,000플로린의 연봉을 지급받는다는 내용이었다. 모차르트가 자유로운 연주 여행을 할 수는 없어도 오페라 공연을 위해서는 자리를 비울 수 있다는 조건도 붙어 있었다. 모차르트가 거절 의사를 나타내자, 레오폴트는 부자간에 해묵은 채무 관계까지 들먹이면서 귀향을 종용했다. 당시 모차르트는 아버지에게 863플로린을 빚지고 있었다. 이에 모차르트는 1778년 11월 "수년간 그 직책을 맡는다면, 이 빚을 모두 갚을 수 있을지도 모르죠. 863 플로린은 2년이면 갚을 수 있다는 걸 알아요"라고 편지에 쓰기에 이른다.

서글픈 귀향

그런데도 모차르트가 귀향을 서두를 수밖에 없는 이유가 있었다. 1778년 7월 3일 파리에서 어머니 안나 마리아가 세상을 떠난 것이다. 안나 마리아는 파리에 도착한 뒤 4개월간 줄곧 질병으로 인한 통증과 외로움을 호소했다. 모차르트와 달리 어머니는 프랑스어에도 서툴렀다. 파리의 숙소에는 건반악기가 없었기 때문에 모차르트는 작곡을 위해 낮 시간 동안 집을 비웠다. 그동안 어머니는 숙소에 홀로 남아 있어야 했다. 경비를 아끼기 위해 한겨울 극심한 추위에 난방도 못한 채 벌벌 떨기도 했다. 안나 마리아는 1778년 4월 편지를 통해 "내 삶은 전혀 즐겁지 않다. 하루 종일 감옥에 있는 것처럼 방에 홀로 앉아 있다. 방은 너무나 어둡고 정원도 작아서 햇살을 볼 수도 없고 날씨를 알 길도 없다. 겨우 들어온 햇살에 힘들게 바느질을 한다"고 일상을 묘사했다. 5월 1일 편지에서는 치통과 귓병, 인후염을 호소했다.

안나 마리아는 6월 중순 출혈 이후 극심한 오한과 고열, 두통과 설사에 시달렸고 임종 직전에는 의식을 잃기까지 했다. 사인은 장티푸스로 추정된다. 어머니가 세상을 떠난 직후의 심경을 모차르트는 이렇게 토로했다.

이 비통한 일을 치른 기억은 죽는 날까지 잊을 수 없을 거예요. 아
버지도 제가 누군가의 죽음을 한 번도 지켜본 적이 없다는 걸 아실
거예요. 처음으로 맞닥뜨린 죽음이 바로 어머니의 죽음이라니, 이
얼마나 잔인한 일인가요. 그 순간에는 어머니의 뒤를 따르고 싶다
는 생각밖에 없었어요.

안타까운 건, 어머니를 고향 잘츠부르크로 돌려보낼 기회가 모
차르트에게 딱 한 번 있었다는 점이다. 만하임에서 파리행을 앞두
고 있던 1777년 12월 모차르트는 혼자서 파리로 가는 대신, 어머니
는 잘츠부르크로 돌아가는 방안을 아버지에게 제안했다. "어머니
는 이런 계획 변경에 무척 만족하셨으니, 아버지께서 동의만 하시
면 된다"는 것이었다. 안나 마리아 역시 "난 파리로 가는 긴 여행을
하기엔 너무나 늙었고 비용도 많이 들어갈 것"이라며 넌지시 귀향
의사를 내비쳤다. 하지만 레오폴트는 이들 모자의 파리행을 독려
했다.

모차르트는 아버지 레오폴트가 만들어낸 작품과도 같았다. 그에
비해 어머니 안나 마리아가 모차르트의 삶에서 전면에 부각된 건
이 구직 여행이 처음이자 마지막이었다. 모차르트의 삶에서 레오폴
트가 차지하는 절대적 비중 때문에 간과하는 경향이 있지만, 모차
르트가 음악적 재능을 물려받은 건 사실은 외가 쪽일 가능성도 충
분히 있다.

모차르트의 외할아버지 볼프강 니콜라우스 페르틀은 레오폴트처럼 잘츠부르크 베네딕트 수도원 대학에서 공부했고 장크트페터 수도원에서 노래했다. 페르틀 역시 레오폴트와 마찬가지로 음악과 법학을 공부했고 장크트길겐의 치안 판사로 재직했다. 하지만 1715년 중병에 시달린 뒤부터 가세가 기울어 빚더미에 올라앉았다. 1724년 페르틀이 세상을 떠난 뒤 모차르트의 외가는 결국 풍비박산이 나고 말았다. 모차르트의 외할머니와 어머니 안나 마리아는 잘츠부르크에서 한 달에 8~9플로린의 연금과 보잘것없는 품삯으로 생활해야 하는 극빈자 신세로 전락했다. 1739년 기록을 보면 안나 마리아에 대해 "언제나 질병에 시달리는 딸"이라고 설명한 구절이 있다. 안나 마리아는 1747년 11월 레오폴트와 결혼할 때까지 무척 어렵게 자랐다.

이역만리 파리에서 어머니를 잃고 구직 전망마저 불투명해진 모차르트는 고립무원의 처지가 되고 말았다. 결국 잘츠부르크로 돌아갈 결심을 군혔다. 모차르트가 잘츠부르크로 돌아오는 길에 아버지에게 보낸 편지에는 비통한 심정이 고스란히 드러나 있다. 12월 29일 뮌헨에서는 "진심으로 편지를 쓸 수가 없네요. 내 마음은 눈물로 가득합니다. 아버지께서 조만간 편지로 저를 위로해주시기를"이라고 적었다. 이듬해 1월 8일 잘츠부르크 도착 전에 마지막으로 보낸 편지에도 "슬픔을 숨길 수가 없네요"라고 썼다.

모차르트는 유년 시절부터 유럽 궁정을 돌아다니면서 최고의 작곡가이자 연주자가 될 것이라는 확신을 지니고 있었다. 그 꿈을 심어준 건 아버지 레오폴트였다. 그런데 모차르트의 오랜 구직 노력이 물거품으로 돌아간 것도 모자라, 고향으로 발걸음을 돌려야 한다고 아버지가 종용하고 나선 것이다. 모차르트의 잘츠부르크행은 정상에서 바닥으로 추락하는 것 같은 고통을 안겼을 것이다. 그 고통은 무엇보다 좌절감에서 비롯한 것이었다. 결국 모차르트는 1779년 1월 중순 내키지 않는 마음으로 잘츠부르크로 돌아왔다.

잘자흐 강변은 잘츠부르크 주민들이 아침 조깅이나 자전거를 즐기는 곳이다. 이 강변에는 1946년생 세르비아 출신의 행위 예술가 마리나 아브라모비치의 작품 〈모차르트의 정신 Spirit of Mozart〉이 설치되어 있다. 21세기 들어서 잘츠부르크가 추진하고 있는 현대 예술 프로젝트 시리즈 가운데 하나다. 이 작품은 다리가 한없이 높은 의자 하나가 우뚝 솟아 있고, 다른 예닐곱 개의 평범한 의자들이 마주 보고 있는 구조다. 행위 예술가답게 작품을 감상하는 방법도 친절하게 적어 놓았다. "의자 위에 앉아서, 눈을 감고서, 우리 자신을 잊고, 시간에 대한 감각까지 모두 망각하라."

작가의 말처럼 의자에 앉아본 적은 없다. 하지만 곁에 서서 이 작품을 보면 외로이 솟은 의자가 바로 모차르트의 자리가 아닐까 하는 생각이 든다. 낮은 의자로 상징되는 당시 잘츠부르크에서 모차

마리나 아브라모비치의 〈모차르트의 정신〉
잘츠부르크 잘자흐 강변에는 21세기를 대표하는 행위 예술가 마리나 아브라모비치의 〈모차르트의 정신〉이 설치되어 있다. 예닐곱 개의 평범한 의자 가운데 높이 솟은 의자를 보고 있으면, 모차르트가 잘츠부르크에서 느꼈을 내면적 외로움이 전해지는 듯하다.

르트가 느꼈던 내면적 고통까지 모두 이해할 수는 없었을 것이다. 아브라모비치는 "모차르트와 잘츠부르크의 관계는 긴장감으로 가득했다. 내게 〈모차르트의 정신〉은 새롭고 다른 소통의 형식이자 화해를 보여주는 동작"이라고 말했다. 잘츠부르크를 벗어나고 싶은 욕망으로 가득했던 모차르트가 혹시 이 작품을 본다면 조금은 위로를 받지 않을까. 아니면 빈 의자 위에 조용히 홀로 앉아 자신을 속박했던 잘츠부르크 시내를 바라보면서 한숨 짓지는 않을까.

안네 조피 무터의 모차르트 바이올린 협주곡

독주 악기의 기교를 자랑하는 협주곡이 성행했던 낭만주의 시대와는 달리 모차르트의 고전주의 시대에는 악단과 충돌하기보다 대화를 하는 듯한 협주곡이 많았다. 이런 미덕을 지닌 모차르트의 바이올린 협주곡을 나이 어린 신동 연주자들이 즐겨 연주한다는 점이 흥미롭다. 대표적인 사람이 독일의 바이올리니스트인 안네 조피 무터Anne-Sophie Mutter다. 무터는 만 13세 때인 1977년 잘츠부르크에서 카라얀의 지휘로 모차르트 바이올린 협주곡 3번을 협연했다. 이듬해에는 역시 카라얀의 지휘로 베를린 필하모닉 오케스트라와 모차르트의 바이올린 협주곡 3번과 5번을 녹음해서 바이올린 신동으로 세계적 주목을 받았다. 그는 "모차르트는 나와 함께 자라난 작곡가다. 내 경력의 중요한 분기점마다 언제나 그가 나를 기다려주었다"고 회고했다.

무터는 모차르트 탄생 250주년이자 자신의 데뷔 30주년이었던 2006년을 맞아서 작곡가의 바이올린 협주곡과 소나타, 3중주를 녹음하는 '모차르트 프로젝트'에 돌입했다. 30년 만에 자신의 출세작으로 돌아간 셈이다. 무터는 별도의 지휘자 없이 직접 악장 역할을 맡아서 바이올린 협주곡 전곡을 런던 필하모닉 오케스트라와 협연했다. 무터는 "모차르트의 음악은 우리 영혼의 엑스선X-ray과 같다. 무엇이 있고 무엇이 없는지 그대로 보여준다"고 말했다.

지휘와 독주를 겸한 2006년 모차르트 음반의 성숙미도 돋보이지만, 모차르트의 바이올린 협주곡만큼은 싱그럽고 풋풋했던 30년 전의 음반에 끌리는 것도 사실이다. 어쩌면 카라얀과 꼬마 신동 무터의 관계에서 레오폴트와 모차르트 부자가 연상되기 때문일지도 모른다.

안네 조피 무터의 모차르트 바이올린 협주곡, 소나타, 3중주 음반

완성을 기다리는
음악과 사랑

모차르트의 세 여인

사촌과의 첫사랑

첫사랑에 성공하는 경우는 드물다. 모차르트도 예외는 아니다. 문제는 모차르트의 첫사랑이 누구였는지 불분명하다는 점이다. 시간 순으로만 따지면 첫 그랜드 투어 시기인 1762년 10월 빈 궁정에서 만난 마리 앙투아네트 공주가 우선으로 꼽힐 것이다. 모차르트가 마룻바닥에 넘어지자, 마리 앙투아네트가 친절하게 다가와서 일으켜주었다는 일화 말이다. 당시 모차르트는 "당신은 착하네요. 당신과 결혼하고 싶어요"라고 말했다는 이야기도 살짝 덧붙여진다. 하지만 둘은 동갑내기 여섯 살 꼬마에 불과했다. 이 낭만적 동화를 모차르트의 첫사랑이라고 말하긴 어려울 듯하다.

모차르트의 첫사랑을 확인하려면 세 여인을 차례로 만나야 한다. 세 사람 모두 1777~1778년 구직 여행 당시에 모차르트와 만났다는 공통점이 있다. 1777년 9월 잘츠부르크를 떠난 모차르트는 뮌헨을 거쳐 다음 달 10월 11일 아우크스부르크에 도착했다. 아우크스부르크는 아버지 레오폴트의 고향이었고, 작은아버지 프란츠 알로이스 모차르트가 사는 곳이기도 했다. 여기서 모차르트는 작은아버지의 외동딸인 마리아 안나 테클라 모차르트Maria Anna Thekla Mozart를 만났다. 둘은 사촌지간이었다. 모차르트의 집에서는 그녀를 꼬마 사촌이라는 뜻의 애칭 '베슬레Bäsle'로 불렀다. 당시 모차르트는 21세, 베슬레는 19세였다.

모차르트는 1차 그랜드 투어를 떠날 무렵인 1763년 6월 베슬레를 처음 만났고, 3년 뒤에 모차르트가 잘츠부르크로 돌아갈 때 둘은 재회했다. 1777년 다시 만났으니 14년 만의 조우였던 셈이다. 어린아이였던 둘은 스무 살 전후의 성인이 됐다. 모차르트가 아우크스부르크에 머물렀던 기간은 보름 남짓에 불과했다. 하지만 둘은 깊은 관계에 빠진 것으로 추정된다.

당시 모차르트가 베슬레에게 보낸 편지 아홉 통이 오늘날까지 남아 있다. 아쉽게도 베슬레의 답장은 전해지지 않는다. 모차르트는 아버지에게 보낸 편지에 "그녀는 너무나 아름답고 밝고 활기차고 매력적이에요. 게다가 나처럼 짓궂은 장난기가 보통이 아니라 우리는 너무 잘 통해요. 둘이서 함께 아무나 놀려대느라 엄청나게 즐거워요"라고 적었다. 당시 모차르트가 베슬레에게 보낸 편지에는 성性이나 오물과 관련된 저속한 단어가 많이 등장한다. 1777년 11월 5일 모차르트의 편지가 대표적이다. "잘 자요. 하지만 우선 당신 침대에 똥을 가득 눌 거야. 푹 자요, 내 사랑. 당신 입에는 엉덩이를 가져가요."

모차르트 특유의 장난기로 가득한 편지 구절 때문에 오랫동안 둘

모차르트의 첫사랑 베슬레

모차르트는 아우크스부르크에서 만난 사촌 베슬레와 여러 통의 편지를 주고받았다. 모차르트는 활발하고 장난기 넘치는 베슬레에게 각별한 감정을 느꼈고, 자신의 모든 이야기를 털어놓을 만큼 가깝게 지냈다. 모차르트가 베슬레와 아버지에게 보낸 편지를 통해, 두 사람이 연인 관계였을 것으로 추측하는 학자도 많다.

의 관계는 주목받지 못했다. 그저 유치한 장난으로 여겨졌을 뿐이다. 하지만 최근에는 둘이 연인 관계였을 것으로 보는 학자도 많다. 10월 말 모차르트는 어머니와 함께 만하임으로 떠난 뒤에도 베슬레에게 "괜찮아. 어차피 그대가 없는 곳은 어디든 다 마찬가지니까"라는 편지를 보냈다. 12월 3일 편지에서는 "아우크스부르크를 떠난 이후로 밤에 잠잘 때 말고는 바지를 벗은 일이 없다"고 썼다.

1779년 1월 모차르트가 뮌헨에서 잘츠부르크로 돌아올 때, 베슬레와 동행한 것으로 추정된다. 하지만 둘의 관계는 그리 오래가지 못했다. 베슬레와 모차르트는 1781년 3월 아우크스부르크에서 마지막으로 만났다. 그 뒤 베슬레는 1784년 테오도르 폰 라이벨트 신부 사이에서 딸을 낳았을 뿐, 평생 결혼하지 않았다.

만하임에서 만난 또 다른 사랑

첫사랑의 유력한 후보로 꼽히는 베슬레와 모차르트의 관계가 오래 지속되지 못했던 이유가 있다. 모차르트가 만하임에 도착한 뒤 곧바로 다른 사랑에 빠졌기 때문이다. 모차르트보다 네 살 연하의 소프라노 알로이지아 베버Aloysia Weber였다. 알로이지아 베버는 만하임의 베이스 가수이자 악보 필경사였던 프리돌린 베버의 네 딸 가운데 둘째였다. 1760년생으로 추정하지만 이듬해 태어났다는 설도 있다.

프리돌린은 네 딸에게 직접 음악을 가르쳤다. 영국 출신의 지휘자이자 음악 이론가 제인 글로버는 『모차르트의 여인들』에서 프리돌린과 모차르트의 아버지 레오폴트 사이에 닮은 점이 적지 않았고, 이 때문에 모차르트가 더욱 쉽게 친밀감을 느꼈을 가능성이 높다고 보았다. "레오폴트 모차르트와 마찬가지로 프리돌린 베버 역시 확실히 훌륭한 교사였고, 모차르트는 틀림없이 두 사람을 비교했다"는 것이다. 실제 모차르트는 1778년 2월 4일 레오폴트에게 보낸 편지에서 "그녀의 아버지는 우리 아버지를 닮았고, 가족 전체는 우리 가족과 비슷하다"고 적었다.

알로이지아의 언니 요제파도 소프라노였다. 1791년 모차르트의 오페라 〈마술피리〉 초연 당시 '밤의 여왕' 역을 처음으로 맡았다. 요제파는 화려한 기교와 고음을 자랑하는 콜로라투라 소프라노가 즐겨 부르는 이 배역을 43세까지 맡았다. 소프라노 조수미의 원조에 해당하는 셈이다. 여동생인 콘스탄체는 훗날 모차르트의 아내가 됐다. 막내 여동생인 조피는 궁정 극장의 여배우로 활동했다. 모차르트의 처제인 조피는 훗날 형부의 임종을 지켜보았던 것으로 유명하다. 이 집안을 관통하는 키워드가 있었다면 바로 '모차르트'와 '음악'이었다. 독일의 작곡가 칼 마리아 폰 베버가 이들 자매와 사촌 관계였다. 아버지 레오폴트는 모차르트가 베버 가족과 어울리는 걸 탐탁하게 여기지 않았지만, 베버 가족도 나무랄 구석 없는 음악적 수준을 지니고 있었다.

모차르트는 전도유망한 성악가였던 알로이지아와 첫눈에 사랑에 빠졌다. 취업에 실패했는데도 만하임에 다섯 달이나 머문 이유도 실은 알로이지아 때문이었다. 특히 모차르트는 "그녀는 너무나

모차르트의 두 번째 사랑 알로이지아

모차르트가 만하임에 머물 때 만난 알로이지아는 이미 유명한 성악가였다. 한눈에 알로이지아에게 사랑을 느낀 모차르트는 그녀에게 자신이 작곡한 아리아를 바치기도 했다. 하지만 알로이지아는 모차르트의 구혼을 거절하고 배우이자 화가인 요제프 랑게와 결혼했다.

훌륭하게 노래하며 사랑스럽고 순수한 목소리를 지녔다"고 경탄했다. 모차르트는 아버지에게 보낸 편지에 "저는 이 불운한 가정을 너무나 좋아하게 되었어요. 그들을 행복하게 만들어주고 싶을 뿐이에요. 어쩌면 그럴 수 있을지도 모르지요"라고 적었다. 모차르트는 알로이지아와 함께 이탈리아 오페라 극장으로 순회공연을 떠날 계획까지 세우고 있었다. 작곡가와 성악가 커플을 염두에 두고 있었던 것 같다.

하지만 이 편지를 받은 레오폴트는 격노했다. 아버지의 입장에서는 우려하고 있던 일이 현실로 드러난 셈이었다. 레오폴트는 아들에게 보낸 답장에서 분노와 실의를 표출했다.

> 네 계획을 보자니(생각만 해도 떨리는 손을 가눌 수 없구나) 베버 씨와 네가 말한 그 두 딸과 함께 돌아다니겠다는 건데, 나는 머리가 돌아버릴 지경이다. 어찌 그따위 기괴한 생각에 빠질 수 있느냐? 네 이름에 먹칠을 하는 것은 좋다. 그러나 늙은 애비가 대주교나 네가 사랑하는 이 도시 전체의 조롱과 비웃음을 받아도 좋다는 것이냐. 나는 이미 네가 파리로 떠날 것이라고 모든 사람에게 알려놨다.

레오폴트의 분노는 이해할 만한 구석이 있다. 그에게 모차르트는 자식일 뿐 아니라 직접 발굴하고 가르쳤던 제자였다. 그런데 딱 한 번 동행하지 않았던 여행에서 모차르트가 소기의 성과를 거두기는커녕 한눈을 팔고 다닌 셈이었다. 독일의 음악학자 폴크마르 브라운베렌스는 "이 파리 여행 기간에 쓴 편지들이 레오폴트가 속 좁고

현학적인 사람이고 지나치게 엄격하고 냉혹한 아버지였다는 부정적 판단을 만들어냈다"고 평했다. 그런데 이런 편지를 쓰면서 레오폴트가 간과한 사실이 있다. 아들의 나이다. 모차르트는 그랜드 투어를 처음 떠날 때의 여섯 살 꼬마가 아니었다. 구직 여행을 떠날 당시에는 이미 스무 살의 청년이었다.

평생 아들의 성공만을 바라보고 살았던 레오폴트는 모차르트를 놓아줄 준비가 되어 있지 않았다. 1778년 2월 12일 레오폴트가 보낸 장문의 편지에는 아들의 어릴 적 모습을 그리워하는 아버지의 마음이 고스란히 드러난다.

사랑하는 아들아, 부탁하건대 이 편지를 찬찬히 읽어다오. 시간을 내서 신중하게 생각하면서 읽어다오. 아, 인자하신 하느님. 어린 네가 그리고 소년이 되어서도 의자 위에 서서 내게 노래를 불러주지 않고는 잠자러 가지 않던 시절, 노래가 끝난 뒤 내 콧등에 뽀뽀를 하면서 내가 늙으면 나를 유리 상자 속에 넣어 공기로부터 보호하고 영원히 네 곁에 명예롭게 보존하고 싶다고 말하던 그 행복했던 순간들은 이제 지나가버렸구나.

하지만 1주일 뒤에 모차르트가 보낸 답장에는 어느새 훌쩍 성장한 청년의 모습이 담겨 있었다.

제가 의자 위에 서서 아버지께 노래를 부르던 시절은 물론 지나갔습니다. 그렇다고 해서 아버지에 대한 존경심과 사랑이 줄어들었던가요? 더 이상 말하지 않겠습니다. 아버지께서 저 때문에 뮌헨의 그 어린 가수(알로이지아)를 비난하시다니, 제가 바보 멍청이였다고 고백해야겠군요.

부자간 갈등이 폭발하는 계기가 모차르트의 사랑이라는 점이 흥미롭다. 역사학자 피터 게이는 "자식을 보호하며 주위를 맴도는 레오폴트 모차르트의 태도는 아들이 성적으로 성숙하는 과정을 지켜보면서 어느 때보다 강박적으로 변해갔고, 노골적으로 훼방을 놓기까지 했다"고 풀이했다.

피터 게이의 분석이 보여주듯, 레오폴트와 모차르트의 관계는 부자간의 '오이디푸스적 갈등'이나 첨예한 '인정 투쟁'과는 거리가 멀었다. 음악가로서 레오폴트는 아들의 성공을 질투하거나 가로막은 적이 없었다. 오히려 아들이 지닌 음악적 잠재력과 발전 가능성을 언제나 눈여겨보고 북돋워주었다.

그런 측면에서 이들 부자의 갈등은 '타이거 맘'이나 '헬리콥터 맘'처럼 오늘날 한국을 비롯한 아시아 가족에서 흔히 볼 수 있는 사례와 흡사할지 모른다. 부모가 자식의 성공을 위해서 아낌없이 노력하고 투자했지만, 정작 자식이 성장한 이후에도 사사건건 간섭하고 과잉보호하는 바람에 뒤늦게 갈등이 불거지는 경우 말이다. 이들 부자가 꼭 그랬다. 아들 모차르트는 독립할 시기에 이르렀지만 아버지 레오폴트는 자식을 놓아줄 준비가 되어 있지 않았다. 우리는 그런 레오폴트를 '타이거 파파'나 '헬리콥터 파파'라고 불러야 할지도 모른다.

만하임에 있는 프리돌린 베버의 집터

모차르트는 만하임에 머물 당시 베버 가족과 각별하게 지냈지만, 아버지의 명령으로 만하임
을 떠나야 했다. 베버의 집은 지금은 현대식 건물로 변해 옛 자취를 찾아볼 수 없지만 입구에
'프리돌린 베버의 집'이라는 안내문이 있다.

하지만 아직까지는 아버지의 통제력이 작동하던 시기였다. 레오폴트는 "당장 파리로 떠나거라! 유명 인사들과 어울리도록 해라. 시저가 아니면 아무것도 아니다. 파리에 갈 것이라는 생각을 한다면 온갖 허황된 잡념을 떨쳐버릴 수 있을 것"이라고 채근했다. 모차르트는 결국 만하임을 떠나 파리로 떠나야 했다. 1778년 3월 14일 만하임을 떠날 당시, 프리돌린은 몰리에르 희곡의 독일어 번역본을 선물했고 알로이지아는 추억과 감사의 징표로 레이스가 달린 장갑을 건넸다. 작별할 때 모차르트와 베버 가족은 모두 눈물바다를 이뤘다고 한다. 파리에서 거둔 음악적 성공에도 불구하고, 모차르트가 좀처럼 파리에 정을 붙이지 못했던 이유도 이해할 수 있다. 만하임은 연인이 있는 곳이라면, 파리는 사랑이 부재한 도시였던 것이다. 베버 가족이 살았던 집은 지금은 현대식 건물로 변해서 교회와 상가, 사무실로 사용되고 있다. 옛 자취는 남아 있지 않지만 '프리돌린 베버 가족이 살았던 집'이라는 안내문이 입구에 붙어 있다.

거절당한 사랑

알로이지아가 모차르트의 구애를 매몰차게 거절했는지는 확실하지 않다. 하지만 모차르트의 사랑이 결실을 맺지 못했다는 사실은 분명하다. 알로이지아는 1778년 뮌헨에서 오페라 가수로 데뷔했다. 뮌헨 궁정 극장에서 받는 연봉도 1,000플로린에 이르렀다. 이듬해에는 빈의 궁정 극장에서 데뷔했고, 가족 모두가 빈으로 이주했다. 그 뒤 알로이지아는 20년간 빈에서 성악가로 활동했다. 하지만 아버지 프리돌린은 빈으로 이사한 뒤 한 달 만에 뇌출혈로 세상을 떠났다.

1778년 파리에서 어머니를 잃은 모차르트가 고향 잘츠부르크로 돌아올 당시 뮌헨에서 알로이지아를 다시 만난 것으로 전해진다. 훗날 게오르크 니콜라우스 폰 니센이 집필한 모차르트 전기에 따르면, 알로이지아는 모차르트를 싸늘한 표정으로 외면했다고 한다. 상심한 모차르트는 피아노를 치면서 격분한 음성으로 "나를 바람맞힌 그녀를 놓아주리라"라고 노래했다는 것이다. 하지만 훗날 모차르트가 알로이지아를 위해서 아리아를 써준 것을 보면, 다분히 과장 섞인 일화일 가능성이 높다. 실제로 알로이지아는 1785년 모차르트의 오페라 〈후궁 탈출〉을 공연할 때 콘스탄체 역을 맡았고, 1788년 〈돈 조반니〉가 빈에서 공연될 당시에도 도나 안나 역을 맡았다.

레오폴트는 1785년 3월 알로이지아의 목소리를 듣고서 "엄청난 표현력을 갖고 노래한다는 점은 부인하기 힘들다. 어떤 사람은 그녀의 성량이 크지 않다고 하고, 몇몇 사람은 목소리가 크다고 한다. 모두 옳은 말"이라고 편지에 썼다. 큰 목소리로 노래할 때는 귀를 때리는 것처럼 강하지만, 반대로 조용하게 부를 때는 숨을 죽이고 귀 기울여야 할 만큼 섬세하고 부드러웠다는 뜻이다. 레오폴트의 눈에 알로이지아가 며느릿감으로는 성에 차지 않았지만, 성악가로는 높게 평가했다는 점도 흥미롭다.

알로이지아는 1780년 10월 궁정 극장의 배우이자 아마추어 화가였던 요제프 랑게와 결혼했다. 결혼한 지 7개월 만에 첫딸이 태어났다. '속도 위반'인 셈이었다. 랑게는 준수한 외모와 목소리 덕분에 셰익스피어 연극에서 햄릿과 로미오 역을 도맡았던 주연 배우였다.

모차르트에게 랑게는 자신이 한때 사랑했던 연인과 결혼한 연적이었다. 하지만 모차르트가 콘스탄체와 결혼한 뒤에는 동서 사이가 됐고, 그 뒤 둘은 무척 가깝게 지냈다. 1786년 모차르트의 오페라 〈극장 지배인Der Schauspieldirektor〉이 초연됐을 때, 노래를 부르지 않고 말하는 역할인 헤르츠 역을 맡은 것도 랑게였다. 당시 알로이지아는 성악가인 헤르츠 부인 역할을 맡았다. 사실상 이 작품은 모차르트 자신의 '가족 오페라'였다.

모차르트와 랑게의 친분을 입증하는 작품이 1782년 랑게가 그린 것으로 추정되는 모차르트의 초상화다. 훗날 콘스탄체가 "내 남편과 가장 닮았다"고 말했던 그림이다. 모차르트가 피아노에 앉은 모습을 그리기 위한 작품의 일부였다는 사실도 뒤늦게 밝혀졌다. 전체 그림은 완성되지 않았다. 랑게는 1782년 콘스탄체의 초상화도 그렸다. 1785년에는 모차르트의 아버지 레오폴트의 초상화도 그렸지만 지금은 남아 있지 않다.

콘스탄체는 과연 악녀였을까

영화 〈아마데우스〉 때문에 모차르트의 아내 콘스탄체는 부당하게 악녀로 묘사되는 경향이 있다. 음악에 대해 무지하고 영리하지 않으며, 심지어 남편에게 충실하지도 않았다는 것이다. 과연 콘스탄체는 불세출의 천재 음악가에게 도무지 어울리지 않는 여자였을까. 우선, 음악에 무지했다는 추측은 성립할 수 없다. 1783년 10월 26일 〈대미사〉로 불리는 모차르트의 〈C단조 미사〉(K.427)가 초연될 당시 노래한 것으로 추정되는 성악가가 콘스탄체이기 때문이다.

모차르트 개인적으로도 이 작품은 적잖은 의미가 있었다. 1781년 빈으로 떠난 이후 처음이자 마지막으로 잘츠부르크로 돌아온 자리에서 선보인 곡이었기 때문이다. 정확한 작곡 동기는 밝혀지지 않았지만, 1783년 1월 4일 고향 방문을 앞두고 레오폴트에게 보낸 편지를 보면 이 작품이 모차르트에게 지니는 의미를 짐작할 수 있다.

미사곡을 쓰는 것이야말로 제 도덕적 책무라는 점은 분명합니다. 진심으로 다짐을 했고, 그 약속을 지킬 수 있기를 바라고 있습니다. 다짐을 했을 때는 아직 결혼하기 전이었죠. 하지만 이제 그녀(콘스탄체)와 결혼하기로 굳게 결심했으니 약속을 지키기가 한결 쉬워졌어요. 아시겠지만 시간이나 상황이 여의치 않아서 잘츠부르크로 여행할 수 없었어요. 하지만 완성을 기다리고 있는 미사곡의 악보 절반이야말로 저의 결심을 보여주는 징표입니다.

편지를 보면, 잘츠부르크에서 미사곡을 연주하는 것은 모차르트가 신과 아버지에게 했던 다짐을 실천하는 것과 같았다. 여기엔 콘스탄체와의 결혼을 고향에서 아버지에게 허락받고 싶다는 무의식도 담겨 있었을 것이다. 그에게 미사곡 연주와 결혼 허락, 고향 방문은 셋이 아니라 하나였다. 실제 〈대미사〉 초연에도 모차르트의 예전 동료들인 잘츠부르크의 궁정 오케스트라 단원들이 참여했다. 〈대미사〉는 웅장하고 성스러운 분위기 때문에 미완성 유작인 〈레퀴엠〉(K.626)과 더불어 모차르트를 대표하는 종교 음악으로 꼽힌다. 2015년 7월, 프란치스코 교황도 인터뷰에서 좋아하는 곡으로 이 작품을 꼽으면서 "비교할 바가 없다. 신의 곁으로 데려가주니까"라고 말했다. 〈대미사〉 초연 당시 콘스탄체가 부른 것으로 알려진 '그리고 성령으로 태어나시고Et incarnatus est'를 두고 하는 말이었다.

모차르트에게 결혼과 귀향의 징표와도 같은 이 작품은 〈레퀴엠〉과 마찬가지로 미완성이다. '크레도Credo'와 '아뉴스 데이Agnus Dei'가 완성되지 않았다. 작품 초연을 위해 예전에 부분적으로 써놓았던 미사곡들을 급하게 채워 넣었을 것으로 보기도 한다. 이 때문에 후대의 음악학자와 연주자들이 이 작품의 완성판을 만들기 위해 매달렸다.

〈대미사〉를 쓰던 도중인 1783년 6월 17일 모차르트 부부의 첫 아들 라이문트 레오폴트가 태어났다. 모차르트와 콘스탄체는 아이를 유모에게 맡기고, 6월 29일 작품 초연을 위해 잘츠부르크로 떠났다. 하지만 모차르트가 잘츠부르크에서 리허설을 하고 있던 8월 19일, 라이문트 레오폴트는 장경련으로 숨을 거뒀다. 넉 달 뒤인 12월 10일 모차르트는 아들의 죽음을 간략하게 기록했다. "우리의 어여쁘며 포동포동하고 귀여운 어린아이가 너무나 불쌍하다." 이들 부부 사이에서는 여섯 명의 아이가 태어났지만 그중 네 명은 일찍 죽고, 두 아들 칼 토마스 모차르트와 프란츠 크사버 볼프강 모차르트만 무사히 성장했다.

비슷한 시기에 〈전주곡과 푸가 C장조〉(K.394)를 작곡하도록 채근한 것도 콘스탄체였다. 모차르트는 1782년 4월 20일 누나 난네를에게 보낸 편지에서 이렇게 적었다.

> 콘스탄체는 푸가를 듣고 나서 너무나 사랑하게 된 나머지, 푸가 외에는 듣질 않아요. 특히 헨델과 바흐의 작품들을 좋아하죠. 제가 푸가를 연주하는 걸 듣고 있다가, 한 곡 써놓은 작품이 있느냐고 물어보지요. 제가 없다고 하면, 예술적으로 가장 아름다운 음악 형식으로 작품을 써놓지 않았다면서 잔소리를 퍼붓죠. 자신을 위한 푸가를 써달라고 언제나 조른답니다.

모차르트가 바흐와 헨델 같은 바로크 음악의 매력에 눈뜨고 작품에 반영했던 것도 아내 콘스탄체 덕분이었던 것이다. 일부 학자들은 모차르트가 아버지 레오폴트와 난네를에게 좋은 인상을 심어주기 위해 콘스탄체의 음악적 식견을 다소 과장해서 묘사했을 것으로 보기도 한다. 하지만 콘스탄체가 모차르트의 훼방꾼보다는 영감을 주는 뮤즈에 가까웠던 것만은 분명하다.

그런데도 콘스탄체가 부당한 평가에서 벗어나지 못했던 건, 모차르트 사후에 덴마크 출신의 외교관 게오르크 니콜라우스 폰 니센과 재혼했다는 사실 때문이기도 하다. 모차르트의 미망인이 평생 수절하지 않았다는 낡은 고정 관념이 온전한 평가를 가로막은 것이다.

모차르트의 대표적인 종교 음악 〈대미사〉 악보

〈대미사〉는 모차르트가 빈에 정착한 초기인 1782~1783년에 작곡한 곡으로, 미완성 유작인 〈레
퀴엠〉과 함께 모차르트를 대표하는 종교 음악으로 꼽힌다. 당시 프리랜서 음악가로 활동하던
모차르트는 위촉받지 않고 곡을 쓰는 경우가 드물었다. 하지만 〈대미사〉의 경우 자발적으로
쓴 것으로 알려져 있고, 그 중심에는 아내 콘스탄체가 있었다.

모차르트의 아내 콘스탄체

모차르트는 1782년 8월 4일 아버지의 축복을 받지 못한 채 콘스탄체와 결혼했다. 콘스탄체는
모차르트를 힘들게 한 악녀로 묘사되는 경향이 있지만, 실제로는 모차르트에게 영감을 주는
뮤즈에 가까웠다. 〈대미사〉가 초연될 당시 소프라노 부분을 독창한 사람이 콘스탄체로 추정
된다.

니센과 콘스탄체는 1809년 정식으로 결혼했다. 결혼한 뒤 한동안 덴마크에 머물던 이들 부부는 1824년 잘츠부르크로 돌아와 난네를이 보관하던 400여 통의 편지를 바탕으로 모차르트의 전기 집필 작업에 들어갔다. 1826년 니센이 먼저 세상을 떠났지만, 3년 뒤인 1829년 모차르트 전기가 출간되기에 이른다. 이 책은 모차르트에 대한 초창기 전기라는 점에서 역사적 가치가 크다. 모차르트에 대한 자료를 체계적으로 수집하고 정리한 것도 니센과 콘스탄체의 공으로 꼽힌다. 잘츠부르크에 있는 니센의 묘비에는 '모차르트 미망인의 남편'이라는 구절이 적혀 있다.

세상에서 가장 아픈 이름 '아버지'

모차르트의 사랑과 결혼에는 언제나 훼방꾼이 있었다. 아버지 레오폴트다. 아들의 연애까지 사사건건 간섭하고 통제하려고 했던 레오폴트의 모습은 오늘날 기준에서 보아도 분명 지나친 측면이 있다. 하지만 고정 관념에 사로잡히면 전반적인 관점에서 한 사람을 평가하지 못하고, 평면적이고 부분적인 이해에 그치기 쉽다.

1777년 9월 아내와 아들 모차르트를 구직 여행길에 떠나보낸 뒤 누구보다 깊은 슬픔에 빠졌던 건 다름 아닌 레오폴트였다. 오늘날 말로는 '기러기 아빠' 신세가 된 것이다. 모차르트만 잘츠부르크 궁정에 넌더리를 냈다고 생각하기 쉽지만, 직장 생활이 힘들었던 건 레오폴트도 마찬가지였다. 1778년 2월 편지에서 "나는 대주교의 행동에 굽힐 수 있지만, 너의 행동에는 무너지고 마는구나. 대주교는 나를 아프게 만들지만, 너는 날 죽게 할 수도 있단다"라고 괴로움을 토로했던 건 모차르트가 아니라 레오폴트였다.

모차르트의 구직 여행은 레오폴트에게도 크나큰 시련이었다. 레오폴트는 아내나 아들에게서 며칠이라도 연락이 끊기면, 타향의 가족들이 아프진 않은지 강도나 살해라도 당한 건 아닌지 노심초사했다. "나흘이나 도통 잠을 이루지 못했다. 밤이 끔찍하고 두렵구나. 먼동이 터오면 언제나 안도하게 된다. 네 누나와 함께 성당으로 가서 널 지켜달라고 신에게 기도드렸다"는 1778년 10월 레오폴트의 편지에는 평범한 기러기 아빠의 모습이 담겨 있다.

따지고 보면 이들 부자에게는 차이점보다는 공통점이 많다. 집안에서 정해놓은 인생 경로를 따라가기를 거부하고 스스로 삶을 개척하기 위해 몸부림쳤다는 사실도 같다. 만약 레오폴트가 고분고분하고 순종적이었다면, 고향 아우크스부르크에서 가업인 제본업을 물려받았을 것이다. 타향 잘츠부르크에서 궁정 음악가가 된 것도 레오폴트 자신의 선택이었다. 그런데 자신이 평생 힘들게 쌓아왔던 경력을 아들 모차르트는 너무나 손쉽게 걷어차려고 하고 있었다. 젊은 시절 지적 호기심으로 가득했고 계몽주의에 경도됐던 레오폴트가 편협하고 완고한 기성세대로 전락했던 것도 이해할 만한 구석이 있다.

문제는 이들 부자의 갈등이 삼중으로 중첩돼 있었다는 점이다. 우선 아버지와 아들의 전형적인 세대 갈등의 성격을 띠고 있었다. 나아가 잘츠부르크라는 '지역성'과 유럽 전역이라는 '글로벌 스탠

다드'의 갈등이기도 했다. 모차르트와 난네를 남매를 데리고 그랜드 투어에 나서기 전까지 레오폴트는 지금의 독일 남부와 오스트리아를 벗어난 적이 없었다. 반면 아들 모차르트는 대여섯 살 때부터 궁정과 공연장을 누비고 다닌 범유럽인이었다. 왕족과 귀족이 아니면 누구도 쉽게 꿈꿀 수 없는 삶을 모차르트는 어릴 적부터 당연하게 누리고 살았다. 지휘자 다니엘 바렌보임은 프랑스어와 이탈리아어, 독일어로 능숙하게 작곡했던 모차르트를 "최초의 범유럽적 인물"이라고 칭했다.

마지막으로는 신분적 질서의 대립도 깔려 있었다. 아버지 레오폴트는 음악가가 교회와 궁정에서 일자리를 구하지 않으면 비렁뱅이 신세로 전락하는 봉건적 세상에서 살았다. 반면 모차르트는 봉건적 질서에 넌더리를 내고 '프리랜서 음악인'이라는 전인미답의 세계로 나아가려고 하고 있었다. 이들 부자는 세대와 지역, 신분이라는 삼중의 갈등을 겪고 있었다. 모차르트의 눈에는 아버지 레오폴트와 고향 잘츠부르크, 대주교가 구질서의 '삼위일체'처럼 보였을 것이다. 이 점이야말로 이들 부자의 진정한 비극이었다.

결과적으로 모차르트는 대주교와의 갈등을 통해서 아버지 레오폴트로부터도 독립을 쟁취한 셈이었다. 거꾸로 레오폴트의 입장에서는 모차르트가 잘츠부르크를 떠나려는 모습이 자신에 대한 거부로 보였을 것이다.

마침내 열린 새장의 문

잘츠부르크 시절 모차르트가 마지막으로 작곡한 오페라가 〈이도메네오〉다. 모차르트는 〈이도메네오〉 상연을 위해 휴가를 내고 1780년 11월 5일 뮌헨에 도착했다. 이듬해 1월 19일 뮌헨의 퀴빌리에 극장에서 열린 초연에는 레오폴트와 난네를 부녀도 참석했다. 하지만 초연 이후에도 모차르트는 잘츠부르크로 돌아가지 않고 뮌헨에 머물렀다.

결국 모차르트는 3월 12일 잘츠부르크 대주교의 빈 방문길에 수행원 자격으로 동행하라는 명을 받고 빈으로 향했다. 대주교가 황실 고위 관료였던 아버지 루돌프 요제프 콜로레도 백작을 병문안하기 위해 떠난 여행이었다. 모차르트는 빈에 도착한 3월 16일 당일부터 빈의 귀족들과 러시아 대사 앞에서 연이어 연주했다. 빡빡한 일정이었지만 보상으로 받은 돈은 연주회당 4~5두카트 정도가 고작이었다. 대주교는 빈의 귀족들 앞에서 모차르트의 존재가 두드러지는 걸 원치 않았던 것 같다. 모차르트는 3월 24일 편지에서 "대주교가 다른 사람들의 관심에서 나를 떨어뜨리기 위해 가림막 역할을 하고 있다"고 의심했다.

연주 전에는 대기실에서 기다려야 했고, 지시를 받기 전에는 한 걸음도 나갈 수 없었다. 다른 하인들과 함께 식사하는 처지가 된 것도 모차르트의 분노를 부채질했다. 모차르트는 "시종 두 사람이 테이블의 앞자리에 자리를 잡았지만 어쨌든 나는 요리사보다는 상석이었으니 대단한 영광인 셈"이라고 푸념했다. 모차르트는 자유인

〈이도메네오〉가 초연된 뮌헨 퀴빌리에 극장

〈이도메네오〉 초연 당시 공연이 두세 차례에 그친 것으로 보면 기대만큼의 성공은 거두지 못한 것으로 보인다. 하지만 "오페라를 쓰는 것이야말로 내 불타는 야망"이라고 고백했던 모차르트에게 〈이도메네오〉 작곡은 성패를 떠나서 그 자체로 즐거운 경험이었다.

을 자처했지만, 대주교의 눈에 비친 모차르트는 한낱 피고용인에 불과했다. 어릴 적부터 고관대작들과 스스럼없이 어울렸던 모차르트의 처지에서 보면 분명 치욕이었다. 급기야 5월 9일 모차르트와 콜로레도 대주교는 정면으로 충돌했다. 대주교가 악당과 건달이라며 온갖 욕설을 늘어놓자, 모차르트는 "대주교께서는 제가 그렇게 못마땅하십니까?"라며 대들었다. 결국 대주교도 "네가 어찌 감히 나를 위협하는가. 불쌍하고 멍청한 녀석 같으니라고. 저기 문이 있으니 나가라. 다시는 상종하기 싫다"고 분노를 터뜨렸다. 모차르트도 지지 않고 "내일 아침 사직서를 내겠다"고 맞섰다.

모차르트는 사직서를 제출했지만, 결재는 말이 아니라 행동으로 받았다. 다음 달 8일 잘츠부르크로 돌아가기 직전에 대주교의 의전을 책임지고 있던 시종장 칼 요제프 펠릭스 아르코 백작에게 말 그대로 엉덩이를 걷어차이고 쫓겨난 것이다. 모차르트를 망신 주기 위한 의도가 분명했다. 하지만 아르코 백작이 모차르트의 아버지 레오폴트와 친밀한 사이였기 때문에 레오폴트의 부악장 자리를 지켜주기 위해 치밀하게 계산된 행동을 한 것이라는 분석도 있다. 만약 그렇다면 모차르트는 엉덩이를 걷어차이는 대신 아버지의 일자리를 보전해준 셈이다. 아르코 백작은 1781년 5월 모차르트에게 점잖게 경고했다.

명성도 여기선 오래가지 못한단다. 처음엔 칭찬도 받고 돈도 많이 벌 거다. 하지만 얼마나 오래갈까? 몇 달 지나면 빈 사람들은 새로운 걸 찾을 거다.

하지만 백작의 경고는 절반만 들어맞았다. 생전에 모차르트는 빈 특유의 변덕 때문에 인기와 수입 모두 부침을 거듭했지만, 지금도 여전히 모차르트의 음악이 연주되고 있으니 말이다. 뒤늦게 아들의 사직 소식을 접한 레오폴트는 예전에 자신이 그랬던 것처럼 사의를 철회하고 복직을 요청하라고 신신당부했다. 하지만 모차르트의 입장은 분명했다.

한번 한 결심을 뒤집는 것이 제 명예를 지킬 수 있는 유일한 길이라는 말씀이십니까? 어떻게 그런 말씀을 함부로 하십니까? 제 명예가 짓밟혔다는 것은 누구나 아는 사실입니다. 저더러 겁쟁이처럼 기면서 대주교의 권위만 치켜세워주라고 말씀하시는 겁니까?

이 반문에는 잘츠부르크와 대주교, 아버지라는 구질서에 대한 분명한 거부 의사가 담겨 있다. '잘츠부르크에 대한 아들의 분노와 빈에 대한 이해할 수 없는 사랑'이라는 아버지 레오폴트의 걱정은 실은 정확했던 것이다. 그 뒤로 모차르트는 고향 잘츠부르크를 딱 한 차례 찾아갔을 뿐, 세상을 떠날 때까지 줄곧 빈에서 살았다. 마침내 새장의 문이 열리고, 새가 자유롭게 비상할 순간이 온 것이다.

모차르트의 외모와 언어 습관은?

모차르트는 미남이었을까. '작곡하기 위해 하늘에서 내려온 천사' 같은 낭만적 이미지 때문에 모차르트는 귀엽고 천진무구한 소년으로 묘사되는 경우가 많다. 오늘날 연구에 따르면 모차르트의 키는 150~160센티미터 정도였던 것 같다. 누나 난네를도 "그의 외모가 신이 그에게 내려주신 천재성이나 정신을 보여주는 건 아니다"라고 썼다. 모차르트의 인상은 창백했지만 크고 푸른 눈 때문에 생기 넘치는 인상을 주었다고 한다. 얼굴과 코는 큰 편이었다. 짙은 노랑머리를 땋고 다니기도 했던 모양이다. 그가 값비싼 의상에 아낌없이 돈을 썼던 것도 단신 콤플렉스 탓일 수 있다. 어릴 적부터 유럽 전역으로 연주 여행을 다니느라 혹사해서 충분히 성장할 기회를 가지지 못했기 때문이라는 분석이 마음 아프다.

12살로 추정되는 모차르트의 모습

모차르트의 이미지는 그가 생전에 쓴 편지를 통해서도 추측해볼 수 있다. 모차르트의 편지에 성적인 내용이나 똥오줌 등의 저속한 표현이 적지 않다는 점은 후대 사람들에게 호기심과 당혹감을 동시에 안겼다. 영국의 총리 매거릿 대처 역시 그중 하나였다. 대처 총리는 극작가 피터 셰퍼의 희곡 〈아마데우스〉에서 모차르트를 저속한 표현을 일삼는 악동으로 묘사한 대목을 본 뒤 불편한 심기를 노출했다. 셰퍼는 모차르트의 편지를 근거로 들었지만, 대처 총리는 "제 말을 이해하지 못한 것 같군요. 모차르트는 그랬을 리가 없다고요"라고 답했다. 셰퍼는 모차르트의 편지 사본을 영국 총리실로 보냈지만 별다른 반응이 없었다고 한다. 대처 총리는 모차르트를 영원한 신동으로 묘사한 낭만적 일화에 익숙했을 것이다. 셰퍼는 "어쨌든 총리가 틀렸다고 했으니, 내가 틀린 것"이라고 희곡 〈아마데우스〉 서문에 적었다.

1990년대에는 모차르트가 순간적으로 경련을 일으키는 '투렛증후군'을 앓았을 것이라는 학설도 나왔다. 내분비학자 벤저민 심킨은 1992년 논문에서 모차르트의 편지 구절이나 주변인들의 증언, 작곡 당시의 습관 등을 바탕으로 모차르트가 '틱 장애'로 불리는 투렛증후군을 앓았을 가능성이 높은 것으로 추정했다. 심킨의 분석에 따르면 잘츠부르크 대주교와의 갈등으로 극심한 스트레스를 겪은 1777~1781년의 5년간 외설적인 표현의 빈도도 급증했다는 것이다. 이 논문은 의학계의 찬반 논쟁으로 이어지면서 많은 화제를 낳았다. 하지만 200년 전에 사망한 작곡가에 대한 정확한 의학적 진단은 애초에 불가능했기 때문에 논란만 남긴 채 유야무야됐다.

오히려 지금은 신체 부위나 오물과 연관된 비속어들이 18세기까지 독일을 비롯한 중부 유럽에서 광범위하게 사용되던 표현이라는 역사적 분석이 더욱 설득력을 얻고 있다. 종교개혁을 주창한 마르틴 루터나 독일의 문호 괴테와 하인리히 하이네의 글에서도 비슷한 표현은 얼마든지 찾을 수 있다는 설명이다. 지나치게 복잡하게 생각할 필요는 없다. '개똥같은 소리', '제 발등에 오줌 누기', '똥오줌도 못 가리다' 같은 표현은 우리말에서도 얼마든지 찾을 수 있다. 다만 낭만주의 시대에 모차르트가 음악적 천사라는 이미지로 포장되다 보니, 오늘날 기준으로 보면 저속하고 음탕한 비속어들이 다소 충격적으로 다가오는 것도 사실이다. 대처 총리의 반응처럼 말이다. 그럴 때면 역사는 언제나 현재적 관점에서 재구성된 과거라는 점을 되새길 필요가 있다.

새장 밖으로
날아오른 새

빈의 자유음악가

엉덩이를 걷어차이며 시작한 빈 생활

모차르트의 빈 생활은 말 그대로 '엉덩이를 걷어차이며' 시작됐다. 1781년 5월 잘츠부르크 대주교에게 해고될 당시 모차르트는 빈 징거슈트라세 7번가의 '독일 기사단의 집Haus des Deutschen Ritterordens'에 머물고 있었다. 지금도 이 건물은 보존되어 있다. 건물 정문으로 들어가면 명판에 '모차르트가 1781년 3월 16일부터 5월 2일까지 머물렀던 곳'이라고 점잖게 표기되어 있다. 하기야 '엉덩이를 걷어차이고 쫓겨난 곳'이라고 적을 수는 없는 노릇이었을 것이다. 모차르트에게는 굴욕의 현장인 동시에 빈 생활의 첫발을 내디딘 역사적 장소인 셈이다.

빈의 구시가지는 관광객과 차량 통행, 정비 공사로 분주하지만 건물 안뜰로 들어가면 호젓한 분위기를 느낄 수 있다. 안뜰 지붕 너머로 보이는 성 슈테판 성당도 꽤 운치 있다. 또 하나의 작은 정원으로 이어지는 복도 벽면에는 모차르트 협회의 메달 수상자 명단이 있다. 지휘자 빌헬름 푸르트벵글러, 칼 뵘, 클라우디오 아바도, 피아니스트 에드빈 피셔와 빌헬름 바크하우스, 성악가 디트리히 피셔 디스카우와 크리스타 루드비히 등 음악가들의 이름이 보인다.

모차르트는 해고 통보를 받은 뒤에도 잘츠부르크로 돌아가지 않고 빈에 남아 있었다. 이 때문에 새로운 숙소부터 알아봐야 했다. 당장 떠오른 건 만하임 시절에 만났던 베버 가족의 집이었다. 베버 가족은 빈으로 건너온 직후 가장 프리돌린을 잃었고 성악가로 데뷔한 알로이지아의 수입으로 생활하던 처지였다. 알로이지아는 모차르트가 짧게나마 사랑했던 여인이었다. 하지만 당시에는 궁정 극단 배우 요제프 랑게와 결혼한 뒤 출산을 앞둔 예비 엄마였다.

모차르트는 5월 초 밀히가세 1번지에 있는 베버 가족의 집 2층 방에서 하숙을 시작했다. 이 집은 당시 '신의 눈Zum Augen Gottes'으로 불렸다. 하지만 지금은 '1781년 모차르트가 여기 살면서 오페라 〈후궁 탈출〉을 작곡했다'는 안내판만 걸려 있을 뿐 예전 자취는 찾을 수 없다. 모차르트는 레오폴트에게 "베버 부인이 친절하게도 저를 집에 맞아주셨어요. 집에는 아담한 방도 있고요"라고 적어 보냈다. 9월 19일 편지에서는 "누나는 여기서 충분히 돈을 벌 수 있어요. 개인 발표회에서 피아노를 친다든지, 교습을 하면서 말이죠. 틀림없이 누나에게 돈을 많이 내놓는 사람이 있을 거예요. 그때가 되면 아버지도 직장을 그만두고 함께 오시지 않을 수 없겠죠"라고 온 가족의 빈 상경을 권유했다. 아마도 가족을 부양할 수 있다는 자신감의 표현이었을 것이다.

이즈음 모차르트 부자의 관계는 최악으로 치닫고 있었다. "아버

독일 기사단의 집, 명판과 건물

1781년 5월 잘츠부르크 대주교에게 해고될 당시 모차르트는 빈 징거슈트라세 7번가의 '독일 기사단의 집'에 머물고 있었다. 모차르트에게는 엉덩이를 걷어차이며 쫓겨난 굴욕의 현장이지만, 그와 동시에 자유로운 음악 활동의 첫 발을 뗀 장소이기도 하다.

〈후궁 탈출〉을 완성한 빈 그라벤가 17번지

잘츠부르크 대주교에게 해고된 모차르트는 베버 가족의 집에 잠시 머물다가 빈 그라벤가 17번지로 거처를 옮겼다. 모차르트는 이곳에서 오페라 〈후궁 탈출〉을 완성했다. 아쉽게도 지금은 주상 복합 건물로 변해서 모차르트가 머문 흔적을 찾을 수는 없다.

지의 편지엔 아버지라고 여길 수 있는 말이 단 한 구석도 없다고 말씀드려야 할 것 같다"는 5월 19일 모차르트의 편지를 통해 둘의 관계를 짐작할 수 있다. 하지만 새장 밖으로 날아오른 새에게는 거리낄 것이 없었다. 역사에 가정은 없지만, 만약 모차르트가 아버지의 뜻대로 잘츠부르크에 머물렀다면 교향곡 〈파리〉와 오페라 〈이도메네오〉의 작곡가로만 남았을지 모른다. 오페라 〈피가로의 결혼〉과 〈돈 조반니〉, 〈코시 판 투테〉와 〈마술피리〉, 후기 교향곡과 피아노 협주곡은 모두 빈 시절에 남긴 걸작이다. 오늘날 우리가 기억하는 모차르트는 역설적으로 레오폴트의 뜻을 거역했기 때문에 탄생할 수 있었다.

당초 모차르트는 베버 가족의 집에 한 주 정도만 머물 생각이었지만, 곧바로 눌러앉기로 마음먹었다. 이때부터 알로이지아의 여동생인 콘스탄체에게 구애한 것으로 추정된다. 애당초 모차르트는 "제 인생에서 지금 이 시기에 결혼이라니, 대단히 어리석은 짓"이라며 결혼에 부정적이었다. 하지만 그해 12월 15일 편지에서는 "어릴 적부터 내 침구, 내 옷, 그밖의 모든 소유물에 별다른 관심을 기울여본 적이 없는 제게 지금 가장 필요한 것은 바로 아내"라고 생각을 바꿨다.

모차르트는 콘스탄체의 어머니 체칠리아의 부탁으로 9월 5일에 이 집에서 나가 인근의 그라벤가 17번지 3층으로 이사했다. 어머니와 딸들만 살고 있는 집에 남자가 들락거리는 모습에 주변에서 수군댔을지도 모른다. 하지만 그라벤가 역시 베버의 집에서 장크트페터 성당을 따라서 모퉁이만 돌아가면 5분 거리의 지척에 있다. 현재 그라벤가 17번지는 주상 복합 건물로 변모해서 옛 흔적을 찾을 수는 없다. 하지만 건물 정문 안쪽 복도에는 '1781년 9월부터 1782년 7월 말까지 모차르트가 살면서 〈후궁 탈출〉을 완성했다'는 안내판이 붙어 있다. 모차르트 탄생 250주년인 2006년 안내판을 대대적으로 정비해서 찾기 어렵지는 않다.

모차르트는 빈에서 살았던 10년간 열세 번 이사했다. 두 차례를 제외하면 나머지는 모두 시내 중심가인 1구에 거주했다. 이 가운데 유일하게 보존되어 있는 곳이 돔가세Domgasse 5번지의 '모차르트 하우스Mozarthaus'다. 큰 방 4개, 작은 방 2개, 부엌까지 모차르트가 빈에서 살았던 집 중 가장 크고 비싸다. 매년 집세만 450플로린이 들었다. 모차르트는 1784년 9월부터 1787년 4월까지 이 집에 살면서 오페라 〈피가로의 결혼〉을 작곡했다. 그런 이유로 예전에는 '피가로 하우스Figaro Haus'로 불렸다. 모차르트의 아버지 레오폴트가 잘츠부르크에서 올라왔을 때에도 이곳에서 묵었다.

역설적으로 이 집을 일반에 공개한 건 1941년 나치 시절이다. 나치는 당시 모차르트 서거 150주기를 맞아서 '제국 독일 모차르트 주간'을 대대적으로 선포했다. 전후에는 빈 박물관에서 운영권을 넘겨받았다. 작곡가 탄생 250주년이었던 2006년 건물 3개 층을 개

빈의 모차르트 하우스
빈의 돔가세 5번지에 있는 모차르트 하우스는 빈에 유일하게 남아 있는 모차르트의 집이다. 오페라 〈피가로의 결혼〉이 완성된 곳이라고 해서 '피가로 하우스'로 불리기도 했다. 실제 살던 곳처럼 복원해놓은 것은 아니지만 전시된 자료를 통해 모차르트의 생애를 엿볼 수 있다.

조해서 박물관으로 재개관했다. 매년 15만 명이 찾는 관광 명소다. 3층은 '모차르트 당대의 빈', 2층은 '모차르트의 음악 세계', 1층은 '모차르트 당대의 아파트'를 주제로 꾸며놓았다. 미완성 유작인 〈레퀴엠〉의 악보와 모차르트와 콘스탄체의 초상화, 모차르트가 즐겼던 카드 게임용 탁자 등을 전시하고 있다. 대부분 복제품이다. 6개의 서로 다른 공연 영상을 통해 오페라 〈피가로의 결혼〉의 주요 장면을 비교 감상할 수 있는 '피가로 비교 체험Figaro Parallelo'이나 〈마술피리〉의 주요 장면을 홀로그램으로 보여주는 영상 전시물이 이채롭다.

가장 큰 인생 숙제

빈 생활을 시작한 모차르트에게 가장 큰 인생 숙제는 결혼이었다. 하지만 모차르트와 콘스탄체가 결혼하기까지 과정은 순탄하지 않았다. 문제는 역시 레오폴트에게 허락을 받는 것이었다. 모차르트는 아버지에게 보내는 편지에서 콘스탄체의 외모보다는 품성을 누누이 강조했다. 아버지에게 결혼 허락을 받기 위해 간절하게 매달리는 모차르트의 속마음이 편지에 고스란히 담겨 있다.

그녀는 아름답다고 할 수는 없지만 못나지도 않았습니다. 작고 까만 두 눈과 사랑스러운 용모에 순수한 아름다움이 깃들어 있습니다. 위트는 없지만 아내와 어머니라는 역할을 해나가기에 충분한 상식을 갖췄습니다. 사치와 거리가 멀고 옷차림도 대체로 검소합니다. 그녀의 어머니가 없는 살림에 다른 자식들까지 뒷바라지하느라 그녀는 뒷전이었기 때문이에요. 그런데도 그녀는 살림살이하는 법을 터득했고 진실된 마음을 가졌습니다. 제가 이 이상의 아내를 바랄 수 있을까요?

미국 캘리포니아 대학교 다니엘 허츠 교수는 콘스탄체가 모차르트와 결혼식을 올리기 전에 혼전 동거에 들어갔을 가능성이 높다고 주장했다. 1781년 11월 콘스탄체는 어머니 체칠리아와 크게 다툰 뒤 집을 나가 마르타 엘리자베트 발트슈테텐 남작 부인의 빈 근교 저택에서 머물렀다. 모차르트의 후원자였던 발트슈테텐 남작 부인은 콘스탄체를 자신의 집에 세 차례나 받아주었다. 콘스탄체의 가출은 사랑의 도피와 다름없었다. 콘스탄체의 가출 상태가 한 달 가까이 지속되자 이듬해 1월 체칠리아는 모차르트에게 일종의 각서를 받아내기에 이르렀다. '3년 이내로 결혼하거나, 아니면 매년 300굴덴씩 지급한다'는 내용이었다. 콘스탄체는 뒤늦게 이 사실을 알고 각서를 찢어버렸다. 그런 당찬 행동 때문에 모차르트에게 더욱 호감을 샀던 것 같다.

하지만 레오폴트는 일련의 사건을 모차르트와 베버 가족의 음모로만 여겼다. 모차르트가 아무리 결혼을 허락해달라고 간청해도 레오폴트에게 통하지 않은 건 물론이다. 결국 1782년 7월 31일 모차르트는 레오폴트에게 "당신이 해주신 선의의 조언들도 사랑에 빠진 남자에게는 통하지 않습니다. 진도가 충분히 나가서 더 이상 연기하는 건 불가능합니다"라고 썼다. 아버지의 동의 여부와 관계없이 결혼식을 올리겠다는 최후통첩이었다.

결혼이 성사되기까지의 과정도 급박했다. 콘스탄체는 또다시 남작 부인의 집에 머물렀다. 콘스탄체의 어머니는 "딸을 데리고 오기 위해 경찰을 부르겠다"고 모차르트를 연신 닦달했다. 모차르트는 "내일 아침이나 오늘 당장이라도 콘스탄체와 결혼식을 올리는 것이 최선"이라고 편지에 썼다.

결국 1782년 8월 4일 둘은 성 슈테판 대성당에서 결혼식을 올렸다. 모차르트는 26세, 콘스탄체는 20세였다. 발트슈테텐 남작 부인은 이날 상다리가 휘어질 만큼 화려한 잔칫상을 차려줬다고 한다. 모차르트는 신부 콘스탄체에게 작은 금시계를 선물했고, 콘스탄체는 이 시계를 평생 간직했다.

결혼 직후 모차르트는 아버지에게 보낸 편지에 이렇게 적었다. "제 사랑 콘스탄체는 이제 드디어 제 진실한 아내가 되었습니다." 음악 신동이 성인이 되는 과정은 이렇듯 지난하고도 고통스러웠다. 어쩌면 모차르트에게는 음악적 발전보다 인간적 성숙이 더욱 힘든 과제였을지 모른다.

모차르트의 결혼식과 장례식이 거행된 성 슈테판 대성당
슈테판 광장에 있는 성 슈테판 대성당은 모차르트의 행복과 비극을 모두 지켜봤던 곳이다. 모차르트는 이곳에서 많은 이의 축복 속에 콘스탄체와 결혼식을 올렸다. 하지만 훗날 이 성당에서 치러진 그의 장례식에 참석한 지인과 후원자는 극소수에 불과했다.

9년 뒤인 1791년 모차르트가 세상을 떠났을 때 장례식이 거행된 곳도 성 슈테판 대성당이었다. 이 성당은 모차르트 부부가 가장 행복했던 순간과 가장 비극적인 순간을 모두 지켜봤던 셈이다.

모차르트의 주무기 피아노 협주곡

모차르트가 빈에 정착한 1781년 무렵 빈의 인구는 20만 명에 이르렀다. 5만 명은 도심에 거주했고, 15만은 교외에 살고 있었다. 당시 잘츠부르크 인구가 1만 6,000명 정도였으니, 모차르트는 10배 이상 큰 도시로 활동 무대를 옮긴 셈이었다. 당시 빈은 투자자에게 조세 감면 조치를 해준 덕분에 건축 붐이 일고 있었다. 부동산으로 돈을 번 시민 계층이 상류층에 편입되는 경우도 적지 않았다.

모차르트는 귀족과 시민 계층의 자제들에게 음악 레슨을 해주거나, 신작 위촉을 받고 공공 음악회를 열어서 수익을 나누는 식으로 자신의 포트폴리오를 구상했다. 다른 한편으로는 빈 궁정에 취업할 수 있는 길을 끊임없이 모색했다. 프리랜서와 궁정 음악가라는 두 가지 가능성을 모두 염두에 두고 있었던 것이다. 1782년 4월 모차르트는 아버지에게 보낸 편지에서 "도시 전체에서 제가 황제를 섬길지도 모른다는 소문에 대해 이야기하고 있으며, 상당수의 사람들은 이미 제게 축하 인사를 건넸다"면서 기대감을 드러냈다. 모차르트는 13세 때 무급 명예직인 잘츠부르크 궁정 악단의 악장에 임명된 이후 고정된 직책 없이 활동한 적이 없었다. 그런 모차르트에게 프리랜서 음악가의 길은 낯설고 새로웠을 것이다.

첫출발은 비교적 순조로웠다. 1783년 3월 29일 모차르트는 아버지 레오폴트에게 보낸 편지에서 '아카데미Academie'로 불리는 대중 음악회의 성공에 대해 자랑스럽게 말했다. "극장은 붐볐고, 모든 박스석은 만석이었어요. 가장 기뻤던 건 황제 폐하께서도 참석하셔서 즐거워하시고 제게 큰 박수를 보내주셨다는 점입니다. 황제께서는 25두카트를 하사하셨죠."

이후 모차르트는 티켓을 사전 판매하는 대중 음악회를 1784년에 4차례, 1785년 10차례, 1786년 4차례 열었다. 귀족과 상류층을 대상으로 하는 소규모 살롱 음악회에도 1784년 18차례, 1785년 5차례 출연했다. 1784~1785년은 모차르트의 빈 활동 기간 중에서도 정점에 해당했다. 1784년 사순절 기간에는 40일 동안 무려 23차례 음악회에 출연했다. 오늘날 스타 연주자들과 비교해도 부럽지 않을 정도였다.

당시 연주회에서 모차르트가 선보였던 주무기가 피아노 협주곡이다. 작곡가이자 연주자로서 재능을 동시에 보여줄 수 있는 최적의 장르였다. 실제 모차르트는 빈 정착 이후인 1784~1786년 11곡의 피아노 협주곡을 쏟아냈다. 피아노 협주곡과 오페라는 모차르트가 최고의 걸작들을 남긴 대표적인 기악과 성악 장르로 각각 꼽힌다. 반면 하이든은 교향곡과 실내악에서 상대적으로 강했다. 미국의 음악평론가이자 피아니스트 찰스 로젠은 "모차르트는 하이든이 실패한 분야에서 가장 두드러진 성공을 거두었다"고 재치 있게 평했다. "모차르트의 협주곡에서 독주자는 오페라의 등장인물과도 같았으며 협주곡의 극적 효과를 강조했다"는 것이 로젠의 설명이다. 모차르트의 피아노 협주곡이 기악의 오페라라면, 피아니스트의 독주는 성악가가 부르는 오페라 아리아와도 같다는 음악적 비유다.

27곡에 이르는 모차르트의 피아노 협주곡 가운데 대중적으로 가장 친숙한 곡이 피아노 협주곡 21번 2악장이다. 이 악장은 1967년 스웨덴 영화 〈엘비라 마디간〉에서 남녀 주인공의 사랑을 상징하는 주제 선율로 사용됐다. 엘비라 마디간은 곡예단에서 줄타기를 하는 덴마크 소녀의 이름이다. 영화에서 엘비라 마디간은 '서커스의 여왕'이라는 찬사를 받지만 "줄 위에서나 용감하지 땅에서는 겁쟁이"라고 수줍게 고백한다. 그는 스웨덴 귀족 출신의 장교 식스틴과 한눈에 사랑에 빠진다. 이후 식스틴은 탈영을 감행하고, 둘은 사랑의 도피 행각을 벌인다. 19세기의 실화에 바탕한 이 영화에서 사랑에 빠진 남녀가 등장할 때마다 흘렀던 선율이 모차르트의 피아노 협주곡 21번 2악장이다. 영화 개봉 이후 이 협주곡은 '엘비라 마디간 협주곡'이라는 별명으로 불린다. 영화는 헝가리 출신 피아니스트 게자 안다의 연주를 담았다. 그 인연으로 게자 안다가 연주한 모차르트 피아노 협주곡 21번 음반은 지금도 〈엘비라 마디간〉의 여주인공 피아 디거마크의 사진을 재킷에 쓰고 있다.

모차르트 피아노 협주곡으로 명성이 높은 연주자 중에는 스페인의 알리시아 데 라로차, 헝가리 출신의 릴리 크라우스와 포르투갈의 마리아 조앙 피레스, 일본 출신의 우치다 미치코, 한국의 손열음

게자 안다가 연주한 모차르트 피아노 협주곡 21번 음반

모차르트 피아노 협주곡 21번 2악장은 영화 〈엘비라 마디간〉에 사용됐다. 이 때문에 '엘비라 마디간 협주곡'으로 불린다. 영화는 게자 안다의 연주를 담았는데, 이 인연으로 게자 안다의 모차르트 피아노 협주곡 21번 음반은 〈엘비라 마디간〉의 여주인공 사진을 재킷에 쓰고 있다.

등 여성 피아니스트가 적지 않다. 그중에서도 조숙함과 비극적 운명까지 모차르트와 닮은 연주자가 루마니아 출신의 피아니스트 클라라 하스킬Clara Haskil이다. 프란치스코 교황은 2013년 인터뷰에서 가장 좋아하는 연주자 가운데 하나로 하스킬을 꼽았다. 교황은 하스킬이 모차르트를 연주할 때라는 설명도 빼놓지 않았다.

하스킬은 어릴 적부터 바이올린과 피아노를 모두 연주했다. 여섯 살 때는 레슨을 받지 않고도 한 번 접한 음악을 실수 없이 연주하고 자유롭게 조 옮김을 하는 재능으로 빈 음악계를 놀라게 했다. 10세 때 파리 음악원에 입학해 5년 뒤에 수석 졸업했다. 하스킬과 같은 스승 아래서 공부했던 피아니스트 루돌프 제르킨은 하스킬을 "완벽한 클라라the perfect Clara"라고 불렀고, 이는 곧 그를 따라다니는 별명이 됐다.

하지만 음악과는 달리 그의 삶은 완벽하지 못했다. 어릴 적부터 척추가 곧게 뻗지 못하고 휘어지는 측만증으로 수년간 병원 신세를 졌다. 병마와 싸우느라 경제적으로도 넉넉지 못했다. 처음으로 그랜드 피아노를 장만한 것도 제2차 세계대전 이후 음반 녹음과 협연을 병행한 이후였다. 뒤늦게 찾아온 인기에도 하스킬은 "왜 이런 일이 일어났는지 모르겠다. 예전보다 특별히 연주가 좋아졌다고 생각하지 않는데도 갑자기 모두 내 연주를 듣고 싶어 한다"면서 겸손함을 잃지 않았다. 모차르트와 베토벤, 슈만과 슈베르트 등 연주자로서 하스킬의 레퍼토리는 사실 넓지 않았다. 화려하고 낭만적인 연주가 인기를 누리던 시절에도 그는 깨끗하고 단아한 음색을 잃지 않았다. 유년 시절 배웠던 바이올린 연주의 영향 때문으로 설명하기도 한다.

소련 출신의 피아니스트 타티아나 니콜라예바도 하스킬의 연주를 처음 접했던 순간을 생생하게 기억했다. 1956년 1월 모차르트 탄생 200주년을 맞아서 잘츠부르크에서 열린 제1회 '모차르트 주간Mozartwoche' 음악제였다. 당시 '새로운 토스카니니'로 주가를 올리고 있던 카라얀의 지휘로 필하모니아 오케스트라가 기념 음악회를 열었다. 연주곡은 모차르트의 교향곡 39번과 피아노 협주곡 20번 등이었다. 소련 당국의 허가를 받고 잘츠부르크를 처음 방문한 니콜라예바도 잔뜩 들뜬 심정으로 객석에 앉았다. 하지만 훗날 니콜라예바의 회상에 따르면, 카라얀이 지휘한 모차르트 교향곡은 그다지 인상적이지 않았다고 한다.

휴식 시간을 마친 뒤 산발한 회색 머리와 등이 약간 굽은 여성 피아니스트가 잠시 무대를 둘러본 뒤 피아노 앞에 앉았다. 클라라 하스킬이었다. 니콜라예바는 피아노 협주곡 20번 1악장의 오케스트라 전주가 끝나고 피아노 연주가 시작되는 순간을 이렇게 기억했다.

오케스트라는 특별히 인상적이지 않았다. 하지만 뒤이어 일어난 일은 예상을 뛰어넘었다. 클라라 하스킬의 손이 건반에 닿는 순간 내 볼 위로 눈물이 흘러내렸다. 내가 온 것은 '새로운 토스카니니' 때문이었지만, 이곳에서 나는 가장 위대한 모차르트 연주자와 만났다. 연주 스타일은 너무나 유려하고 자연스러워서 지휘자와 악단마저 마법에 걸린 것처럼 변했다.

당시 실황은 2014년 발매된 음반을 통해서 확인할 수 있다. 카라

모차르트 피아노 연주자로 명성이 높았던 피아니스트 클라라 하스킬

모차르트 피아노 협주곡으로 유명한 클라라 하스킬은 모차르트처럼 어릴 적부터 바이올린
과 피아노를 모두 연주했다. 1960년 12월 7일 불의의 사고로 세상을 떠났지만, 그녀의 연주는
깨끗하고 단아한 음색으로 모차르트 후기 걸작의 고전적인 기품을 그대로 살리고 있다는 평
가를 받고 있다.

얀은 모차르트 교향곡에서 예의 극단적 템포의 변화를 통해서 극적인 대비를 강조하지만, 타의 추종을 불허하는 세련미와 정교함은 찾기 힘들다. 오히려 "내가 참석한 최고의 실내악 연주회"라는 니콜라예바의 기억처럼 이 실황에서 가장 빛나는 순간은 하스킬이 협연한 피아노 협주곡 20번이다. 단조 특유의 비극성을 과장하지 않고도 모차르트 후기 걸작의 고전적인 기품을 그대로 살리고 있다.

운명에 맞서는 자

음악학자 솔로몬은 모차르트가 1781년 빈에 정착한 이후 평균 2,000~3,000플로린의 연 수입을 벌어들였을 것으로 추정한다. 잘츠부르크 시절 연봉의 다섯 배에 해당하는 금액이다. 음악학자 귄터 바우어는 3,700~5,000플로린으로 추산하기도 했다. 당시 빈의 중간급 공무원 연봉이 500~1,000플로린 정도였다고 하니, 엄청난 액수를 벌었던 것은 틀림없다. 레오폴트는 1785년 딸 난네를에게 보낸 편지에서 잘츠부르크의 저널리스트 로렌츠 휘브너의 말을 옮겨 적었다. "당신 아들이 출판하는 작품의 양은 놀라울 정도입니다. 음악 광고에서도 모차르트 외에는 볼 수가 없으니까요."

빈으로 이주한 이듬해인 1782년 2월 13일 아버지에게 보낸 편지에도 모차르트의 분주한 일상이 드러난다. 오전 6시에는 일어나 머리 손질을 하고 7시에는 옷을 갖춰 입고, 오전 9시까지는 작곡을 했다. 오전 9시부터 오후 1시까지 매일 레슨을 하고 나서 점심 식사를

모차르트의 제자 요한 네포무크 훔멜

슬로바키아 출신의 요한 네포무크 훔멜은 모차르트처럼 어릴 적부터 음악 신동으로 이름을 날렸다. 일찍이 음악적 재능을 보인 것부터, 교사이자 지휘자였던 아버지의 손에 이끌려 유럽 공연에 나선 점까지 모차르트의 행보와 꼭 닮아 '제2의 모차르트'로 불리기도 했다.

했다. 오후 5~6시까지 손님을 만나거나 급한 용무를 처리한 뒤, 공연이나 별다른 일정이 없으면 오후 9시까지 다시 작곡에 매달렸다. 연주회가 있거나 외출하고 돌아오면 작곡을 하기 위해 새벽 1시까지 깨어 있는 일도 다반사였다. 1781년 8월 1일 편지에서 그는 "아시겠지만 저는 배가 고플 때까지 작곡을 합니다"라고 썼다. 그가 1782년부터 4년간 쓴 작품만 150여 곡에 이른다.

편지에 묘사된 것처럼 모차르트는 연주회 수입 외에도 귀족과 상류층, 음악인들을 상대로 피아노와 작곡을 가르치며 레슨비를 벌었다. 모차르트의 제자 가운데 널리 알려진 음악가는 작곡가이자 피아니스트 요한 네포무크 훔멜이다. 모차르트와 마찬가지로 훔멜 역시 음악가 집안 출신이다. 그의 아버지 요하네스 훔멜은 빈 군사 음악 학교의 교사였고 지휘자로도 활동했다.

훔멜도 모차르트처럼 음악 신동으로 일찍 이름을 알렸다. 4세부터 악보를 읽기 시작했고, 5~6세에는 바이올린과 피아노를 연주했다. 8세 소년 훔멜의 재능에 감탄한 모차르트는 바둑의 기숙생처럼 1786~1788년 레슨비를 받지 않고 자신의 집에서 먹이고 재우며 가르쳤다. 1787년에는 자신의 음악회에서 9세의 제자를 연주자로 데뷔시켰다. 훔멜은 모차르트와 콘스탄체 부부에 대해 "부모님처럼 저를 돌봐주신다"고 편지에 적었다. 살짝 과장을 보태면 훔멜은 '제2의 모차르트'였다.

아들의 재능을 확신한 아버지 요하네스가 4년간 유럽 공연에 나섰다는 점도 모차르트와 꼭 닮았다. 모차르트의 조언에 따른 것이었다. 요하네스는 아들 훔멜을 데리고 독일권과 덴마크는 물론 영국 런던에도 2년간 머물렀다. 당시 영국에 체류하고 있던 작곡가 요제프 하이든은 홈멜을 위해 피아노 소나타를 써주었고, 홈멜은 하이든이 지켜보는 앞에서 이 곡을 초연했다. 홈멜이 연주를 끝냈을 때, 하이든은 감사의 표시로 1기니를 선물했다고 한다.

홈멜은 1809년 하이든의 후임으로 아이젠슈타트의 궁정 악장으로 임명됐다. 그 뒤 슈투트가르트를 거쳐 1819년부터 1837년 숨을 거둘 때까지 바이마르의 악장으로 봉직했다. 홈멜 재직 당시 바이마르는 유럽 음악계의 중심으로 부상했다. 그즈음 바이마르 예술계를 이끌던 문인이 괴테였다. 홈멜은 피아노 협주곡 8곡, 피아노 소나타 10곡, 피아노 3중주 8곡, 피아노 4중주와 피아노 5중주 등 적잖은 피아노 곡을 남겼다. 쇼팽과 리스트, 슈만 같은 낭만주의 작곡가들에게도 지대한 영향을 미쳤다. 고전파와 낭만파를 이어주는 징검다리 역할을 한 것이다. 음악평론가 해럴드 숀버그는 『위대한 피아니스트』에서 "홈멜은 빈 악파의 절정을 이루었다. 그는 모차르트 피아노 연주 스타일을 계승하였고 종결지었다. 오직 홈멜만이 모차르트보다 훨씬 더 화려하고 능력 있는 기교파였다"고 평했다.

모차르트에게 빈 정착은 유럽 음악계의 중심으로 뛰어든다는 걸 의미했다. 하지만 모차르트는 잘츠부르크 출신의 이방인이었다. 빈의 기성 음악인들에게는 당연히 경계의 대상이 될 수밖에 없었다. 건반 연주에서는 네 살 연상의 무치오 클레멘티Muzio Clementi가 모차르트의 강력한 라이벌이었다. 이탈리아 로마에서 태어나 영국에 정착한 이 음악가의 이름이 우리에게 친숙한 건, 어릴 적 피아노를 배

모차르트의 라이벌 무치오 클레멘티

모차르트와 연주 대결을 펼쳤던 클레멘티는 아홉 살에 오르가니스트 지위에 오를 만큼 천부적인 재능을 지니고 있었다. 열두 살에는 오라토리오와 미사곡 등 대규모 작품을 작곡해 출생지 로마에서 큰 반향을 불러일으키기도 했다. 클레멘티와 연주 대결을 펼친 모차르트는 그의 음악을 두고 기계적이라고 평했지만, 클레멘티는 모차르트를 높게 평가했다.

울 때 통과의례처럼 거치는 소나티네의 작곡가 가운데 하나이기 때문이다. 클레멘티는 연주하기 쉬운 소품만 썼을 것이라고 지레짐작하기 쉽지만 천만의 말씀이다.

클레멘티는 110여 곡의 피아노 소나타를 남겼다. 모차르트는 1783년 누나 난네를에게 클레멘티의 소나타는 건너뛰는 편이 나을 것이라고 조언하는 편지를 보냈다. 급격한 변환과 까다로운 화성 때문에 자연스러운 운지運指를 망칠 수 있다고 우려한 것이다. 모차르트는 이 편지에서 "클레멘티는 다른 이탈리아 사람과 마찬가지로 사기꾼"이라고 험담을 퍼부었다. 반면 훗날 클레멘티는 모차르트에 대해 "그렇게 우아하면서도 힘 있게 연주하는 걸 들어본 적이 없다"고 평했다. 음악성은 몰라도 너그러움만큼은 클레멘티가 앞섰던 모양이다.

클레멘티와 모차르트는 1781년 12월 24일 연주 대결을 펼쳤다. 당시 클레멘티는 피아노 연주와 교습을 겸해 유럽 전역을 여행하던 중이었다. 클레멘티는 빈에 도착해서 짐을 풀자마자 황제 요제프 2세의 호출을 받았다. 모차르트도 연주 대결에 대해 사전 통보를 받지 못한 채 불려 나왔던 것 같다. 두 사람 모두 이 소식을 듣고 깜짝 놀랐을 것이다.

선공을 맡은 클레멘티가 '피아노 소나타 B플랫장조'(Op.24-2)를 먼저 연주했다. 모차르트 역시 '아 말씀드릴게요, 어머니Ah, vous dirai-je Maman' 주제에 의한 12개의 변주곡(K.265)으로 맞섰다. '반짝반짝 작은 별'로 친숙한 선율이다. 이탈리아 작곡가 조반니 파이시엘로의 독주곡 악보를 건네주자, 두 연주자는 그 자리에서 초견으로 즉석 연주 대결을 펼쳤다. 모차르트가 주제 선율을 연주하면 클레멘티가 반주를 맡기도 했다.

이날 대결의 승자에 대해서는 의견이 분분하다. 작곡가 겸 바이올리니스트 칼 디터스 폰 디터스도르프는 황제 요제프 2세와 나눴던 대화를 자서전에 기록했다. 디터스도르프는 둘의 연주를 비교해달라는 황제의 질문을 받고 "클레멘티의 연주에서 기교가 전부라면, 모차르트는 기교와 취향을 모두 갖추고 있다"고 답했다. 하지만 황제가 "일부는 클레멘티가 모차르트보다 낫다고 하는데"라는 단서를 붙인 것을 보면 팽팽한 접전이었던 것 같다. 음반이나 라디오가 없던 시절이라서 이들의 연주를 들어볼 수 없다는 점이 아쉬울 따름이다.

이런 일화 때문에 클레멘티와 모차르트는 으르렁거리는 앙숙이었을 것으로 짐작하기 쉽다. 하지만 훗날 모차르트는 오페라 〈마술피리〉 서곡에 클레멘티의 소나타 도입부를 인용했다. 앞선 둘의 경연에서 클레멘티가 연주한 선율이었다. 흥미로운 건 클레멘티도 모차르트의 작품을 피아노용으로 즐겨 편곡했다는 점이다. 당시에는 동료 작곡가의 선율을 끌어다 쓰거나 편곡하는 일이 빈번했다. 이 점을 감안하면 두 작곡가가 서로에게 보내는 '경의hommage'로 해석할 수 있다.

음악이 만들어준 운명적 만남

모차르트가 빈에서 맺었던 인간관계 중에서도 정점에 해당하는 것이 프란츠 요제프 하이든과의 만남이다. 하이든은 당대 유럽 최고의 작곡가로 존경받고 있었다. 모차르트 역시 잘츠부르크의 유년 시절부터 하이든의 명성을 잘 알고 있었다. 하이든의 동생인 요한 미하엘 하이든은 잘츠부르크의 궁정 악장 겸 작곡가로, 모차르트 아버지 레오폴트의 직장 동료이기도 했다.

전체 23곡에 이르는 모차르트의 현악 4중주는 작곡 장소에 따라서 별명으로 불리는 경우가 많다. 1772년 당시 16세의 모차르트가 작곡한 현악 4중주 6곡(K.155~160)은 '밀라노 4중주', 이듬해 작곡한 현악 4중주 6곡(K.168~173)은 '빈 4중주'로 부르는 식이다. 이 '빈 4중주'는 하이든이 한 해 전에 작곡한 현악 4중주 6곡(Op.20)의 지대한 영향을 받았다. 하이든의 이 현악 4중주 6곡은 출판 당시 악보에 태양이 그려져 있어서 '태양 4중주'로 불린다. 모차르트도 "내가 현악 4중주를 작곡하는 참된 방식을 처음으로 배우게 된 건 하이든 덕분"이라고 말했다. 교향곡의 아버지 하이든은 실은 '현악 4중주의 아버지'이기도 했던 것이다.

요제프 하이든과 모차르트가 처음 만난 시점은 명확하지 않다. 에스테르하지 가문의 궁정 악장이었던 하이든은 겨울에만 빈에 머물렀다. 이 때문에 두 사람의 첫 만남은 모차르트가 빈에 정착한 1781년 이후의 겨울로 추정한다. 덴마크 음악학자인 젠스 페터 라센의 말처럼 "현악 4중주야말로 하이든과 모차르트의 교류에서 중심적 위치"에 있었다.

아일랜드 출신의 테너 마이클 켈리의 회상에 따르면, 하이든과 모차르트는 현악 4중주를 함께 연주했다고 한다. 하이든이 제1 바이올린을 연주하고, 모차르트가 비올라를 연주했으며, 빈에서 활동했던 작곡가 디터스도르프와 요한 바티스트 반할이 각각 제2 바이올린과 첼로를 연주했다. 반대로 하이든이 제2 바이올린, 디터스도르프가 제1 바이올린을 맡았다는 설명도 있다. 어쨌든 하이든과 모차르트가 나란히 앉아서 연주하는 모습은 상상만으로도 흥분과 설렘을 안긴다. 켈리는 "거기에 있었던 것만으로도 더 바랄 나위가 없을 정도로 호사였다"고 회고했다. 켈리는 1786년 모차르트의 오페라 〈피가로의 결혼〉 초연 당시 음악 교사 바실리오와 판사 돈 쿠르치오의 1인 2역을 맡았던 성악가다.

50대에 접어든 하이든에게 24세 아래의 모차르트는 어디 내놓아도 부끄럽지 않은 후배이자 아들 같은 존재였을 것이다. 하이든은 영국 출신의 음악학자 찰스 버니에게 "나는 친구들의 칭찬에 종종 우쭐해지곤 하지만, 모차르트야말로 나보다 훨씬 뛰어나다"고 격찬했다. 하이든은 이런 말도 남겼다. "내가 이해하고 느끼듯이 감히 따라갈 수 없는 모차르트의 작품을 모든 음악의 벗과 고관대작들의 영혼에 새길 수만 있다면, 온 나라가 이 보석을 차지하기 위해 서로 다툴 텐데." 하이든의 진심 어린 극찬은 모차르트에게도 든든한 위안이 되었을 것이다.

모차르트 역시 하이든을 "파파"라고 부르며 따랐다. 세대를 뛰어넘은 둘의 우정을 보여주는 작품이 모차르트가 1785년에 발표한

모차르트의 현악 4중주에 큰 영향을 미친 요제프 하이든

교향곡의 아버지 요제프 하이든은 모차르트와 만났을 당시 유럽 최고의 작곡가로 명성이 높았다. 그는 24세 아래의 후배 음악가 모차르트를 아들처럼 아꼈다. 모차르트는 하이든의 작품을 교과서처럼 공부했고, 그 결과 탄생한 현악 4중주를 하이든에게 헌정했다.

현악 4중주 6곡이다. 모차르트는 현악 4중주 14~19번에 해당하는 6곡을 1782~1785년에 작곡했고, 1785년 일종의 세트로 6곡을 함께 출판했다. 현악 4중주 14번(K.387)에는 '봄', 17번(K.458)에는 '사냥', 19번(K.465)에는 '불협화음'이라는 별명이 붙어 있다. 모차르트가 하이든에게 이 6곡을 헌정했기 때문에 '하이든 4중주'로 불린다.

모차르트가 빈에 정착한 1781년, 하이든은 현악 4중주 6곡(Op.33)을 완성한 상황이었다. 이 현악 4중주는 훗날 황제 파벨 1세가 되는 러시아 황태자의 빈 숙소에서 그해 크리스마스에 초연됐다. 모차르트와 클레멘티의 피아노 경연 다음 날이었다. 크리스토프 빌리발트 글룩의 오페라 공연이나 모차르트와 클레멘티의 피아노 경연, 하이든의 현악 4중주 초연은 모두 러시아 황태자를 환영하기 위해 오스트리아에서 마련한 문화 행사였다. 당시 오스트리아와 러시아는 오스만튀르크의 군사적 위협에 함께 맞서는 동맹 관계였다.

하이든은 자신의 현악 4중주 6곡을 러시아 황태자에게 헌정했기 때문에 '러시아 4중주'로 불린다. 모차르트는 하이든의 4중주를 교과서처럼 공부했다. 그 결과 탄생한 곡이 '하이든 4중주' 6곡이다. 모차르트는 "길고 고된 작업의 결실"이라고 말했을 만큼 퇴고를 거듭했다. 모차르트는 이 4중주를 '여섯 아이들'에 비유하면서 하이든을 위한 헌사에 이렇게 적었다. "당신이 이 아이들을 친절하게 받아주시고, 그들의 아버지이자 안내자, 친구가 되어주시기를!"

하이든은 1785년 1월 15일과 2월 12일 빈에서 두 차례에 걸쳐 이 곡들을 들었다. 그 뒤 하이든은 모차르트의 아버지 레오폴트에게 이런 유명한 말을 남겼다. "신 앞에서 정직하게 말씀드리지만,

당신의 아들은 사견으로나 평판으로나 내가 알고 있는 그 누구보다도 위대한 작곡가입니다. 그는 작곡에 대한 감식안과 깊은 지식을 갖추고 있어요." 레오폴트는 2월 16일 난네를에게 보낸 편지에 이 말을 전했다.

1790년 12월 하이든이 런던으로 떠나기 전에 마지막으로 만났던 음악가 가운데 하나도 모차르트였다. 모차르트는 도버 해협을 건너야 하는 하이든의 고된 여정을 염려한 나머지 "파파, 거대한 세상으로 나가본 적이 없으시고 외국어도 낯설잖아요"라며 만류했다. 하지만 하이든은 "내 언어는 전 세계에서 이해된다"고 자신만만하게 답했다. 음악이야말로 보편적인 언어라는 믿음에서 나온 답변이었을 것이다.

마지막 만남이 될 것이라고 우려한 모차르트는 "어쩌면 작별 인사를 해야 할지도 모르겠어요"라고 말했다. 둘은 눈물을 흘리며 헤어졌지만, 정작 세상을 먼저 떠난 건 모차르트였다. 이듬해 런던에서 모차르트의 타계 소식을 접한 하이든은 "후세는 100년 이내에 그와 같은 천재를 다시 보지 못할 것"이라면서 망연자실했다. 하이든은 미망인이 된 콘스탄체에게 모차르트의 자식들이 자라면 작곡을 가르쳐주겠다는 편지를 보냈다.

오늘날 하이든과 모차르트, 베토벤을 '빈 고전파'나 '빈 악파'로 부른다. 거칠게 말해 하이든이 교향곡과 실내악을 통해서 빈 고전파 음악을 창시했다면, 모차르트는 피아노 협주곡과 오페라를 통해서 발전시켰다고 보아도 좋다. 베토벤이야말로 빈 고전파의 완성자였지만, 동시에 낭만주의 음악을 예견한 혁신가이기도 하다. 이들

의 음악적 존중과 우정, 긴장과 갈등 속에서 오늘날 우리가 아는 서
양 고전 음악이 무르익은 것이다.

오페라 〈후궁 탈출〉과 오리엔탈리즘

모차르트가 빈 음악계에 무사히 연착륙했다는 신호와도 같은 작
품이 오페라 〈후궁 탈출〉(K.384)이다. 모차르트는 대부분 이탈리어
대본으로 오페라를 작곡했다. 하지만 〈후궁 탈출〉과 〈마술피리〉 등
은 독일어 대본을 사용했다. 노래 사이에 말로 주고받는 대사를 집
어넣은 음악극을 '징슈필Singspiel'이라고 부른다. 독일어로 '노래극'
이라는 뜻이다. 말로 대사를 하다가 중간에 노래를 부르는 요즘의
뮤지컬을 떠올리면 이해하기 쉽다. 훗날 베토벤의 〈피델리오〉와 베
버의 〈마탄의 사수〉도 징슈필에 해당한다. 독일어 음악극을 장려한
건 황제 요제프 2세였다. 당시 빈에서 유행하던 이탈리아 오페라에
맞대응하기 위한 의도가 강했다.

모차르트의 〈후궁 탈출〉의 원작은 라이프치히 출신의 상인이자
극작가 크리스토프 프리드리히 브레츠너의 〈벨몬트와 콘스탄체,
혹은 후궁 탈출〉이다. 브레츠너가 나중에 '도둑질'이라고 원색적으
로 비난한 걸 보면, 저작권법이 없던 시대라 원작자의 허락을 받지
않고 마구잡이로 끌어다 쓴 모양이다. 1781년 6월부터 이듬해 5월
까지 모차르트는 〈후궁 탈출〉에 매달렸다. 빈에서 발표한 오페라
중 작곡 기간이 가장 긴 작품이다.

이 오페라는 모차르트가 언어와 음악의 관계에 대해 생각할 기회가 됐다. 1781년 10월 13일 아버지 레오폴트에게 보낸 편지에서 그는 오페라에서 음악이 우선순위를 차지해야 한다고 역설했다.

감히 말씀드리지만 오페라에서 시詩는 음악의 순종적인 딸이 되어야 합니다. 이탈리아 희극 오페라가 형편없는 대본에도 불구하고 어디서나 인기 있는 것은 음악이 모든 걸 지배하기 때문입니다. 사람들이 오페라를 듣는 동안 다른 건 잊고 말죠. 가장 좋은 건 무대를 이해하고 건전한 제안을 할 능력이 있는 작곡가가 유능한 시인을 만나는 거예요. 진정한 불사조가 되겠죠. 아무리 무지한 관객이라도 틀림없이 박수를 보낼 거예요.

〈후궁 탈출〉은 1년 뒤인 1782년 7월 16일 빈 궁정 극장Burgtheater에서 초연됐다. 그해에만 12차례 무대에 올라갔고, 독일어권 15개 도시에서 연이어 공연될 정도로 선풍적 인기를 누렸다. 모차르트 생전에 가장 많이 공연된 오페라였다. 괴테도 1787년에 "〈후궁 탈출〉이 모든 걸 정복했고 우리가 심혈을 기울여 쓴 작품은 단 한 번도 무대에 올라본 적이 없다"고 한탄했다.

〈후궁 탈출〉은 오스트리아를 군사적으로 위협하고 있던 오스만튀르크에 대한 왜곡된 이미지로 가득했다. 실제 1460년대부터 1910년대까지 오스만튀르크는 40여 차례의 전쟁을 치렀다. 그 가운데 31차례가 유럽 국가들과의 전쟁이었다. 특히 1683년 9월부터 오스만튀르크가 두 달간 빈을 포위한 사건은 오스트리아 전역에 커

오페라 〈후궁 탈출〉이 공연된 베를린 극장을 찾은 모차르트(가운데)

빈 궁정 극장에서 초연된 〈후궁 탈출〉은 모차르트 생전에 가장 많이 공연된 오페라로 꼽힌다.
당시 빈의 오페라는 대부분 이탈리아 대본을 토대로 한 작품이 많았는데, 모차르트를 후원하
던 황제 요제프 2세가 독일어로 오페라를 작곡해보라고 명령해서 탄생한 작품이 〈후궁 탈출〉
이다. 이로 인해 〈후궁 탈출〉은 이탈리아어를 이해하지 못해 오페라를 즐길 수 없었던 독일어
권 평민들에게도 큰 인기를 끌었다.

오스만튀르크의 빈 포위 공격

〈후궁 탈출〉은 막강한 세력으로 오스트리아를 위협하는 오스만튀르크를 부정적으로 그렸다. 유럽인들은 오스만튀르크가 일군 찬란한 이슬람 문화에 감탄하면서도 경멸감과 두려움을 동시에 갖고 있었다. 특히 1683년에 오스만튀르크가 군사를 이끌고 빈을 포위했던 사건은 오스트리아인에게 큰 충격을 주었다.

다란 공포를 안겼다. 빈의 어머니들이 아이들을 재우면서 말을 듣지 않으면 "튀르크인들이 와서 잡아먹는다"고 겁을 줬을 정도였다고 한다. 호환마마처럼 두려운 존재였던 것이다. 도널드 쿼터트 전 뉴욕 빙엄턴대 교수는 『오스만제국사』에서 "유럽인들의 정신세계에서 오스만인들은 끔찍스럽고 야만스럽고 '차마 말로는 하지 못할' 존재들로 번갈아 등장했다"고 말했다.

스페인 귀족 벨몬테의 약혼녀인 콘스탄체가 해적에 납치된 뒤 터키의 파샤Pasha 젤림의 궁전으로 팔려간다는 이 오페라의 초반 설정도 마찬가지였다. 파샤는 오스만튀르크의 총독이나 군사령관, 지방 장관 같은 고위 관료를 뜻한다.

흥미로운 건 이 오페라에 일종의 모순과 균열이 내포되어 있다는 점이다. 터키의 파샤인 젤림은 콘스탄체를 연모하지만, 벨몬테와 콘스탄체의 지고지순한 사랑에 감동해서 이들을 석방하기로 결심한다. 젤림은 남녀 주인공의 행복한 사랑을 가로막는 방해 요소지만, 동시에 이들을 풀어주는 호인이기도 한 것이다. 당초 브레츠너의 원작에서는 벨몬테가 젤림의 잃어버린 아들이라는 출생의 비밀을 집어넣어 극적 반전을 꾀했다. 반면 모차르트의 오페라에서는 부자 관계에 대해 언급하지 않는 대신 젤림이 스페인에서 추방된 귀족 출신이었다는 설정만 결말 부분에 넣었다. 튀르크인이 넓은 아량을 베풀 리 없다는 문명과 야만의 이분법적 구분이 끝까지 지속되는 것이다.

당시 유럽의 오페라 중에는 〈후궁 탈출〉처럼 술탄의 궁전에서 탈출하는 젊은 남녀의 이야기가 적지 않았다. 봇물처럼 쏟아진 탈출극은 역사적 사실의 반영이기도 했다. 14세기부터 오스만제국은 8~18세의 기독교도 청소년들을 데려다가 황제의 직속 경호대이자 친위대로 육성했다. 처음에는 알바니아, 그리스, 불가리아 등에서 모병하다가 세르비아, 보스니아, 마케도니아 등 발칸 반도 전역으로 확산했다. 선발된 소년들은 이슬람 교육과 할례 의식을 받고 강제로 개종해야 했다. 오스만제국에는 이민족 동화 조치이자 현지 병력 충원이라는 일석이조의 효과가 있었겠지만, 유럽 기독교도의 입장에서는 납치와 다름없었을 것이다.

〈후궁 탈출〉이 보여주듯 터키와 유럽의 군사적 충돌은 문화적 융합이라는 역설적 결과를 낳았다. 유럽인들은 오스만튀르크인들의 잔인성과 야만성을 두려워하면서도 동시에 '예니체리 음악'으로 불리는 터키의 군대 음악에 매료됐다. 타악기를 강조한 오스만튀르크의 군대 음악은 18~19세기 유럽 전역에서 선풍적인 인기를 끌었으며, 서양의 오케스트라 편성에도 영향을 미쳤다. 그 흔적은 모차르트의 작품에도 고스란히 남았다. 심벌즈와 트라이앵글, 팀파니와 큰북까지 타악기가 한껏 강조된 〈후궁 탈출〉 역시 당시 유럽이 터키 음악을 어떻게 수용했는지 보여주는 사례 가운데 하나다.

하지만 정작 이 오페라의 결정적 매력은 다른 곳에 있었다. 결혼을 앞두고 있던 모차르트 자신의 심경을 토로한 작품이었던 것이다. 벨몬테의 1막 첫 아리아 '나의 콘스탄체, 그대를 다시 만나리라'는 역경에도 불구하고 변치 않는 사랑을 담은 모차르트 자신의 노래였다. 오페라의 여주인공 이름이 콘스탄체인 것도 결코 우연이 아니다. 모차르트는 1781년 9월 아버지 레오폴트에게 보낸 편지에서 1막에서 벨몬테가 부르는 또 다른 아리아 '얼마나 고통스럽고 얼마나 뜨겁게 사랑으로 내 마음은 뛰는가'의 작곡 비결에 대해 이렇게 말했다.

> 벨몬테의 두근거리는 마음을 어떻게 표현했는지 알고 싶으세요? 크레셴도crescendo를 통해서 고동치는 마음이 어떻게 부풀어 오르는지 느낄 수 있을 거예요. 소리를 줄이는 약음기를 낀 제1 바이올린이나 같은 음을 연주하는 플루트를 통해서는 속삭임과 한숨을 들을 수 있지요. 이 곡을 들은 사람이면 누구든 가장 좋아하는 아리아가 될 거예요. 저 역시 그렇답니다.

오페라의 남녀 주인공인 벨몬테와 콘스탄체는 사실상 모차르트 자신과 콘스탄체의 분신이었다. 그즈음 모차르트가 아버지 레오폴트에게 보낸 편지의 뒷장에는 오페라 여주인공인 콘스탄체의 아리아 '내가 이전에 사랑했을 때는'의 가사가 적혀 있었다. 이 가사를 적은 건 현실 속 콘스탄체였다. 사랑을 허락받기 위해 가사와 필체까지 공개한 모차르트의 작전이었을지도 모른다. 그렇다면 오페라에서 이들의 사랑을 축복하는 터키의 젤림은 모차르트가 간절하게 바라던 레오폴트의 모습이 아니었을까.

모차르트의 경제관념

오페라가 성공을 거둔 뒤에도 모차르트는 빈 궁정에 일자리가 있는지 알아보고 있었다. 오늘날처럼 악보 출판업이나 공연 시장이 충분히 성숙하지 않은 상황에서 안정적인 수입원이 필요했을 것이다. 〈후궁 탈출〉이 성공을 거뒀지만, 모차르트가 오페라로 벌어들인 수입은 450플로린에 불과했다. 1782년 1월 16일 편지에서 그는 이렇게 썼다. "황제께서 제게 무척 만족하고 계시다는 이야기를 믿을 만한 소식통으로부터 들었어요. 황제는 너그러우셔서 개인적으로 많은 이야기를 해주시고 제 결혼에 대해서도 언급하셨답니다. 어떻게 생각하시는지요? 어쨌든 시도는 하는 것이 좋겠지요."

모차르트는 잔뜩 기대에 부풀었지만, 빈 궁정 음악가로 들어가려는 야심찬 시도는 그리 성공적이지 못했다. 낙심한 모차르트는 "사랑하는 조국 독일에서 나를 받아주지 않는다면 안타까운 일이지만, 재능 있는 독일인 덕분에 프랑스나 영국이 더욱 풍요로워질 수도 있을 것"이라고 적었다. 완곡하게 표현했지만 영국이나 프랑스행을 심각하게 고민했던 것이다. 실제로 모차르트는 매일 프랑스어를 공부하고 매주 세 차례씩 영어를 배우기도 했다. 결과론적인 이야기지만, 모차르트가 일찍부터 시민 사회와 자본주의가 발전했던 영국이나 프랑스로 진출했다면 클래식 음악사가 사뭇 달라졌을지도 모른다.

아버지 레오폴트가 오히려 아들의 외국행을 말리고 나섰다는 점도 흥미롭다. 레오폴트는 1782년 8월 23일 모차르트의 후원자인 발트슈테텐 남작 부인에게 보낸 편지에서 "모차르트가 궁정 악장인 주세페 보노나 궁정 실내 음악 작곡가인 글룩의 은퇴를 기다리는 편이 좋을 것"이라고 조언했다. 주변의 만류 때문이었는지, 모차르트는 빈에 머무르기로 마음을 바꿨다. 아버지의 조언처럼 모차르트가 빈 궁정에서 일자리를 얻은 건 1787년 11월 글룩이 세상을 떠난 뒤였다. 모차르트는 후임으로 연봉 800플로린의 궁정 실내 음악 작곡가에 임명됐다. 연봉 1,200플로린의 궁정 음악 감독은 훗날 '모차르트의 독살범'이라는 누명을 쓴 안토니오 살리에리가 맡았다.

모차르트의 경제적 문제는 수입이 아니라 지출에 있었다. 모차르트는 매년 적지 않은 수입을 벌면서도 구멍 뚫린 독처럼 헤픈 씀씀이 때문에 빚을 지는 일이 허다했다. 특별 제작한 페달이 달린 포르테피아노(900플로린 추정)와 당구대(300플로린), 승마용 말과 마차 구입까지 지출이 급속하게 증가했다. 모차르트 부부는 빈 신혼집에 손님들을 초대해서 꿩고기와 설탕에 절인 과일, 샴페인과 와인을 대접했다. 저녁 6시에 시작한 파티는 다음 날 아침 7시까지 이어졌다. 빨간 외투와 진주 단추까지, 의상도 언제나 고급을 고집했다. 어릴 적부터 왕실로부터 호화로운 선물을 하사받는 데 익숙했던 모차르트는 패션 감각부터 입맛까지 모든 소비 수준이 높았던 것이다.

"여기선 누구도 값싸게 보여선 안 된다. 그러면 끝난 것이다. 무분별한 사람이 오히려 기회를 잡는다." 1781년 9월 5일 편지에 따르면 모차르트는 절약보다는 낭비를 선택한 '확신범'이었다. 아버지 레오폴트가 일일이 살림살이를 챙겼기 때문에 경제관념을 익힐 기회가 없었다는 분석도 설득력 있게 들린다. 실제로 모차르트는 결혼할 때까지 금전 문제는 물론 악보 출판까지 실무 문제 대부분을 아버지의 도움으로 해결했다. 독일 출신의 사회학자 노르베르트 엘리아스는 "모차르트의 의존성은 양날의 칼 같은 것"이라고 비유했다. 이처럼 모차르트는 음악적 재능은 탁월하지만 '보통 사람'의 역할에는 점점 서툰 존재가 되고 말았다.

스스로 포기하고
추락한 자

세 번째 고향, 프라하

프라하가 간직한 모차르트의 모습

2018년 3월 첫 주 토요일, 체코 프라하 중앙역 인근 숙소에 짐을 풀자마자 오페라 극장으로 부랴부랴 향했다. 모차르트의 오페라 〈마술피리〉 상연을 딱 1시간 앞두고 있었다. 공항에서 공연장으로 사실상 직행하는 것이 시간적으로 부담스럽기는 했다. 하지만 부지런히 발품만 팔면 늦지 않을 것 같았다. 프라하의 구시가지는 오밀조밀하고 아기자기한 편이다. 처음 걷는 거리인데도 잰걸음으로 걸어가니 공연장 주변 풍경을 카메라에 담고도 여유 있게 자리에 앉을 수 있었다. 3층 발코니의 뒷좌석을 450코루나(2만 3,600원)에 예매했다. 이처럼 동유럽 극장들은 영미권에 비해 티켓 가격이 저렴하다. 물론 이들 국가는 과거 공산주의 시절을 연상시키는 동유럽보다는 중부 유럽이라는 표현을 선호하지만 말이다.

당시 공연됐던 〈마술피리〉는 체코의 연극연출가이자 영화감독 블라디미르 모라베크가 연출을 맡았다. 원작엔 없는 작곡가 모차르트를 무대에 등장시켜 극중극 형식으로 재해석한 발상이 독특했다. 모차르트가 머릿속에 떠오른 선율을 악보에 받아 적거나 지휘하는 시늉을 하면, 무대 아래 피트에서 오케스트라가 그 선율을 연주하는 방식이었다. 영화 〈아마데우스〉와 오페라 〈마술피리〉를 함께 보는 듯한 느낌이랄까. 극에 나오는 마술피리가 모차르트가 신에게 받은 플루트라는 발상에서 착안한 연출이었다. 〈마술피리〉는 말로 하는 대사와 노래가 함께 있는 음악극 형식이어서 연출가들이 적극적으로 재해석하거나 재구성하는 경우가 많다. 원작의 동화적 성격이 탈색되고 진지한 무게감이 더해져서인지 객석에서 웃음이 실종되는 예상 밖의 부작용도 있었다. 하지만 이처럼 도발적인 연출임에도 불구하고 프라하 관객들은 공연이 끝나자 넉넉하게 박수를 얹어주었다.

사실 프라하에 도착하자마자 〈마술피리〉를 보기 위해 서둘렀던 건 공연보다는 극장 때문이었다. 이날 〈마술피리〉를 공연한 프라하의 에스타테스 극장Estates Theatre은 1787년 10월 모차르트의 오페라 〈돈 조반니〉가 초연된 곳이다. 4년 뒤인 1791년 9월 모차르트의 또 다른 오페라 〈티토 황제의 자비〉도 이 극장에서 빛을 봤다. 모차르트가 공연했던 극장 가운데 당대의 모습을 온전하게 간직하고 있는

프라하의 에스타테스 극장

모차르트의 오페라 〈돈 조반니〉가 초연된 프라하의 에스타테스 극장(체코식 명칭은 스타보브스케 극장)은 모차르트가 공연했던 유럽의 극장 가운데 당대의 모습을 온전하게 지켜온 유일한 극장이다. 이 극장에서 〈티토 황제의 자비〉도 초연됐으며, 영화 〈아마데우스〉의 공연 장면도 촬영됐다.

곳은 사실상 이 공연장이 유일하다. 빈이나 뮌헨의 극장들은 19세기 이후에 이전하거나 전면적인 재건축을 거쳤다. 극장 입구 오른편에는 '모차르트의 돈 조반니가 초연된 곳'이라는 현수막이 자랑스럽게 걸려 있다. 작곡가 칼 마리아 폰 베버와 구스타프 말러도 이 극장에서 지휘했고, 바이올리니스트 니콜로 파가니니도 연주회를 열었다.

영화 〈아마데우스〉에서 〈돈 조반니〉를 비롯한 공연 장면 대부분을 촬영한 곳도 이 극장이다. 〈돈 조반니〉의 실제 초연 장소에서 영화 속의 〈돈 조반니〉 장면도 촬영한 것이다. 밀로스 포먼 감독은 에스타테스 극장을 비롯해 프라하의 구시가지 구석구석을 현지 촬영 장소로 활용했다. 체코에서 공산 정권을 무너뜨린 벨벳혁명이 일어난 건 1989년이다. 민주화 이전의 공산주의 시절에 할리우드 영화를 찍었다는 뜻이다.

제2차 세계대전 이후 서유럽에서 도시화와 현대화가 가속화하면서 과거의 모습을 서서히 잃어간 반면, 공산화된 동유럽에서 옛 자취가 충실하게 보존된 것은 일종의 문화적 역설이다. 20세기 프라하에서 18세기 빈의 풍경을 촬영했던 것도 이 때문이다. 이 영화에서 〈마술피리〉의 대본 작가 엠마누엘 쉬카네더 역을 맡았던 영국 배우 사이먼 캘로는 "오후 5~6시만 되면 통행금지 때문에 거리가 너무나 조용해서 자기 발자국 소리도 들을 수 있다"고 회고했다. 〈아마데우스〉는 '프라하에서 촬영한 미국 영화'라는 점에서도 역사적 의미를 지닌다.

극장 입구 왼편에는 〈돈 조반니〉의 등장인물인 기사장Il Commendatore

의 조각상이 있다. 체코 출신의 화가이자 조각가 안나 크로미의 대표작이다. 오페라에 대한 이해가 없다면 조각상의 주인공이 돈 조반니가 아니라 기사장이라는 사실 때문에 의문이 생길 수 있다. 하지만 기사장은 악당 돈 조반니에게 가장 먼저 목숨을 잃는 희생자이자 마지막에는 돈 조반니를 지옥으로 데리고 가는 심판자다. 기사장이 사실상 오페라의 문을 열고 닫는 역할을 하는 셈이다.

영화 〈아마데우스〉에서 모차르트는 레오폴트의 타계 소식을 접한 뒤 검은 망토를 두른 기사장의 모습을 떠올린다. 자신이 탕아 돈 조반니라면, 아버지 레오폴트는 자신을 심판하는 기사장이라는 두려움에 사로잡힌 것이다. 지금도 에스타테스 극장의 상연 목록에는 〈피가로의 결혼〉과 〈돈 조반니〉, 〈마술피리〉 같은 모차르트의 인기작이 빠지지 않는다.

'진정성'은 남용되는 바람에 낡고 진부한 의미로 전락한 단어지만, 적어도 프라하에서 모차르트를 이야기할 때만큼은 여전히 유의미한 듯하다. 이를테면 잘츠부르크나 빈의 수많은 극장과 박물관은 저마다 모차르트가 활동했던 곳이라고 선전하지만, 실은 모차르트 사후에 대대적인 리모델링이나 재건축을 거쳤다. 엄격한 의미에서 모차르트 당대의 모습은 사실상 남아 있지 않다. 반면 진정성만 기준으로 삼는다면 모차르트 당대와 가장 가까운 모습을 간직하고 있는 곳은 오히려 프라하다. 음식이든 여행이든 예술이든 우리는 진정성에 집착할 때가 많지만 실제 현실은 전혀 딴판일 때가 적지 않다. 어찌 보면 이 또한 즐거운 예술적 착시 현상이라고 할 수 있다.

에스타테스 극장 앞의 기사장 조각상

에스타테스 극장 입구 왼편에는 〈돈 조반니〉에 등장하는 기사장의 조각상이 있다. 체코 출신의 화가이자 조각가 안나 크로미의 연작 중 하나다. 안나 크로미는 망토를 두른 텅빈 존재를 다룬 이 연작에 '의식의 망토 The Cloak of Conscience'라는 제목을 붙였다. 잘츠부르크 성당 오른편 벽면에 있는 조각상 〈피에타〉 역시 같은 시리즈 가운데 하나다.

모차르트의 세 번째 고향

　모차르트의 삶은 잘츠부르크의 전반부와 빈의 후반부로 양분된다. 그런데 두 도시에 못지않게 모차르트에 대한 자부심으로 가득한 곳이 프라하다. 심지어 모차르트가 세상을 떠난 직후인 1791년 12월 14일 추모 미사가 성대하게 거행됐던 곳도 프라하의 성 니콜라스 성당이다. 당시 프라하 신문은 추모식 풍경을 이렇게 전했다.

　　교구 교회의 모든 종이 반시간 동안 울렸고 거의 모든 시민이 광장을 향해 밀려왔다. 광장은 마차를 전부 세울 수 없었다. 성당은 4,000여 명의 시민이 운집해서 모차르트의 숭배자들을 모두 수용할 수 없었다.

　당시 보도에 따르면 "거의 도시 전체가 참석한 것 같았다"고 한다. 프라하의 오페라 극장 오케스트라 단원과 합창단 120여 명은 출연료도 받지 않고 체코 작곡가 안토니오 로세티의 〈레퀴엠〉을 연주했다. 이 레퀴엠은 1776년에 작곡한 곡이지만 15년 뒤 모차르트를 위한 추도 미사에서 연주한 인연으로 '모차르트를 위한 레퀴엠'으로 불린다. 드라마틱하고 변화무쌍한 모차르트의 〈레퀴엠〉에 비하면, 로세티의 〈레퀴엠〉은 전반적으로 따스하고 온화한 느낌을 준다.

　왜 프라하에서 오스트리아 작곡가를 자랑스럽게 여길까. 이런 질문은 철저하게 20세기적 관점에서 나온 것이다. 모차르트가 활동했던 18세기에 프라하는 신성로마제국의 일원인 보헤미아 왕국의 수도였다. 당시 프라하는 빈에 이어서 신성로마제국 전체에서 두 번째로 큰 도시였다. 모차르트가 자신의 음악적 재능을 펼치기에 부족함이 없었다.

프라하와 모차르트는 처음부터 궁합이 잘 맞았다. 1783년 오페라 〈후궁 탈출〉이 공연된 직후부터 프라하에서는 모차르트 열풍이 불었다. 전기 작가 프란츠 니메체크는 "모두 새로운 화음과 금관악기의 독창적인 대목에 놀라고 열광했다. 보헤미안들은 그의 작품을 찾아 나섰고, 같은 해 모차르트의 교향곡과 피아노 협주곡들도 최고의 공연장에서 울려 퍼졌다"고 적었다. 체코 출신의 작가는 모차르트 인기를 현장에서 목격했던 셈이다. 그는 "우리 도시 최고의 애호가와 예술가들이 모차르트의 굳건한 지지자이자 모차르트의 명예대사였다"고 기록했다.

이렇듯 모차르트가 체코에서 인기를 누렸던 데에는 사회경제적 이유와 예술적 이유가 모두 숨어 있다. 보헤미아 왕국은 30년전쟁 (1618~1648)의 여파로 심각한 인구 감소와 경제 침체를 겪었다. 30년 전쟁 당시 신교 연합을 이끈 스웨덴의 야전군 사령관 요한 바네르는 1639년 자국 총리에게 이런 편지를 보냈다. "보헤미아 왕국이 그렇게 초라하고 황폐한 줄은 생각하지 못했습니다. 프라하와 빈 사이의

프라하의 성 니콜라스 성당
모차르트의 삶은 잘츠부르크의 전반부와 빈의 후반부로 양분되지만, 두 도시에 못지않게 모차르트에 대한 자부심으로 가득한 곳이 프라하다. 모차르트가 세상을 떠난 직후 프라하의 성 니콜라스 성당에서는 거의 모든 시민이 집결한 가운데 성대한 추모 미사가 열렸다.

지역은 완전히 파괴되었고, 살아 있는 사람이 거의 없었습니다."

100여 년 뒤인 18세기 후반에 이르러 보헤미아 왕국은 본격적인 회복세에 접어들었다. 자연스럽게 문화 예술도 중흥을 맞았다. 또 30년전쟁 이후 합스부르크 왕가에서는 가톨릭 종교 음악을 연주하기 위해 성악과 기악 교육을 중시했다. 이 때문에 음악적 실력과 감식안을 갖춘 전문 연주자와 아마추어 애호가의 비율도 다른 도시들보다 상대적으로 높았다. 특히 금관악기 연주자들은 유럽 전역에서 최고의 실력을 지닌 것으로 명성이 높았다. 빈에서 지나치게 화려하고 복잡하다는 비판을 받았던 모차르트의 오페라들이 프라하에서는 폭발적 인기를 누렸던 사실도 이해할 수 있다.

때마침 프라하 국립 오페라 극장이 개관한 것도 '모차르트 신드롬'에 일조했다. 이 극장이 오늘날의 에스타테스 극장이다. 1783년 오페라 〈후궁 탈출〉에 이어서 1786년 12월 〈피가로의 결혼〉이 이 극장에서 개막하자 모차르트의 인기는 더욱 치솟았다. 12월 12일 현지 신문은 "어떤 작품도 이탈리아어 오페라 〈피가로의 결혼〉처럼 센세이션을 일으키지는 못했다. 수차례 공연했는데도 그때마다 환호가 멈출 줄 몰랐다"고 전했다.

이쯤 되니 모차르트도 영국 여행을 가려던 계획을 접고 아내 콘스탄체와 함께 이듬해 1월 프라하로 향했다. 1월 11일 요한 요제프 툰 호엔슈타인 백작의 궁전에서 열린 환영 만찬에서도 '피가로'의 인기를 실감할 수 있었다. 모차르트는 나흘 뒤 "사람들이 춤곡으로 편곡한 내 피가로 음악에 맞춰 즐거운 표정으로 춤을 춘다. 여기서 사람들이 이야기하는 건 피가로뿐이다. 연주하고, 노래하고, 휘파

람을 부는 것도 오로지 피가로뿐"이라고 적었다. 전기 작가 니메체크도 "피가로의 선율이 거리와 공원에서 울려 퍼지고 있다. 선술집에서 하프 연주자조차 관심을 끌기 위해서는 피가로의 아리아 '더이상 날지 못하리'를 연주해야 한다"고 기록했다.

요즘 해외 팝스타들의 방한처럼 모차르트도 프라하에서 인기 스타 대접을 톡톡히 받았다. 모차르트는 1월 19일 국립 극장에서 열린 음악회에서는 교향곡 38번 〈프라하〉를 초연했고, 〈피가로의 결혼〉에 흐르는 아리아 '더 이상 날지 못하리' 등 3곡을 포르테피아노 연주로 들려줬다. 22일에는 오페라 〈피가로의 결혼〉도 직접 지휘했다. 2월 초 모차르트가 빈으로 돌아갈 때는 출연료 1,000플로린과 다가오는 가을에 공연할 다음 오페라를 위한 별도의 계약금 100플로린을 손에 쥐고 있었다. 바로 〈돈 조반니〉였다.

모차르트는 프라하에서 기대 이상의 성공을 거뒀지만, 막상 빈으로 돌아오자 대중 음악회가 그리 많지 않았다. 그런 와중에 현악 5중주 K.515와 K.516, 〈아이네 클라이네 나흐트무지크〉라는 부제로 유명한 세레나데 K.525 등을 부지런히 작곡했고 영국행에도 미련을 버리지 않고 있었다. 1790년 10월에는 영국의 오페라 흥행주에게 "희극이든 비극이든 최소한 2편 이상을 작곡하면 300파운드를 지급하겠다"는 파격적인 제안을 받았다. 헨델이나 요한 크리스티안 바흐처럼 영국에서 오페라를 발표하거나 하이든처럼 자유롭게 활동하는 모습을 머릿속에 그리고 있었을지도 모른다.

어쨌든 프라하에서의 인기 덕분에 모차르트는 오페라 〈돈 조반니〉와 〈티토 황제의 자비〉, 교향곡 38번 〈프라하〉와 클라리넷 협주곡 같은 걸작을 쓸 수 있었다. 특히 〈피가로의 결혼〉이나 〈돈 조반니〉 같은 모차르트의 후반기 걸작 오페라들은 빈보다 프라하에서 더 많은 사랑을 받았다. 프라하는 빈과 잘츠부르크에 이어 모차르트의 음악 인생에서 세 번째 고향과도 같았다.

음악사에 기록될 최고의 콤비

흔히 성공을 좌우하는 결정적 요소 가운데 하나로 인맥을 꼽는다. 그동안 모차르트의 인적 네트워크는 대부분 아버지 레오폴트가 마련해준 것이었다. 음악의 아버지 바흐의 막내아들 요한 크리스티안 바흐, 교향곡의 아버지 하이든의 동생 미하엘 하이든, 대위법의 대가 마르티니 신부가 대표적이다. 이들은 레오폴트의 직장인 잘츠부르크 궁정이나 그랜드 투어가 아니었다면 모차르트가 만나기 힘들었던 음악계의 거물이었다. 이들과의 만남을 통해서 모차르트의 작곡 재능도 만개했다.

빈에 진출한 뒤에야 모차르트는 자신의 힘으로 본격적인 인맥을 구축했다. 그 가운데 모차르트의 오페라에 결정적인 영향을 미쳤던 것이 이탈리아 출신의 오페라 대본 작가 로렌초 다 폰테Lorenzo Da Ponte와의 만남이다. 〈피가로의 결혼〉과 〈돈 조반니〉, 〈코시 판 투테〉 같은 모차르트 후기 오페라 걸작들은 모두 로렌초 다 폰테와의 협업을 통해 탄생했다. 그래서 이 세 작품은 '다 폰테 3부작'으로 불린다. 모차르트와 다 폰테는 클래식 음악사에서도 최고의 '오페라 콤비'로 꼽힌다.

　로렌초 다 폰테는 1749년 베니스 공국의 유대인 거주 지역에서 삼형제 가운데 장남으로 태어났다. 본명은 에마누엘레 코넬리아노였다. 가톨릭교도와 재혼하기 위해 개종한 아버지를 따라서 그의 자녀들은 모두 가톨릭 세례를 받았다. 다 폰테가 15세 때였다. 다 폰테라는 성도 대부가 되어준 주교에게 물려받았다. 주교는 다 폰테의 재능을 눈여겨보고 이들 삼형제의 학비를 5년간 지원했다. 자신을 따라서 사제의 길을 걸어야 한다는 조건이었다. 다 폰테는 신학원에서 시작詩作에 재능을 드러냈고, 가톨릭 신부가 된 뒤 베니스에서 라틴어와 프랑스어 등을 가르쳤다. 하지만 사제의 길은 그의 자유분방한 성격에 맞지 않았던 것 같다. 그는 1779년 사창가를 드나들고 축첩을 일삼은 혐의로 추방된 뒤 빈으로 건너갔다. 베니스에서 어울렸던 자코모 카사노바 때문에 다 폰테도 적잖은 악명을 떨쳤던 것으로 보인다. 다 폰테는 정부와의 사이에서 아이 셋을 두었지만 모두 고아원에 방치했다고 한다.

　다 폰테가 이탈리아 오페라의 대본 작가로 이름을 날리기 시작한 곳은 빈이다. 인기가 좋을 때는 작품 3편을 동시에 위촉받기도 했다. 오른편에는 백포도주, 왼쪽에는 세비야산 담배 상자를 놓아두고 아침 점심 저녁에 각각 다른 작품을 써나갔다고 한다. 흥미로운 건 당초 다 폰테의 작곡 파트너는 살리에리였고, 질투와 의심으로 가득했던 건 오히려 모차르트였다는 점이다. 다 폰테가 빈 궁정에서 대본 작가로 자리를 잡은 것도 살리에리의 추천 덕분이었다. 대본 작가는 황실 극장에서 공연될 오페라의 대본 집필은 물론 관리

모차르트 오페라의 대본 작가 로렌초 다 폰테

로렌초 다 폰테는 모차르트와 협업하기 전부터 이미 이탈리아 오페라의 대본 작가로 이름을 날렸다. 모차르트와 다 폰테는 〈피가로의 결혼〉에 이어 〈돈 조반니〉, 〈코시 판 투테〉에서도 호흡을 맞췄다.

감독까지 맡는 자리였다. 모차르트가 잘츠부르크에 보낸 편지에는 다 폰테에 대한 질투심과 불신이 그대로 드러나 있다.

그는 새로운 대본을 하나 써주겠다고 약속했지요. 하지만 누가 알 겠어요. 그가 약속을 지킬지, 아니면 그럴 마음이 있기라도 한지 말이죠. 소위 이탈리아 신사들은 면전에서는 정직하다는 걸 아시잖아요! 말해서 뭐하겠어요. 그가 살리에리와 힘을 모으면, 저는 살아서 대본을 받아볼 수 있으려나 모르겠어요.

모차르트의 걱정과는 달리 다 폰테는 약속을 지켰다. 이들 콤비의 첫 작품이 〈피가로의 결혼〉이다. 프랑스 극작가 피에르 보마르셰의 동명 희곡이 원작이다. 그는 이 작품을 선택한 건 모차르트였다고 회고록에 적었다. 여성과 하인 등 사회적 약자들이 힘을 합쳐서 바람기 다분한 남성 귀족 알마비바 백작을 혼내주고, 귀족 사회의 위선에 통렬한 야유를 보내는 줄거리는 봉건적 질서에 대한 반항과 도전으로 보이기에 충분했다. 훗날 나폴레옹은 보마르셰의 희곡 〈피가로의 결혼〉을 "이미 일어난 프랑스혁명"이라고 불렀다. 작품에 내재된 폭발력을 날카롭게 꿰뚫어보았던 것이다.

영국 출신의 지휘자이자 음악학자 제인 글로버는 다 폰테와 모차르트가 의기투합할 수 있었던 네 가지 공통점을 꼽았다. 둘 다 극장에 능통했고, 음악과 대본에 대해 무척 유연했으며, 빈 궁정 사회에서 '아웃사이더'에 가까웠다는 것이다. 마지막으로는 둘 다 과감하게 위험을 무릅쓰는 '혁신가들'이었다는 점을 꼽았다. 음악학자인 니콜라스 틸의 비유처럼, 모차르트와 다 폰테는 '정신적 쌍둥이'와도 같았다.

실제로 이들이 함께 손발을 맞춘 오페라 3부작은 과거 지향적인 신화와 전설에서 벗어나 철저하게 현실적 주제를 다루고 있었다. 남녀의 정절과 신뢰에 대한 지독한 의심은 〈피가로의 결혼〉과 〈돈 조반니〉, 〈코시 판 투테〉를 관통하는 주제였다. 〈피가로의 결혼〉에서는 낡은 봉건적 질서에 대한 경쾌한 풍자를 곁들였고, 〈돈 조반니〉와 〈코시 판 투테〉는 인간의 숨겨진 본성에 대한 탐구 실험과도 같았다. 다 폰테와 모차르트는 '위험한 도전'을 감행할 줄 아는 반항아였다는 것이 글로버의 시각이다. 다 폰테는 〈피가로의 결혼〉 대본에도 이렇게 적었다. 변명을 가장하고 있지만 곳곳에서 자부심이 드러난다.

나는 원작을 번역하지 않고, 차라리 흉내를 내거나 축약한다고 생각했다. 두 역할을 한 사람에게 몰아주거나 생략하는 방법으로 16명에 이르는 등장인물을 11명까지 줄였다. 거기에 한 막은 통째로 덜어냈다. 모차르트와 나는 최선을 다했지만, 오페라는 여전히 짧은 축에 들지 않는다. 다양한 감정을 충실하게 묘사하고 새로운 볼거리를 보여주는 이 드라마의 다채로운 전개 때문이라고 변명해야 할 것 같다.

하지만 작품이 발표됐을 당시에는 파격적인 내용으로 인해 실제로 무대에 올리기까지 어려움이 있었다. 우여곡절 끝에 프랑스 파리에서는 1784년 연극이 초연됐다. 하지만 오스트리아의 황제 요제프 2세는 보마르셰의 희곡이 모욕적인 내용을 담고 있다며 연극 상연을 금지했다. 프랑스에서는 공연됐던 연극을 오스트리아에서는 볼 수 없게 된 것이다. 모차르트의 오페라에도 불똥이 튀었다.

다 폰테는 황제를 알현한 자리에서 오페라 〈피가로의 결혼〉의 공연 허가를 요청했다. 결국 원작의 정치적 비판을 삭제하고, 모차르트가 황제 앞에서 공연 일부를 연주하는 노력 끝에 1786년 5월 1일 빈 궁정 극장에서 초연됐다. 오페라를 관람한 아버지 레오폴트는 난네를에게 이런 편지를 보냈다. "네 동생의 둘째 날 공연에서는 5곡에 앙코르 요청이 쏟아졌단다. 세 번째 공연에서는 7곡을 다시 불렀지. 그중에서 짧은 이중창은 세 번이나 불러야 했단다." 이처럼 앙코르 요청이 쏟아지자 공연 시간이 한없이 늘어날 것을 우려한 황실에서는 '독창 외에는 앙코르를 하지 말 것'이라는 독특한 금지령을 내렸다. 그만큼 모차르트와 다 폰테가 협업하여 만든 이 오페라는 발표 당시 큰 인기를 누렸다.

빈 시절 모차르트의 음악적 주무기는 기악 분야에서는 피아노 협주곡, 성악에서는 오페라였다. 피아노 협주곡이 모차르트의 1인극이었다면, 오페라는 모차르트와 다 폰테의 2인극과도 같았다. 다 폰테는 모차르트의 빈 시절 음악 활동에서도 결코 빼놓을 수 없는 이름인 것이다.

모차르트 오페라, 그 생명력의 비밀

〈피가로의 결혼〉이 오늘날에도 흥미로운 건 '직장 성희롱' 문제를 다루고 있기 때문이다. 오페라는 알마비바 백작이 집안일을 하는 하녀 수잔나를 호시탐탐 넘본다는 설정에서 출발한다. 수잔나는 하인 피가로와 결혼을 앞두고 있는 예비 신부다. 더구나 알마비바 백작은 이 오페라의 전편에 해당하는 〈세비야의 이발사〉에서 피가로의 기지 덕분에 결혼에 성공했다. 이 같은 상황을 감안하면 배은망덕한 건 하인이 아니라 오히려 주인이다.

오페라의 배경인 귀족 저택을 직장으로 바꿔보면 성희롱 신고 센터에 당장 고발해야 하는 사건이 된다. 이런 주제의 민감성 덕분에 〈피가로의 결혼〉은 현대적 설정으로도 즐겨 공연된다. 1988년 미국 연출가 피터 셀러스가 뉴욕 맨해튼의 트럼프타워 52층에서 하루 동안 일어난 사건으로 재구성한 〈피가로의 결혼〉이 대표적이다. 알마비바 백작은 트럼프타워의 펜트하우스에 사는 부호로, 피가로와 수잔나는 좁은 세탁실을 신방으로 써야 하는 집사와 가정부로 각각 설정했다. 오페라에 출연한 성악가들은 노래하는 도중에도 연신 옷을 갈아입고 온몸을 던져 좌충우돌하며 한 편의 슬랩스틱 코미디를 빚어낸다.

셀러스는 하버드대 대학원 재학 시절부터 바그너의 4부작 오페라 〈니벨룽의 반지〉를 인형극으로 연출하는 등 참신하고 도발적인 상상력으로 주목받았다. 지금도 연극이나 오페라를 현대적으로 재해석한 연출로 '고전에 새로운 생명을 불어넣었다'는 찬사와 '원작자의 의도에서 벗어난 일탈'이라는 비난을 동시에 몰고 다닌다. 팔레스타인 출신의 석학 에드워드 사이드는 "내가 아는 한 셀러스를 제외하고는 궁정풍의 우아한 18세기 고전으로 남아 있는 다 폰테 대본의 세 오페라를 그토록 전면적으로 새롭게 해석하고자 시도한 사람이 없다"고 칭찬했다. 반면 소프라노 엘리자베트 슈바르츠코프는 셀러스를 겨냥해서 "내 남편이 말했듯이 누구도 루브르 박물관에 가서 모나리자에는 스프레이를 뿌릴 생각을 하지 않는데, 몇몇 오페라 연출가들은 걸작에 스프레이를 뿌리고 있다"고 비판했다. 전설적 클래식 음반 프로듀서 월터 레그가 슈바르츠코프의 남편이다.

하지만 셀러스의 파격적인 오페라 연출은 비단 〈피가로의 결혼〉에만 그치지 않았다. 〈돈 조반니〉는 뉴욕 흑인 마약 갱단에서 일어나는 갱스터 영화처럼, 〈코시 판 투테〉는 해변가 카페에서 청춘 남녀들이 벌이는 연애담으로 각각 연출했다. DVD로도 출시된 셀러스의 이 3부작은 모차르트 오페라에 대한 현대적 해석의 출발점이 된 기념비적 공연으로 꼽힌다.

셀러스는 2006년 오스트리아 빈과 2008년 프랑스 엑상프로방스 페스티벌에서 모차르트의 미완성 오페라 〈차이데〉를 공연했다. 당시에는 터키의 궁전이라는 작품의 배경을 오늘날의 봉제 공장으로 옮겼다. 터키의 술탄은 공장 감독관, 노예들은 억압과 착취를 당하는 직공들로 바뀌었다. 출연진도 대부분 흑인과 동양인들이 맡았다. 감옥이나 다름없는 쇠창살 안에 갇혀서 '노예 노동'에 시달리는 외국인 근로자들의 이야기로 환골탈태시킨 것이다.

셀러스는 중동 풍의 즉흥 연주까지 오페라에 곁들여 원작의 오리엔탈리즘적 요소를 뒤집었다. 오페라 원작은 터키의 술탄이 탈출을 감행하다가 붙들린 남녀를 처벌할지 고민하는 대목에서 끝난다. 용서와 화해일까, 증오와 복수일까. 미완성의 열린 결말은 관객들에게도 진지한 성찰의 기회를 제공했다.

셀러스는 18세기 빈의 관객들이 모차르트의 오페라에서 느꼈음 직한 신선한 충격을 21세기의 클래식 음악 팬들에게도 선사했다. 특히 그가 연출한 〈피가로의 결혼〉은 도널드 트럼프 대통령 당선 이후 다시 주목을 받았다. 셀러스는 《뉴욕타임스》와의 인터뷰에서 "레이건 시대에 완공된 트럼프타워는 새로운 봉건주의의 상징이었 다"면서 "모차르트의 오페라는 프랑스혁명에 대한 이야기이며 봉건적 세상에서 평등과 민주주의를 강조하고 실천하기 위한 것이었 다"고 말했다.

이처럼 모차르트의 오페라에는 보수성과 급진성이 혼재한다. 무수한 여인들을 농락하다가 지옥으로 떨어지고 마는 전설적 호색한 을 그린 〈돈 조반니〉가 대표적이다. 기독교적 윤리관에서는 참회를 거부한 죄인이 마땅히 받아야 하는 최후의 심판을 연상시킨다. 하지만 19세기 낭만주의 시대를 거치면서 돈 조반니는 당대의 도덕과 가치관에 거스르는 반反영웅으로 재평가되기에 이르렀다. 예전에는 악인에 대한 심판이라는 권선징악의 교훈을 중시했다면, 주어진 운명에 대한 주인공의 반항과 거부로 강조점이 옮겨간 것이다. 최근에는 성적 충동과 폭력성 등 인간의 어두운 내면에 초점을 맞춘 심리적 해석도 늘고 있다. 이처럼 어제의 고전에 붙어 있는 묵은

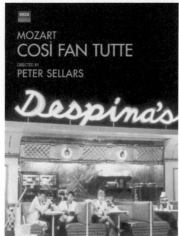

피터 셀러스가 연출한 모차르트 오페라 DVD

피터 셀러스는 과거의 연극이나 오페라를 새롭게 연출해 극찬과 비난을 동시에 받았다. 그는 "모차르트는 사실상 유럽 최고의 지식인이자 역사상 가장 정치적인 예술가 중에 하나였다"면서 "모든 오페라 작품도 지배계층과 노동자의 평등을 급진적으로 표현한 것"이라고 말했다.

때를 벗겨내는 순간, 작품 속의 날카로운 급진성이 되살아난다는 점이야말로 모차르트 오페라의 매력이다.

프라하에서 불사른 마지막 열정 〈돈 조반니〉

〈피가로의 결혼〉에 이은 모차르트와 다 폰테 콤비의 후속작이 〈돈 조반니〉다. 1787년 10월 4일 모차르트와 콘스탄체 부부가 프라하에 도착했을 때 〈돈 조반니〉는 아직 미완성이었다. 모차르트는 프라하에 도착한 뒤 부랴부랴 오선지를 구입해서 서곡과 2막 결말을 작곡했다. 다 폰테 역시 나흘 뒤인 10월 8일쯤 프라하에 도착했다. 모차르트는 오페라를 완성하기 위해 막판까지 밤샘 작곡을 거듭했다. 오페라 서곡은 개막 당일 아침인 10월 29일에야 완성했다고 한다. 마지막 리허설이 잡혀 있던 전날 28일에 완성했다는 설이 더욱 설득력 있게 들린다.

〈돈 조반니〉 초연 당일 지휘봉은 모차르트가 잡았다. 모차르트는 "몇몇 음표를 빼먹기는 했지만, 서곡은 전체적으로 나무랄 데 없이 진행됐다"고 적었다. 또다시 대성공이었다. 11월 3일까지 3차례 공연됐고, 그 뒤 10년간 프라하에서만 116차례 무대에 올라갔다. 모차르트 전기 작가 니메체크는 "프라하의 엘리트들이 가장 좋아하는 오페라"라고 회고했다.

오페라 초연 당시 모차르트는 한 달간 작곡가이자 건반 연주자 프란츠 자베르 두셰크의 별장인 '베르트람카Bertramka'에 머물렀다고 한다. 이 일화는 모차르트의 장남 칼 토마스의 회고에 따른 것이다. 칼 토마스의 피아노 스승이 두셰크였으니, 스승에게 들은 말을 옮겼을 가능성이 높다. 체류 시기와 기간은 명확하지 않다. 프라하 남서쪽에 있는 베르트람카는 모차르트가 죽은 뒤 박물관으로 조성됐지만, 지금은 휴관 상태다. 2018년 3월 초에도 혹시나 하는 마음으로 찾아갔지만 정문은 굳게 닫혀 있었다. 출입구 옆에 있는 '모차르트 박물관 베르트람카'라는 표지판만이 예전에 박물관이었다는 사실을 알려준다.

모차르트가 이곳에 머물 당시 생긴 재미난 일화가 있다. 두셰크의 아내인 요제파는 보헤미아 최고의 성악가로 불릴 만큼 유명한 소프라노였다. 요제파는 두셰크에게 음악을 배웠고 1776년 이들은 부부가 됐다. 요제파가 모차르트에게 펜과 악보를 건네준 뒤 "내가 부를 아리아를 써줄 때까지 집에서 내보내주지 않겠다"고 으름장을 놓았던 모양이다. 모차르트는 아리아 '아름다운 내 불꽃이여, 안녕히Bella mia fiamma, addio'를 써주면서, 고난도의 단락을 숨겨놓았다. 만약 요제파가 실수 없이 부르지 못하면 악보를 주지 않겠다는 장난기 어린 복수였다. 노래가 온전하게 남아 있는 걸 보면 요제파가 별다른 실수 없이 통과한 것 같다. 일부 학자들은 모차르트와 요제파의 염문설을 주장하지만, 신빙성이 낮다는 것이 중론이다.

그 뒤 모차르트는 1789년 4~5월 베를린을 오갈 때 잠시 들른 것을 빼면 프라하를 방문한 적이 없었다. 결국 타계 석 달 전인 1791년 9월 프라하에서 오페라 〈티토 황제의 자비〉를 직접 지휘한 것이 마지막 방문이 됐다. 하이든은 1787년 12월 체코 음악 애호가인 프란

오페라 〈돈 조반니〉 초연 당시 모차르트가 머물렀던 베르트람카

모차르트는 1787년과 1791년 프라하를 방문했을 때 작곡가이자 건반 연주자 두셰크의 별장 베르트람카에 머물렀다. 프라하 남서쪽에 있는 이 빌라에서 모차르트는 밤샘 작업 끝에 오페라 〈돈 조반니〉를 완성했다.

츠 로트에게 보낸 편지에서 이렇게 조언했다.

프라하는 이 귀중한 사람에게 합당한 대우를 해주고 빨리 붙잡아
야 한다. 그렇지 않다면 위대한 천재의 역사는 슬프게 될 것이며 그
이후의 업적에도 별다른 도움을 주지 못할 것이다. 불행하게도 전
도유망한 많은 지식인이 이렇게 실패하고 말았다. 비교 불가능한
재능을 지닌 모차르트가 어떤 궁정에서도 일자리를 잡지 못했다는
사실만 생각하면 격분하게 된다.

하이든의 편지는 모차르트의 비극적 운명을 내다본 슬픈 예언이
되고 말았다.

'낭비된 천재', 채무자로 전락하다

프라하에서 오페라를 계속 발표할 수 있는 기회를 걷어찬 건 어
쩌면 모차르트 자신이었는지도 모른다. 그는 1787년 11월 4일 편
지에서 "여기 사람들은 몇 달간 머물면서 다른 오페라를 쓰라고 최
선을 다해서 설득하고 있다. 무척 끌리기는 하지만 나는 이 제안을
받아들일 수 없다"고 적었다. 1,000플로린의 작곡료와 별도의 흥행
수입까지 감안하면 언뜻 이해하기 힘든 대목이다. 모차르트가 말년
으로 갈수록 빚에 쪼들려서 후원자와 친구들에게 신세를 졌다는 사
실을 상기하면 더욱 납득하기 어렵다. 하지만 빈과 프라하는 경제

적인 면은 물론 예술적인 면에서도 격차가 분명히 있었다. 어쩌면 잘츠부르크를 떠나기로 마음먹었을 무렵부터 모차르트에게는 빈에서 성공을 거두는 것이 유일한 목표였을지 모른다.

빈으로 돌아온 직후인 1787년 12월 7일 모차르트는 연봉 800플로린의 궁정 실내 음악 작곡가에 임명됐다. 주로 황실 무도회에서 사용하는 춤곡을 작곡하는 자리였다. 그보다 높은 음악 감독과 악장은 살리에리와 주세페 보노가 각각 차지하고 있었다. 직책이나 봉급모두 만족할 만한 수준은 아니었다. 황실이나 모차르트 모두 조금씩 양보한 절반의 타협이었을지도 모른다. 모차르트 사후인 1792년 황실 재정 담당관인 요한 루돌프 호테크 백작은 "작고한 궁정 작곡가 모차르트처럼 보기 드문 재능을 지닌 예술가가 해외에서 생계를 이어가는 상황을 막기 위해 궁정에 받아들였다"고 비망록에 기록했다. 모차르트 역시 빈 궁정 음악가로 임명됐다는 명예 자체가 경제적 처우보다 중요했을 것이다. 모차르트는 자신의 보수에 대해 "내가 하는 일에 비해서는 많이 받고, 내가 할 수 있는 일에 비해서는 너무 적게 받는다"는 말을 남겼다고 한다. 실제 4년간 모차르트는 미뉴에트 36곡과 독일 무곡 30여 곡을 작곡했다.

이 때문에 후세 음악학자들은 모차르트가 궁정 음악가에 임명된 사실을 스치듯 언급하거나 황실의 푸대접으로 인식하는 경우가 많다. 미국 음악학자 로빈스 랜던도 『1791, 모차르트의 마지막 나날』에서 교향곡이나 현악 4중주 대신 무도회용 춤곡을 써야 했던 작곡가의 처지에 대해 격분했다.

1791년의 첫 석 달간 모차르트가 작곡했던 곡목을 돌아보면 피아노 협주곡을 제외하고 교향곡과 4중주, 5중주와 미사곡, 오페라 같은 대작이 없다는 놀랍고도 우울한 사실을 발견하게 된다. 궁정 실내 음악 작곡가에게 기대할 수 있는 것이 미뉴에트와 독일 무곡이 전부였을까? 충격적이고도 심지어 범죄와도 같은, 음악의 위대한 천재에 대한 낭비였다.

하지만 모차르트는 잘츠부르크 시절부터 디베르티멘토Divertimento와 세레나데 등을 꾸준하게 발표했다는 사실을 감안할 때 랜던이 감정에 치우쳐 부분적 사실을 부풀려서 받아들였다는 반론도 있다.

문제의 조짐은 〈돈 조반니〉의 빈 공연부터 나타났다. 프라하에서는 대성공을 거두었지만, 정작 1788년 5월 7일 빈 초연에서는 만족할 만한 반응이 나오지 않았다. 황제 요제프 2세도 오페라를 보기도 전에 "모차르트의 음악은 확실히 성악가들에게는 어렵다"고 말했다. 〈돈 조반니〉는 1788년 빈에서 15차례 공연하는 데 그쳤을 뿐, 모차르트 생전에는 빈에서 다시 공연되지 않았다. 빈에서 모차르트의 오페라는 화제와 찬사의 대상보다는 찬반 논란을 불러일으키는 '뜨거운 감자'가 되고 있었다. "음악적 상 퀼로트San culotte"라는 드레스덴 궁정 악장 요한 고틀리프 나우만의 평처럼, 모차르트는 음악적으로든 정치적으로든 급진적인 인물로 비쳤을지도 모른다. '상 퀼로트'는 남성 귀족들의 옷차림인 반바지를 입지 않는 서민이나 근로자를 일컫는 말로, 이들은 프랑스혁명의 주축 세력을 이뤘다. 실제로 일부 학자는 모차르트를 봉건 사회에 저항한 시민 계급의 대변자로 묘사하기도 한다.

빈에서 〈돈 조반니〉가 기대만큼의 성공을 거두지 못하자 모차르트의 살림살이도 타격을 입었다. 1788년 모차르트는 현악 5중주 3곡의 악보를 4두카트에 판매하기로 하고 사전 신청을 받았지만, "예약자가 너무 적어서 출판을 1789년 1월 1일로 부득이하게 연기한다"는 신문 광고를 내야 했다. 명백한 굴욕이었다.

1788년 여름 이후에는 빈에서 신작을 발표하는 공개 음악회도 찾기 힘들었다. 실제로 1791년 1월 마지막 피아노 협주곡 27번을 연주할 때까지 모차르트는 교향곡이나 협주곡을 발표할 무대를 좀처럼 갖지 못했다. 모차르트의 후기 작품들에 대한 빈 궁정과 귀족들의 반응은 아직도 논쟁거리다. 사회학자 엘리아스는 "맨 꼭대기의 황제를 포함해 빈 상류 사회 전체가 그에게 등을 돌린 것"이라고 단언했다.

물론 모차르트의 경제적 형편이 곤두박질친 건 '구멍 뚫린 독' 같은 낭비벽 때문이었다. 고가 의상과 신발, 가구와 악기, 말과 마차, 와인과 음식, 매년 400플로린에 이르는 아들 칼 토마스의 기숙학교 비용까지 모차르트 가족은 도무지 씀씀이를 줄일 줄 몰랐다. 콘스탄체는 계단을 오르내리거나 걷는 것도 힘겨워할 정도로 양발의 통증을 호소했다. 이 때문에 모차르트는 아파트 저층을 선호했고, 아내의 치료에 좋다고 하면 값비싼 스파 비용도 아끼지 않았다.

러시아와 오스만튀르크의 전쟁에 신성로마제국이 뛰어들면서 빈의 경제 상황도 급속하게 악화됐다. 당시 신성로마제국은 러시아의 동맹국이었다. 1788~1791년 계속된 이 전쟁으로 군비 지출이 늘고 농업 생산량이 줄어드는가 하면 물가 폭등까지 삼중고가 겹쳤다. 많은 남성 귀족이 입대했고, 전염병이 창궐하는 바람에 남아 있는 귀족들은 서둘러 빈을 떠나 시골의 영지로 향했다. 1789년에는 오늘날의 벨기에 지역에서 합스부르크 왕가의 지배를 거부하는 반란까지 일어났다. 예술 분야에도 파장은 불가피했다. 대중 음악회와 오페라 공연이 확연히 줄었고 일시적으로 문을 닫는 극장도 생겼다.

가뜩이나 힘겨웠던 모차르트의 가계에 뚜렷한 적신호가 켜진 것도 이 무렵이다. 음악학자 솔로몬은 1788년 모차르트의 연 수입이 1,400~2,000플로린에 불과했을 것이라고 추산한다. 불과 한 해 전인 1787년에는 3,321플로린이었다. 추산에 따르면 모차르트의 연 수입은 1년 만에 반 토막 난 셈이었다. 프리메이슨 단원이나 음악계 동료들에게 돈을 꾸러 다니기 시작한 것도 이 무렵이다. 모차르트는 1788년 6월부터 동료 프리메이슨 단원인 직물 상인 미하엘 푸흐베르크에게만 21통의 편지를 보냈다. 이 편지는 지금 읽어도 애처롭다.

지금 나는 자네에게 감사 인사를 하기 위해서만이 아니라 또다시 도움을 청하기 위해 편지를 쓴다네. 이미 자네에게 빌린 돈을 갚기는커녕 더 빌려달라고 사정하고 있네. 자네가 내 친구라면, 진실로 나를 안다면 이로 인한 내 고뇌를 짐작할 것으로 믿네. 이 지독한 상황에도 불구하고 나는 집에서 연주회를 열어서 당장 필요한 경비라도 조달하는 방법을 택했지. 자네의 우정 어린 도움을 믿었기 때문이지. 하지만 이조차 실패로 끝났네. 빈에서만은 불행하게도 행운이 내게 완전히 등을 돌리고 있어서, 돈을 벌고 싶을 때조차 한 푼도 벌 수 없다네.

모차르트는 푸흐베르크에게 1791년 6월까지 4,000플로린을 빌려달라고 부탁했다. 모차르트의 편지에는 "1,000~2,000플로린만 적절한 금리로 1~2년간 빌려줄 수 없겠나?"라는 구절이 있다. 대출 조건이나 금리가 구체적으로 명시되지는 않았지만 연 10퍼센트 안팎의 금리가 붙었을 가능성도 적지 않았다. 하지만 모차르트는 신경 쓰지 않았다. "내가 빈에서 열심히 일하고 학생들을 받는다면 우리는 행복하게 살 수 있을 거야." 1790년 10월 그의 편지에는 무모하리만큼 낙천적인 성격이 투영돼 있다. 음악적 재능에 대한 넘치는 자신감과 경제관념의 부족은 모차르트의 가계에 치명적인 결과를 낳고 말았다.

돈을 빌린 건 푸흐베르크뿐만이 아니었다. 최근 발견된 1791년 11월 9일의 오스트리아 지방 법원 기록에 따르면, 모차르트는 후원자였던 칼 리히노프스키 공작과 소송에 휘말렸다. 대출금 1,435플로린을 갚지 못해 법정 다툼으로 가는 불상사가 벌어진 것이다. 당시 법원은 리히노프스키 공작의 손을 들어줬다. 모차르트가 빈 궁정에서 받는 연봉 800플로린 가운데 절반을 압류한다는 판결 내용도 굴욕적이었다. 판결이 나온 건 모차르트가 세상을 떠나기 한 달 전이었다.

이런 기록들을 감안하면 당시 모차르트의 경제 상황은 악화일로에 있었던 것 같다. 경제적 신용은 땅에 떨어질 수밖에 없었다. 여기서 꾸어다가 저기서 갚는 '돌려막기' 신세가 되자, 1789년 4월 모차르트는 승부수를 던지기로 했다. 독일권에서 신흥 강국으로 부상하고 있던 프로이센의 수도 베를린에서 일자리를 구하기 위한 구직 여행이었다. 훗날 법정 다툼을 벌이는 리히노프스키 공작이 이 여행에 동행했다는 점이 아이러니하다. 이 여행에서 모차르트는 프로이센 왕궁으로부터 현악 4중주와 피아노 소나타를 위촉받았다. '프러시아 4중주'로 불리는 현악 4중주 21~23번(K.575, K.589, K.590)이 당시 작곡한 곡으로 추정된다. 하지만 작품 위촉만 몇 차례 받았을 뿐, 안정적인 일자리를 얻는 데는 또다시 실패했다.

불행은 홀로 일어나지 않는다

모차르트의 아버지 레오폴트는 1787년 5월 28일 오전 6시에 세상을 떠났다. 사실상 예고된 죽음이었다. 그해 초부터 레오폴트는 위독했다. 장크트길겐으로 시집간 난네를은 3월부터 두 달간 잘츠부르크에서 아버지를 간병했다. 레오폴트의 중병 소식을 전해 들은 모차르트는 놀라울 만큼 침착하면서도 차분한 편지를 보냈다.

저는 최악을 상정하고 삶의 모든 문제를 준비하는 버릇을 들였습니다. 면밀히 살펴보면 죽음은 우리 존재의 궁극적 도달점이라는 생각이 듭니다. 최근 몇 년간 인류의 최고이자 진정한 친구와 가까이 지내고자 해서, 죽음의 이미지는 더 이상 내게 두렵지 않을 뿐 아니라 위안을 줍니다. 죽음이야말로 진정한 행복으로 향하는 문을 열어주는 열쇠라는 사실을 깨닫게 해준 신께 감사드립니다.

단지 죽음을 앞둔 아버지를 위로하기 위한 표현으로 보기에는 너무 진지하고 철학적이다. 이 편지는 모차르트가 프리메이슨의 사상적 영향을 받았다는 근거로 즐겨 인용된다.

빈에 있었던 아들 모차르트도, 장크트길겐으로 시집간 딸 난네를도 아버지의 임종을 지키지는 못했다. 모차르트는 임신한 아내 콘스탄체가 또다시 출혈 증세를 보여 빈에서 안절부절못하고 있었다. 4년 전 잘츠부르크 방문 당시 갓 태어난 아들이 세상을 떠난 점도 모차르트에게는 부담이었을 것이다. 그해 가을로 예정된 오페라 〈돈 조반니〉 초연 준비 때문에 빈을 떠날 처지가 되지 않았다. 다음 날 저녁 열린 장례식에도 모차르트와 난네를은 참석하지 않았다. 당시 모차르트가 친구에게 보낸 편지를 보면 아버지를 잃고 난 직후의 심경을 간접적으로 엿볼 수 있다. "오늘 사랑하는 아버지가 세상을 떠났다는 슬픈 소식을 받았어. 내가 어떤 상태인지 알 수 있을 거야."

편지에 담긴 슬픔에서 짐작할 수 있듯이 유년 시절부터 모차르트에게 레오폴트는 든든한 방패막이이자 버팀목이었다. 어릴 적부터 모차르트가 잘츠부르크 밖의 세상에 눈을 뜨고 당대 최고의 음악가들과 만날 수 있었던 것도 아버지의 배려와 보살핌 덕분이다. 물론 레오폴트가 모차르트의 빈 정착이나 콘스탄체와의 결혼에 사사건건 반대하는 바람에 서먹서먹한 관계가 된 것만은 부인할 수 없다. 하지만 1781년 빈 정착 이후에도 레오폴트는 모차르트의 음악적 성취에 대해서는 언제나 자랑스러워했고 진심으로 기뻐했다. 정서적 유대감 때문만이 아니었다. 아들의 음악적 성공은 자신의 판단이 틀리지 않았다는 증거이기도 했다. 긍정적이든 부정적이든 이들은 진정한 의미의 '운명 공동체'였다. 그 버팀목이 사라진 것이었다.

다음 달인 1787년 6월 모차르트가 난네를에게 보낸 편지들은 다소 의미심장하다. 아버지를 잃은 슬픔을 나누기보다는 유산 분배를 놓고 지극히 딱딱하고 사무적인 말투로 일관하고 있다. 레오폴트가 남긴 유산을 처분한 금액 가운데 1,000플로린을 빈으로 보내달라는 내용이다. 모차르트가 빈으로 떠난 이후, 잘츠부르크에 남았던 난네를은 아버지와 같은 시선으로 남동생을 바라보는 데 익숙해졌다. 이 때문에 이들 남매의 사이도 예전 같지 않게 된 것인지 모른다. 모차르트가 빈에서 눈부신 성공을 거두고 있었을 때, 난네를은 잘츠부르크에 남아서 연로한 아버지를 돌보고 있었다.

레오폴트의 죽음은 운명 공동체와도 같았던 모차르트 가족의 해체를 상징하는 사건이었다. 영화 〈아마데우스〉의 묘사처럼 아버지의 죽음 이후 모차르트의 삶이 점차 나락으로 떨어졌다는 점도 의미심장하다. 모차르트가 성인이 된 이후 줄곧 아버지로부터 독립하기를 갈망했고, 아버지의 간섭에서 벗어난 이후 예술적으로 만개한 것은 분명하다. 하지만 아버지라는 든든한 보호막이 사라진 뒤 모차르트가 정치적 처신이나 경제적 살림살이에서 너무나 많은 허점을 드러냈다는 사실 역시 부인할 수 없다. 결과적으로 아버지의 부재 상황은 모차르트에게 치명적 위기를 불러왔다.

불행은 홀로 일어나지 않는다. 아버지가 숨을 거둔 뒤 모차르트의 후반부 삶이 그랬다. 1790년 2월 20일 황제 요제프 2세가 세상을 떠났다. 한 달 전에 개막했던 오페라 〈코시 판 투테〉는 공연을 중단하는 수밖에 없었다. 당초 이 오페라의 초반 흥행은 좋았다. 1월 25일 개막 당일부터 1,000여 명의 관객이 몰려들었다. 초반 다섯 차례 공연은 궁정 극장의 시즌 공연 중에서도 가장 인기가 좋았다. 이 오페라의 아리아를 담은 악보집이 출판되기도 했다.

하지만 황제 국장 기간 동안 공연장은 문을 닫았고, 4월 부활절 이후에야 재개관했다. 6월 〈코시 판 투테〉의 공연도 재개됐다. 하지만 흥행 열기는 차갑게 식은 뒤였다. 추가 공연은 다섯 번에 그쳤고, 모차르트 생전에 이 작품은 다시 무대에 오르지 못했다. 두 명의 남성이 약혼녀들의 정절을 일부러 시험에 들게 하고 내기를 건다는 내용도 여성 관객들에게는 불편함을 안겼을지 모른다. 독일 배우이자 극장 운영자 프리드리히 슈뢰더는 "모든 여성을 깎아내리다니 안타까운 일이다. 객석의 어떤 여성도 좋아하지 않는다면 성공할 수 없다"고 적었다.

후계자인 레오폴트 2세가 1790년 3월 왕위를 물려받고 7개월 뒤 프랑크푸르트에서 대관식을 올리는 과정에서도 모차르트는 빈 궁정 음악계에서 사실상 배제됐다. 다급해진 모차르트는 자비로 프랑크푸르트 여행에 따라나섰고 1790년 10월 현지에서 음악회를 열었다. 당시 모차르트가 연주했던 곡이 피아노 협주곡 26번 〈대관식〉이다. 하지만 레오폴트 2세를 알현할 기회는 찾아오지 않았다. 같은 해 9월 15일에는 황실에서 두 건의 결혼식이 동시에 열렸지만, 모차르트는 작품을 위촉받지 못했다. 결혼식 축하 행사에서 오페라를 발표한 살리에리와는 대조적이다. 이듬해에는 대본 작가 로렌초 다 폰테마저 궁정에서 쫓겨나고 말았다. 모차르트는 음악적 단짝을 잃어버린 셈이었다.

다 폰테는 영국으로 건너가 오페라를 통해 재기를 노렸지만 파산한 뒤 1805년 미국으로 도망가다시피 했다. 이후 그는 뉴욕에서 〈돈 조반니〉를 선보이고 뉴욕의 첫 오페라 극장을 설립하는 등 파란만장한 삶을 살았다. 다 폰테는 오늘날 미국에 오페라를 소개한 선구자로 꼽힌다.

다 폰테와의 이별은 모차르트에게 적지 않은 타격이었을 것이다. 하지만 불행 중 다행으로, 홀로 남은 모차르트에게 새로운 파트너가 나타났다. 배우이자 가수, 작곡가이자 공연 기획자인 엠마누엘 쉬카네더Emanuel Schikaneder다. 그는 "당대 독일에서 가장 재주 많은 공연계 인사"라는 영국의 음악학자 피터 브랜스콤의 평가처럼, 하나의 직업으로는 도무지 설명이 불가능한 팔방미인이었다. 그는 가난한 하인이었던 부모 밑에서 자라나 예수회 학교에서 공부하면서 성당 합창단원으로 노래를 부르기 시작했다. 22세 때부터 극단 생활을 시작해서 오페라에 출연했고, 이듬해에는 발레에서 춤을 추기도 했다. 대본 작가와 작곡가, 가수이자 무용수 등 온갖 역할을 척척 해낸 것도 극단 생활에서 잔뼈가 굵었기 때문일 것이다. 그는 1777년 뮌헨에서 셰익스피어의 연극 〈햄릿〉을 연기했고 〈맥베드〉와 〈리어왕〉에도 출연했다.

쉬카네더는 1780년 가을 잘츠부르크에서 공연할 무렵부터 모차르트 가족과 친하게 지냈다. 모차르트 가족은 쉬카네더의 공연을 거의 빼놓지 않고 관람했다. 일요일에 집에서 다트 놀이를 할 때에도 쉬카네더를 초대했다고 한다. 모차르트에게 5세 연상의 쉬카네더는 어릴 적부터 알고 지낸 동네 형 같았을지 모른다.

1784년 빈에 자리를 잡은 쉬카네더는 그해 11월 모차르트의 오페라 〈후궁 탈출〉을 재공연했다. 1789년에는 순회공연을 마치고 빈으로 돌아와 극장을 운영했다. 1791년 봄 모차르트와 쉬카네더가 구상한 오페라가 〈마술피리〉였다.

모차르트가 쉬카네더의 극단에서 활동하던 성악가나 배우들과도 몇 겹씩 인연이 중첩되어 있다는 점이 흥미롭다. 베이스 가수였던 프란츠 크사버 게를은 어릴 적 잘츠부르크 성당의 성가대원으로 노래를 시작했다. 잘츠부르크의 궁정 음악가였던 레오폴트 모차르트의 제자가 되는 셈이었다. 모차르트의 처형인 요제파도 이 극단의 소프라노였다. 테너인 야코프 하이블은 모차르트의 처제 조피와 1807년 결혼했다. 〈마술피리〉 초연 당시 게를은 제사장 자라스트로, 요제파는 '밤의 여왕'을 각각 맡았다. 게를의 아내 바바라가 파파게나 역을 맡았고, 쉬카네더의 형 우르반은 또 다른 사제 역, 우르반의 딸 안나는 세 명의 소년 가운데 하나로 각각 출연했다. 쉬카네더는 〈마술피리〉의 공연 기획자이자 대본 작가, 새잡이 파파게노

오페라 〈마술피리〉에 등장하는 새잡이 파파게노

파파게노는 〈마술피리〉의 조연이지만, 수다스럽고 우스꽝스러운 캐릭터로 극에 활력을 불어넣는다.

역의 연기자라는 '1인 3역'으로 활약했다. 쉬카네더의 극단은 모차르트에게 말 그대로 가족과도 같았다.

모차르트와 프리메이슨

〈마술피리〉는 여름 방학을 맞은 청소년을 위한 오페라가 공연될 때마다 빠지지 않을 만큼 대중에게 잘 알려진 작품이다. 하지만 이 작품은 좋게 말해서 복합적인 음악극이지만, 나쁘게 말하면 온갖 요소가 뒤섞인 '잡탕'이나 다름없다. 우선 젊은 왕자 타미노가 위험에 빠진 파미나를 구하기 위해 나서는 '구출 드라마'이자 '밤의 여왕'이 마법을 사용하는 판타지적 성격을 지니고 있지만, 동시에 복수와 용서, 선악 같은 묵직한 주제도 담고 있다. 프리메이슨 사상이나 계몽주의가 담긴 철학적 작품으로 보기도 한다. 어느 쪽이 진실에 가까울까.

모차르트가 프리메이슨에 가입한 것은 1784년 12월 14일이다. 당시 오스트리아의 귀족과 학자, 예술가들 사이에서 프리메이슨은 인기가 높았다. 1784년 4월 오스트리아 대지부 아래에 오스트리아 17개 지부, 오스트리아령 네덜란드 17개 지부, 헝가리 12개 지부, 보헤미아 7개 지부 등이 잇따라 생겼다. 모차르트는 '선행善行'이라는 지부의 도제로 입문했고 1785년 4월 숙련공 단계로 빠르게 올라갔다. 하이든 역시 1784년 12월 입단을 신청했고 이듬해 2월 11일 '진정한 조화' 지부의 도제가 됐다. 프리메이슨의 빠른 확산에 놀란 황제 요제프 2세는 1785년 지부 통폐합 지시를 내렸다. 하이든의 지부는 '진리', 모차르트의 지부는 '새로운 왕관을 쓴 희망'으로 각각 통합됐다.

모차르트는 1785년 빈을 방문한 아버지 레오폴트에게도 프리메이슨 가입을 권유했다. 레오폴트는 1785년 4월 잘츠부르크로 돌아간 뒤에 도제에서 숙련공, 다시 장인으로 빠르게 승급했다. 모차르트는 〈프리메이슨을 위한 장송 음악〉(K.477)을 작곡하는 등 하이든보다 활발하게 활동했다. 1789년 화가 이그나츠 운터베르거가 프리메이슨 모임을 그린 유화에서 오른쪽 끝에 앉아 있는 인물이 모차르트로 추정된다. 그와 대화를 나누는 상대는 쉬카네더로 보기도 한다. 〈마술피리〉의 작곡가와 대본 작가는 모두 프리메이슨의 단원이었던 것이다.

실제로 오페라는 밤의 여왕을 수행하는 세 명의 시녀와 세 명의 소년, 타미노가 겪어야 하는 세 가지 시련까지 숫자 '3'이 작품 전체를 관통하고 있다. 완성과 조화를 상징하는 '3'은 프리메이슨에서도 중요한 의미를 지닌 숫자다. 프리메이슨은 도제와 숙련공, 장인의 3단계로 구성되어 있고 형제애와 성실, 침묵의 세 가지 정신을 필수 덕목으로 간주했다. '통과의례와 시련을 통한 성숙'이라는 오페라의 주제도 프리메이슨 입문 과정과 닮았다. 모차르트가 〈마술피리〉에서 프리메이슨의 비밀 교리를 공개했기 때문에 동료 단원들에게 독살당한 것이라는 소문이 퍼질 만도 했다. 대본 작가인 쉬카네더가 멀쩡하게 살아남은 걸 보면 소문을 사실로 받아들일 근거는 없지만 말이다. 〈마술피리〉의 제사장 자라스트로는 이상적인 계몽 절대 군주

이그나츠 운터베르거의 〈빈의 프리메이슨 지부 입문식〉(1789)

1784년 12월 빈의 프리메이슨 지부에 가입한 모차르트는 〈프리메이슨을 위한 장송 음악〉
(K.477)을 작곡하는 등 회원으로서 활발하게 활동했다. 화가 이그나츠 운터베르거가 그린 프
리메이슨 집회 그림에서 오른쪽 끝에 앉은 인물이 모차르트로 추정되고 있다.

나 프리메이슨의 지부장으로, 밤의 여왕은 프리메이슨에 적대적이었던 황후 마리아 테레지아나 가톨릭교회로 해석하기도 한다.

하지만 과도한 해석은 때로는 작품을 온전하게 즐기는 데 장애물이 된다. '마술 오페라Zauberoper'는 모차르트 이전에도 존재했고 19세기까지 폭넓게 인기를 끌었던 노래극이다. 모차르트 사후인 1793년 《베를린 음악 신문》은 이렇게 불평했다.

> 이 극장들에서는 모든 것이 마술로 변한다. 마술피리와 마법 반지, 마법의 활과 마술 거울, 마법 왕관과 다른 끔찍한 마법들로 가득하다. 〈마술피리〉를 제외하면 대사와 음악도 마찬가지로 형편없어서 대본을 쓴 작가와 작곡가 가운데 누가 멍청한지 분간하기 힘들다. 여기에 끔찍한 연출 때문에 공연은 더욱 형편없다.

다행히 이 신문은 〈마술피리〉를 예외로 꼽았다. 하지만 〈마술피리〉도 마법적 요소와 철학적인 주제가 긴밀한 연관성을 지니지 못한 채 중구난방으로 뒤섞인 것이 사실이었다. 지휘자이자 음악학자인 제인 글로버의 비유처럼 온갖 요소를 버무린 '버라이어티 쇼'라고 할까. "모차르트판 〈니벨룽의 반지〉인 〈마술피리〉의 대본은 사실 모차르트의 재능에 한참 미치지 못하는 작자의 작품"이라는 영국 극작가 버나드 쇼의 냉정한 평가가 진실에 가까운 것으로 보인다.

하지만 이 오페라가 의미가 있는 건 단순히 줄거리나 극적 주제 때문만은 아니다. 모차르트가 황제와 귀족 사회에서 벗어나 중산층

과 서민 관객을 염두에 두고 발표한 작품이라는 점이야말로 〈마술
피리〉의 역사적 의미다. 음악학자 랜던은 "모차르트의 삶에서 상류
시민 사회와 쉬카네더의 극장이 서서히 궁정 오페라와 귀족의 살롱
과 자리를 바꾸기 시작했다"고 표현했다. 실제 개막 이후 〈마술피
리〉는 1년간 100여 차례 공연할 만큼 인기몰이를 했다.

영화 〈아마데우스〉에서도 객석 앞자리를 차지한 청중의 모습을
통해서 이 같은 변화를 극명하게 보여준다. 〈후궁 탈출〉까지만 해도
맨 앞줄에는 황제가 앉아 있었다. 하지만 〈마술피리〉에 이르면 웃고
떠들고 함께 노래하며 즐기는 서민들이 그 자리를 대신한다. 〈아마
데우스〉의 미덕은 모차르트의 죽음을 둘러싸고 애꿎은 시빗거리를
만든 것이 아니라, 당대의 시대상을 시각적으로 명확하게 보여준 점
일지도 모른다.

〈마술피리〉는 1791년 9월 30일 '아우프 데어 비덴 극장Theater auf
der Wieden'에서 초연됐다. 이 극장은 1787년부터 1801년까지 14년
간 〈마술피리〉를 비롯해 연극과 오페라 등 350여 편을 초연했지만
지금은 사라졌다. 쉬카네더가 이 극장에서 1801년 6월 새로 옮겨
간 곳이 현재 빈 6구에 있는 '안 데어 빈 극장Theater an der Wien'이다. 칼

빈 6구에 있는 안 데어 빈 극장
1791년 모차르트의 마지막 오페라 〈마술피리〉가 빈의 아우프 데어 비덴 극장에서 초연됐다.
직접 대본을 쓰고 작품 흥행에 앞장섰던 쉬카네더는 〈마술피리〉의 조연 파파게노 역을 맡아
직접 무대에 오르기도 했다. 쉬카네더는 1801년 6월 이 극장에서 현재 빈 6구에 있는 안 데어
빈 극장으로 자리를 옮겼다.

안 데어 빈 극장의 쉬카네더 명판

극장 정문 앞 보도에는 쉬카네더의 명판이 있다. 안 데어 빈 극장은 베토벤의 걸작들이 탄생한 곳이기도 하다. 쉬카네더는 아우프 데어 비덴 극장에서 〈마술피리〉 공연으로 큰돈을 벌어 지금의 안 데어 빈 극장을 지었다.

스플라츠 지하철역에서 내린 다음 클림트의 걸작 〈베토벤 프리즈 Beethoven Frieze〉가 있는 빈 분리파 전시관을 지나 5분 정도만 더 걸어 가면 나온다.

안 데어 빈 극장 역시 베토벤의 교향곡 2~3번과 5~6번, 피아노 협주곡 3~4번, 오페라 〈피델리오〉 초판본 등 무수한 걸작을 초연한 명소다. 쉬카네더는 베토벤에게 작곡에 전념할 수 있도록 극장 안 에 거주 공간을 마련해주기도 했다. 극장 뒤편에는 '베토벤의 걸작 들이 초연된 곳'이라는 안내문이 걸려 있다. 과거 아우프 데어 비덴 극장이 모차르트의 오페라를 초연한 곳이었다면, 현존하는 안 데어 빈 극장은 베토벤의 중기 걸작들이 탄생한 명소다. 그런데도 혼동 을 주는 건 이름이 살짝 닮은 탓도 있지만, 두 극장 모두 쉬카네더가 운영을 맡았다는 공통점 때문이기도 하다. 안 데어 빈 극장의 정문 앞 보도에는 모차르트와 베토벤의 명판 사이에 쉬카네더의 명판이 있다. 지금도 쉬카네더는 모차르트와 베토벤을 좌우에 거느린 행운 아인 셈이다.

〈티토 황제의 자비〉와 마지막 협주곡

레오폴트 2세의 재위 기간은 2년이 되지 않지만, 그 짧은 기간 동 안 세 차례나 대관식을 가졌다. 1790년 9월 프랑크푸르트에서 신성 로마제국 황제로 즉위했고, 두 달 뒤에는 헝가리 왕이 됐으며, 마지 막으로 1791년 8월에는 프라하의 성 비투스 성당에서 보헤미아의 왕으로 취임했다. 신성로마제국이 오스트리아와 헝가리, 체코를 아울렀던 복합적 성격에서 빚어진 것이었다.

프랑크푸르트 대관식 때 자비 여행까지 감행했던 모차르트는 이듬해 열린 프라하 대관식을 놓칠 수 없었다. 프라하 대관식을 앞두고 위촉받은 오페라가 〈티토 황제의 자비〉였다. 이 작품 역시 살리에리에게 먼저 위촉했지만 빠듯한 궁정 일정 때문에 거절하자 모차르트에게 넘어왔다. 모차르트 역시 〈마술피리〉부터 〈레퀴엠〉까지 작곡해야 하는 작품이 산더미처럼 쌓여 있었지만, 프랑크푸르트 대관식 당시의 굴욕을 떠올리면 거절하기 힘든 처지였다. 날이 갈수록 악화되는 경제적 상황 역시 중요한 이유였을 것이다. 모차르트에게는 1781년 〈이도메네오〉 이후 10년 만에 정가극의 세계로 돌아가는 것이기도 했다.

역시 모차르트는 막판 벼락치기의 달인이었다. 작품을 위촉받은 것이 1791년 7월 중순이었고, 8월 말 프라하로 떠날 당시도 미완성 상태였다. 하지만 9월 6일 프라하의 에스타테스 극장에서 초연될 당시에는 감쪽같이 완성되어 있었다. 속설에는 18일 만에 작곡을 완성했다고도 하지만, 작곡가의 천재성을 강조하기 위한 이야기일 가능성이 높다. 현재 학자들은 6주 정도 걸렸을 것으로 본다.

6주도 결코 긴 시간이 아니었다. 모차르트는 빈에서 프라하까지 가는 마차 안에서도 작곡을 멈추지 않았다. 말 네 마리가 끄는 우편마차는 우체국역 스물한 개를 거쳐 사흘 뒤에 프라하에 도착했다. 지금은 빈에서 열차로 4시간이면 프라하 중앙역에 도착하기 때문에 오페라 1막도 완성하기 힘들 것이다. 또 모차르트는 프라하까지 동행한 조수 쥐스마이어에게 아리아 사이에 들어가는 레치타티보를 맡겼다고 한다. 예전 대본소 만화 시절, 후배들이 선배 만화가의 화실에서 일하면서 밑그림을 대신 그렸던 관습과도 비슷했다. 쥐스마이어가 스승의 미완성 유작 〈레퀴엠〉을 맡아서 완성한 것도 어찌 보면 자연스럽다.

자신을 암살하려고 했던 정적을 너그럽게 용서한다는 오페라의 주제는 나무랄 데가 없었다. 용서와 자비는 통치자의 필수 덕목이기도 했다. 영국의 음악학자 사이먼 키프는 "1791년 프라하 대관식을 위해 레오폴트 2세는 자비롭고 고상한 티토로 인식될 필요가 있었다. 〈티토 황제의 자비〉는 18세기에 널리 통용되던 요소를 가진 정치적 우화"라고 평했다.

다만 황제의 대관식이라는 관 주도 행사를 위한 작품이다 보니, 관습적이고 예상 가능한 진행으로 흘러갔다는 점이 문제였다. 〈피가로의 결혼〉이나 〈돈 조반니〉, 〈코시 판 투테〉에서 보여줬던 놀라운 생기와 활력을 〈티토 황제의 자비〉에선 찾기 힘들었다. 살리에리는 "오페라에서 로마가 화염에 휩싸였는데도 어떤 등장인물도 놀라지 않고 음악은 긴박감 없이 느리게 흘러간다"고 꼬집었다. 티토 황제의 측근이었지만 역모 사건에 휘말리는 세스토 역을 남성 거세 가수인 카스트라토에게 맡긴 점도 19세기 이후에는 공연의 걸림돌로 작용했다. 영국의 음악평론가 에드워드 덴트는 급기야 "박물관에 어울리는 작품"이라고 혹평하기에 이르렀다. 이 때문에 19세기에 오페라 극장에서 자취를 감췄다가 20세기 후반 바로크 음악의 부활과 더불어 뒤늦게 재조명받기 시작했다. 지금은 세스토 역을 여성 성악가가 부르는 방식으로 공연한다.

오페라 〈티토 황제의 자비〉 초연 당시 모차르트와 프라하에 동행했던 클라리넷 연주자가 안톤 스타들러였다. 스타들러는 클라리넷뿐 아니라 바이올린 같은 현악기도 연주할 수 있을 만큼 다재다능했다. 모차르트는 1781년 빈에 정착한 직후 스타들러를 만난 것으로 추정한다. 프라하에서 〈티토 황제의 자비〉 초연 당시에도 에스타테스 극장 오케스트라가 연주했지만, 클라리넷 독주는 스타들러가 맡았다.

모차르트와 스타들러의 우정 덕분에 탄생한 걸작이 클라리넷 5중주(K.581)와 클라리넷 협주곡(K.622)이다. 이 때문에 스타들러는 후대 연주자들에게 '클라리넷의 선구자'로 불린다. 특히 모차르트 사망 두 달 전에 초연된 클라리넷 협주곡은 모차르트의 마지막 협주곡으로 꼽힌다. 이 협주곡도 스타들러가 1791년 10월 16일 프라하에서 직접 초연했다. 사후에 출간됐기 때문에 작곡의 자세한 배경이나 동기는 알려져 있지 않다.

모차르트의 클라리넷 협주곡이 대중적으로 널리 사랑받게 된 계기는 영화 〈아웃 오브 아프리카〉다. 로버트 레드포드와 메릴 스트립이 주연한 이 영화는 아카데미상에서도 작품상과 감독상 등 7개 부문을 수상했다. 제1차 세계대전 직전인 1913년 아프리카 케냐의 광활한 초원을 배경으로 탐험가이자 여행 안내자인 데니스와 카렌의 낭만적 사랑을 그리고 있어 국내에서도 많은 사랑을 받았다. 영화에서 커피 농장을 직접 일구고 백인 남성들의 반발에도 원주민

교육을 위해 학교를 세우는 카렌의 당차고 씩씩한 모습은 아프리카 판 〈바람과 함께 사라지다〉를 연상시킨다. 물론 둘의 사랑은 제국주의 시대 백인 남녀의 로맨스이기도 했다.

영화의 첫 장면에서 카렌의 아련한 독백과 함께 흐르는 음악이 모차르트의 클라리넷 협주곡 2악장이다. 카렌은 비행기 추락 사고로 세상을 떠난 데니스를 그리워하면서 이렇게 말한다. "그는 아프리카 탐험에 축음기도 가져갔다. 총 세 자루와 한 달치 식량에 모차르트의 음악까지도."

덴마크의 작가 카렌 블릭센의 동명 회고록을 원작으로 하는 이 영화는 이처럼 모차르트의 음악을 적재적소에서 사용하고 있다. 작가 블릭센은 실제로 육촌 사이였던 스웨덴의 남작과 결혼한 뒤 아프리카 케냐에서 커피 농장을 운영했다. 1921년 별거와 1925년 이혼의 과정을 겪은 뒤 직접 농장을 운영한 것도 영화와 같다. 별거 이후 케냐에서 만난 데니스와 연인 관계로 발전하고, 비행기 사고로 그를 잃은 것도 사실이다. 다만 회고록에서는 데니스와 연인 관계라는 사실은 언급하지 않고 있다.

블릭센의 원작에 묘사된 두 남녀의 음악 취향이 영화와는 정반대라는 점도 흥미롭다. 원작에서 블릭센은 1인칭 시점으로 이렇게 회고한다.

그러나 데니스와 나는 취향이 달랐다. 나는 고전주의 작곡가들을 좋아한 반면, 데니스는 현 시대와의 조화의 결핍을 메우기 위해 정중한 노력이라도 하듯 모든 예술에 대한 취향이 지극히 현대적이었다. 그는 첨단 음악을 좋아했다.

원작에서 데니스는 모차르트가 아니라 현대 음악의 팬이었던 셈이다. 원작에 충실했다면 영화에서는 드뷔시나 리하르트 슈트라우스, 쇤베르크나 재즈음악이 흘렀을지도 모른다. 아마도 그랬다면 아프리카 평원의 낭만도 조금은 퇴색하고 말았을 것이다.

스스로 포기하고 추락한 천재

모차르트는 인생 후반부로 갈수록 눈부신 예술적 성취와 고달픈 경제적 처지의 극심한 괴리 때문에 고통받았다. 사회학자 엘리아스는 『모차르트, 사회적 초상』에서 "그는 스스로를 포기하고 추락했다"고 규정하면서 "빈 상류사회는 그에게서 등을 돌렸다"고 말했다. 이런 분석은 제2차 세계대전 당시 유대인이자 독일인이라는 이유로 출생지인 독일과 영국에서 이중의 배척을 받았던 엘리아스 자신의 상황과도 무관하지 않을 것이다. 엘리아스는 1939년 제2차 세계대전 발발 직후 영국으로 망명했지만 정작 독일인이라는 이유로 8개월간 억류됐다. 그 뒤에는 영국 정보국에서 나치 포로를 심문하는 일을 맡았다. 평전에서 그는 모차르트를 지나치게 비극적인 영웅으로 묘사하는 감이 있다. 하지만 이처럼 쓸쓸하면서도 처연한 정조로 가득한 모차르트의 전기를 만나기 쉽지 않은 것도 사실이다.

모차르트를 반드시 자기 파괴적 욕망으로 가득한 낭만적 천재나 사회 변혁의 신념으로 가득한 혁명가로 바라볼 필요는 없다. "천재 시대 이전의 천재"라는 것이 엘리아스의 진단이니 말이다. 궁정 귀족 사회에서 음악가는 요리사나 시종과 크게 다를 바 없는 처지였다. 음악가를 독립적 예술가로 존중하는 시민 사회는 아직 맹아 상태에 머물고 있었다. 입장료를 내는 관객들을 위한 연주회나 인세를 지급하는 악보 출판사도 막 생겨나기 시작한 단계였다. 작곡가들이 홀로 서기 위한 물질적 기반은 취약했다.

모차르트는 궁정 귀족들의 무관심이나 냉대에 분노했지만 정작 해결책은 발견할 수 없었다. 낡은 질곡에 결박당한 처지였던 것이다. 어쩌면 엘리아스의 진단처럼 "모차르트는 보편적이고 다소 추상적인 인본주의나 정치적 이상에는 아무런 관심이 없었다"는 말이 진실에 가까운지 모른다. 천진난만한 반항아였지만 진지한 혁명가는 될 수 없었던 소시민적 인간이었다는 뜻이다. 1789년 프랑스혁명으로 유럽 전역이 정치적 격랑에 빠져 들었지만, 모차르트의 편지에서는 이에 대해 어떤 언급도 찾아볼 수 없다. 정치적이든 사상적이든 혁명가는 모차르트보다는 베토벤에게 어울리는 수식어다.

모차르트의 삶에서 예술적 완성과 경제적 파국이 정확히 동시에 진행된 것은 아니다. 하지만 프리랜서 음악가로 활동했기에 우리가 알고 있는 숱한 걸작들을 쏟아냈고, 프리랜서 음악가였기에 경제적으로 쪼들렸던 것도 사실이다. 이 점에서 예술적 완성과 경제적 파국은 모차르트의 삶에서 동전의 양면과도 같았다. 엘리아스의 말처럼 모차르트는 낭만주의 작곡가들보다 앞서 그들의 삶을 살고자 했던 시대의 '선구자'나 '척후병'이었을지도 모른다. "모차르트의 삶이 음악에 봉사한 것이지 그의 음악이 삶에 봉사한 것이 아니다"라는 신학자 바르트의 말은 모차르트의 비극적 운명을 함축적으로 보여준다.

흥미롭고도 비극적인 점은 모차르트가 자신의 운명을 인지하지 못했다는 사실이다. 음악학자이자 작가 힐데스하이머는 모차르트가 "늦게까지(너무나 늦게까지) 평생 자신이 누구인지 알지 못했다"고 말했다. "그의 고독은 가장 깊고 은밀한 고독이었고, 삶의 마지막 몇 달 전까지는 의식하지도 못했다"는 것이다.

선후배 작곡가와 비교해도 모차르트의 삶은 차이가 있다. 선배 하이든의 삶은 평생 에스테르하지 궁정에서 봉직하다가 말년에 영국에서 성공을 거뒀다는 점에서 유쾌한 희극이었다. 후배 베토벤은 치명적인 청력 상실의 고통 속에서도 불멸의 걸작을 쏟아냈다는 점에서 장엄하고 영웅적인 비극이었다. 모차르트는 빈에서 음악적으로든 경제적으로든 성공하리라는 낙관적인 믿음을 버리지 않았다. 그 가운데 음악적 성공이라는 절반만 실현됐다는 점에서 그의 삶은 희비극에 가까웠다. 그 희비극은 어떤 결말을 맺었을까. 이제 '스스로 포기하고 추락한 자'의 마지막 순간으로 향할 때다.

잘츠부르크의 모차르트 생가에
전시되어 있는 모차르트 동상

MOZART

10대 이전에 '월드 스타'가 된 꼬마들

신동에 관한 관심이 유독 높은 분야가 클래식 음악이다. 모차르트에 버금가는 음악 신동을 뽑는 설문 조사도 심심치 않게 벌어진다. 간혹 보기 드문 예외를 제외하면, 모차르트가 1등이라는 건 '변수'가 아니라 '상수'에 가깝다. 설문 조사의 관건은 챔피언 모차르트에 맞설 만한 도전자를 구하는 일이다. 19세기 독일 작곡가 펠릭스 멘델스존, 프랑스의 작곡가이자 오르가니스트 카미유 생상스, 헝가리 출신의 피아니스트이자 작곡가 프란츠 리스트 등 상위권 후보들은 언제나 비슷하다. 낭만주의 예술이 정점에 이르렀던 이 무렵부터 신동이나 영재에 대한 관심도 고조됐다.

그런데 신동이나 영재에 대한 비교 평가에서 간과하는 점이 있다. 데뷔 연주회를 열거나 첫 작품을 발표한 시기에만 관심을 쏟은 나머지, 그들의 활동 반경을 잊고 지나친다는 점이다. 활동 반경이라고 표현하면 낯설지만, 쉽게 말해 어디까지 명성을 떨쳤는지, 연주 무대는 얼마나 많고 다양했는지 등을 연상하면 도움이 될 것이다. 당시 음악 신동이라고 해도 활동 범위가 국경을 벗어나는 법은 드물었다. 예술계의 중심지에서 이름을 떨쳐서 일찌감치 권위자들에게 재능을 인정받거나, 고향에서 유명해져서 수도로 상경하는 정도였다. 하지만 10대 이전에 국경을 뛰어넘어 세계적으로 이름을 떨쳤던 '월드 스타'가 서양 음악계에 딱 두 명 존재한다. 바로 모차르트와 팝의 제왕 마이클 잭슨이다.

모차르트에 버금가는 신동으로 꼽히는 멘델스존, 생상스, 리스트(왼쪽부터)

마이클 잭슨이 데뷔한 건 여덟 살 때인 1964년이다. 동네 음악회가 아니라 팝 음악계에 정식으로 데뷔했다. 물론 솔로 가수는 아니었고 친형 4명과 함께 '잭슨 파이브'라는 5인조 그룹으로 활동했다. 아홉 남매 가운데 일곱 번째인 마이클의 남다른 재능을 일찌감치 간파한 건 아버지 조지프 잭슨이었다. 전직 권투 선수였던 조지프는 인디애나 철강 공장에서 일하며 지역 밴드에서 간간이 기타를 치던 아마추어 음악인이었다.

아들 마이클이 춤추고 노래하는 모습을 지켜보던 조지프는 그의 재능을 눈여겨보고 재키, 티토, 저메인, 맬런 등 아들 네 명과 함께 잭슨 파이브로 데뷔시켰다. 아버지가 매니저 역할까지 맡았다는 점은 모차르트의 아버지 레오폴트와 같지만, 아이들이 제대로 연습하지 않을 때마다 매질을 일삼았다는 점이 결정적인 차이다. 그 이후 팝의 역사는 우리가 아는 대로다.

신문, 방송 등 매스미디어가 발달하고 교통 통신이 눈부시게 발전한 21세기에 '꼬마 월드 스타'의 출현은 더 이상 불가능한 일이 아니다. 방송 프로그램을 통해서 너무나 많은 신동이 쏟아져 나온다는 우려도 나온다. 하지만 인터넷에서 빛처럼 빠른 속도로 세상사를 알려주지도 않고, 비행기가 없어서 마차를 타고 다녀야 했던 18세기에 '월드 스타 모차르트'가 탄생한 건 도무지 믿기지 않는 사건이다.

천사가 된 천재

죽음, 그 이후

시신이 없는 모차르트

오스트리아 빈의 중앙공동묘지Zentralfriedhof에는 클래식 음악의 역사가 그대로 잠들어 있다. 베토벤과 슈베르트, 브람스와 요한 슈트라우스 부자까지 묘지 32구역에 조성된 음악가 묘역을 걷고 있으면 "클래식 음악의 수도는 빈"이라는 말이 결코 과장이 아니라는 사실을 깨닫게 된다. 묘지명에 들어간 독일어 '프리드Fried'는 평화나 자유를 말하며, '호프Hof'는 궁전이나 저택을 의미한다. 직역하면 '평화와 자유의 집'이니 우리말의 '안식처'와 다르지 않다.

중앙공동묘지의 32구역에 음악가들이 나란히 잠들게 된 사연이 있다. 19세기 후반 빈의 산업화와 인구 증가로 공동묘지가 포화 상태가 되자, 1874년 빈 남동쪽 11구의 짐머링Simmering에 새롭게 조성한 곳이 중앙공동묘지다. 베토벤과 슈베르트의 묘지도 뒤늦게 이곳으로 이장됐다. 모두 330만 구의 시신이 묻혀 있어 빈의 공동묘지 50여 곳 중 가장 크다. 유럽에서도 독일 함부르크에 이어 두 번째 규모다. 넓이가 2.5제곱킬로미터에 이르기 때문에 106번 버스가 묘지 내부를 순회한다. 음악가 묘역에 가려면 2번 출입문으로 들어가는 것이 가장 빠르다. 출입문 사이가 꽤 멀기 때문에 정거장을 잘못 내리면 음악가 묘역을 찾느라 한참 애를 먹을 수도 있다. 32구역에 도착하면 '음악가Musiker'라는 팻말이 친절하게 안내해준다. '왈츠의 왕' 요한 슈트라우스 2세의 묘지는 화려하기 그지없는 반면, 바로 오른쪽 곁의 브람스는 묘지에서도 심각한 고뇌에 빠져 있는 모습이다. 동심원 구조로 늘어선 묘지의 정중앙에는 모차르트 기념비가 서 있다. 왼쪽에는 베토벤, 오른쪽에는 슈베르트와 브람스의 묘지가 있다. 요즘 유행어로 '센터 자리'가 모차르트다.

하지만 엄밀하게 말해서 모차르트는 중앙공동묘지에 정식으로 초대받지는 못했다. 시신을 찾을 수 없기 때문이다. 이 때문에 다른 작곡가들은 묘지라고 부르지만, 모차르트는 가묘假墓나 기념비라고 부른다.

다른 작곡가들과 마찬가지로 당초 모차르트의 묘지는 이곳이 아니었다. 1791년 모차르트는 빈 3구 란트슈트라세의 성 마르크스 묘지Sankt Marxer Friedhof에 묻혔다. 12월 6일 오후나 7일 오전이었을 것으로 추정된다. 지금은 빈의 동남부에 해당하지만, 18세기 후반만 해도 외곽 지역이었다. 묘지 입구에는 '모차르트가 영면한 장소'라는 안내문이 붙어 있다.

모차르트 탄생 250주년이었던 2006년에 이어 12년 만에 다시 성 마르크스 묘지를 찾았다. 겨울이면 을씨년스러운 건 그때나 지금이나 변함이 없다. 모차르트가 숨을 거둔 1791년 12월도 그랬을 것이

빈 중앙공동묘지의 모차르트 기념비

빈의 중앙공동묘지 음악가 묘역에 잠들어 있는 이들을 보면 클래식 음악의 역사를 고스란히 느낄 수 있다. 동심원으로 구성된 묘지 정중앙에는 모차르트 기념비가 서 있지만, 다른 음악가들과 달리 모차르트는 실제 이곳에 잠들지 못했다. 작곡가의 시신을 찾지 못했기 때문이다.

다. 묘지 중앙으로 걸어가면 왼편에 모차르트 기념비가 있다. 안내문에는 기념비가 건립된 사연이 적혀 있다.

당시에는 나무 십자가로 간략하게 무덤 위치를 표시하는 것이 관습이었다. 이 때문에 얼마 지나지 않아 모차르트 묘지의 정확한 위치는 알 수 없게 됐다. 1859년 상세한 조사를 거쳐 지금의 위치에 기념비를 세웠지만, 서거 100주기였던 1891년에 중앙공동묘지로 기념비를 옮겼다고 한다. 현재 성 마르크스 묘지의 기념비는 1950년에 새로 만든 것이다. 모차르트 기념비는 두 묘지에 있지만, 정작 시신은 어느 곳에도 없다. 묘지를 나오는 길에 다시 표지판을 보니 '영면'이라는 문구가 어색하기만 하다.

영화 〈아마데우스〉의 마지막 장면이 보여주듯이 전통적으로 모차르트의 시신은 눈과 비바람이 몰아치는 가운데 리넨 자루에 담겨서 다른 시신들과 함께 구덩이에 묻힌 것으로 묘사됐다. 하지만 12월 6일과 7일경에는 눈이나 비가 내리지 않았으며 동풍이 잔잔하게 불고 안개가 이따금 끼었을 뿐 날씨는 맑았다는 기록도 있다. 역사학자 피터 게이는 "모차르트가 익명의 빈민 묘지에 매장되었다는 소문은 근거가 없으며, 폭풍우가 치는 겨울밤에 관을 따르는 사람 하나 없이 쓸쓸히 묘지로 향했다는 묘사도 멜로드라마의 재료일 뿐"이라고 말했다.

모차르트의 장례 절차는 극빈자와 다름없었다는 식의 서술도 사실과는 차이가 있다. 1791년 11~12월 성 슈테판 성당의 사망기록부에 따르면 모차르트의 장례 절차는 3급으로 진행됐다. 성당 사망기록부에 등재된 74건의 장례 가운데 51건이 3급이었다. 당시 빈의 일반적인 장례 절차와 어긋나지 않는다. 귀족이나 부유한 시민들이 택했던 1급과 2급은 각각 5건과 7건에 불과했다. 1급으로 장례를 치르려면 110플로린, 2급은 40플로린이 필요했고, 3급은 8플로린이면 충분했다. 나머지가 무료로 치르는 극빈자들이었다.

이처럼 모차르트의 장례식에 대해서는 엇갈리는 증언들이 많아 혼란을 부추긴다. 심지어 장례식에 참석한 인원도 기록마다 조금씩 차이가 있다. 전기 작가인 오토 얀은 모차르트의 제자로 〈레퀴엠〉을 완성한 프란츠 크사버 쥐스마이어와 모차르트의 후원자였던 고트프리트 판 스비텐 남작, 살리에리가 장례식에 참석했다고 기술했다. 하지만 모차르트의 아내 콘스탄체까지 포함해 이들 가운데 장례식이 끝난 뒤 묘지까지 따라간 사람은 없었던 것 같다. 훗날 콘스탄체는 "모차르트의 지인과 친구들 중에 묘지까지 따라간 사람은 없었다"면서 "당시에는 운구 마차가 별도의 추가 절차 없이 시신을 묘지로 운반하는 것이 관습이었다"고 회고했다.

황제 요제프 2세는 1784년 장례 절차 간소화를 지시하는 일종의 '가정의례 준칙'을 공포했다. 조문 행렬이 마차를 뒤따라가는 전통을 없앴고, 시신을 자루에 담아서 매장하는 방식도 명문화했다. 시신은 일몰 이후에 묘지로 옮기도록 했다. 시신은 6구까지 공동 매장할 수 있었다. 모차르트의 경우에도 성인 2명, 유아 2명의 시신과 함께 묻힌 것으로 추정한다. 평민은 매장한 지 10년이 지나면 파내고 새로운 시신을 묻도록 했다. 이 규정 때문에 모차르트의 시신도 1801년쯤 이장된 것으로 보인다. 1808년 콘스탄체가 모차르트 사후에 처음으로 묘지를 찾아갔을 때에도 남편의 묘를 제대로 찾지 못했다고 한다. 당시 무덤 일꾼은 세상을 떠난 지 오래였고, 후임자들은 이전 위치만 어렴풋하게 기억하고 있을 뿐이었다고 한다. 이렇듯 모차르트의 죽음에는 사실과 신화가 뒤엉켜 있어 명확한 진실을 분간하기 어렵다.

역사학자이자 음악학자 윌리엄 스태퍼드는 모차르트의 죽음을 둘러싼 미스터리가 사라지지 않는 이유를 세 가지로 요약했다. 우선 아내 콘스탄체 등 핵심 증언자들의 진술이 엇갈리거나 심지어 사실을 왜곡하는 경우가 있었고, 다음으로 모차르트 사후에 쏟아진 초기 전기들이 사실 확인을 게을리한 채 서로 복제하는 경우가 잦았으며, 19세기 들어서 사실 관계를 바로잡으려 했을 때는 이미 증언자들이 세상을 떠나거나 기억이 흐릿해진 후였다고 분석한다. 모차르트 사망의 경우에도 초동 수사와 초기 대응이 부실한 바람에 장기 미제 사건으로 남고 말았다는 뜻이다. 음악학자들 입장에서는 땅을 칠 노릇이지만, 허점과 공란이 많기 때문에 후대의 예술적 상상력을 자극해서 〈아마데우스〉 같은 작품이 탄생할 수 있었던 것도 사실이다.

진혼곡의 대명사 〈레퀴엠〉의 미스터리

모차르트는 1791년 9월 프라하에 머물던 무렵부터 건강이 악화됐다. 오페라 〈티토 황제의 자비〉 초연을 준비하던 중이었다. 빈으로 돌아온 직후인 같은 달 30일에는 〈마술피리〉를 지휘할 정도로 상태가 호전되는 듯했지만 잠시뿐이었다. 11월 20일에 이르면 손발의 붓기 때문에 제대로 몸을 가눌 수 없었고, 부분적인 마비와 고열, 구토 증세가 뒤따랐다. 사인은 류머티즘열일 가능성이 높은 것으로 추정된다. 병을 치료하기 위해 무리하게 피를 뽑은 사혈瀉血이 작곡가의 죽음을 앞당겼다는 분석도 있다. 프랑스 내과 전문의 뤼시앙 카로젠은 1998년 논문에서 "모차르트의 병세를 통해서 추정할 수 있는 사인은 최소 118개에 이른다"고 밝혔다. 사실상 모든 가능성을 열어둔 것과도 같다. 관련 논문과 주장은 지금도 쏟아진다.

〈마술피리〉와 〈티토 황제의 자비〉, 클라리넷 협주곡과 미완성 유작인 〈레퀴엠〉 같은 말년의 걸작을 단기간에 쏟아낸 것도 건강 악화를 부채질했다. 아내 콘스탄체의 회고에 따르면, 당시 모차르트는 새벽 4시 반이면 일어났고 자정 이전에 잠드는 법이 없었다. 1791년 9월 6일에는 프라하에서 〈티토 황제의 자비〉가 초연됐고, 같은 달 30일에는 빈에서 〈마술피리〉가 초연됐다. 한 달 만에 오페라 두 편을 초연했으니 그야말로 살인적인 스케줄이었다.

거기에 〈레퀴엠〉의 창작 과정을 둘러싼 미스터리까지 결합되면서 모차르트의 죽음은 말 그대로 신화가 되고 말았다. 영화 〈아마데우스〉에서는 살리에리가 〈레퀴엠〉을 자신의 작품으로 발표하기 위해 가면을 쓰고 찾아와 모차르트에게 작곡을 의뢰하는 것으로 묘사된다. 〈레퀴엠〉의 도둑질이라는 영화의 설정은 역사적 사실과 대체로 일치한다. 하지만 결정적으로 범인이 달랐다. 〈레퀴엠〉을 가로채려고 했던 건 살리에리가 아니라 아마추어 작곡가이자 음악 애호가였던 프란츠 폰 발제크 백작이었으니 말이다.

헤르만 폰 카울바흐의 〈모차르트 최후의 나날들〉(1873)

모차르트는 〈마술피리〉와 〈티토 황제의 자비〉, 클라리넷 협주곡과 미완성 유작인 〈레퀴엠〉
등 말년의 걸작을 단기간에 쏟아내면서 급격히 쇠약해졌다. 거기에 최후의 작품 〈레퀴엠〉의
창작 과정에 관한 소문이 더해지면서 모차르트의 죽음은 신화가 되고 말았다.

1791년 2월 14일 발제크 백작은 아내 안나를 여읜 뒤 모차르트에게 미사곡 〈레퀴엠〉을 의뢰했다. 세상을 떠날 당시 안나는 20세에 불과했다. 전기 작가 프란츠 크사버 니메체크는 "정체불명의 전달자가 서명 없는 편지를 모차르트에게 전달했다"고 기록했다. 작품 의뢰 시기는 1791년 7월로 추정된다. 백작은 매주 화요일과 목요일 두 차례씩 자신의 집에서 실내악 음악회를 열던 예술 애호가였다. 아마추어 플루티스트로서 실내악 연주에 참여하기도 했다. 하지만 그에게는 나쁜 습관이 있었다. 다른 작곡가에게 작품을 위촉한 뒤 슬쩍 자기 작품인 양 발표했던 것이다. 모차르트의 〈레퀴엠〉역시 아내의 1주기 추모식을 맞아서 작품을 도용하려는 의도가 분명했다. 모차르트는 최소 60두카트 이상의 작곡료를 요구했고, 절반인 30두카트를 선금으로 받았다.

불행일까 다행일까. 모차르트는 〈레퀴엠〉을 완성하기 전에 세상을 떠났다. 만약 완성했다면 우리는 〈레퀴엠〉을 발제크 백작의 작품으로 잘못 알고 있을지도 모른다. 모차르트가 숨을 거둔 건 1791년 12월 5일 0시 55분 무렵이었다. 그가 타계할 당시 살았던 빈 1구 라우헨슈타인가 8번지는 현재 슈테플 백화점 후문의 옆 건물이다. 모차르트가 세상을 떠난 집이 있었다는 명판만이 역사적 사실을 알려준다.

모차르트의 처제인 조피는 그의 임종 순간을 이렇게 회고했다. "그는 입으로 〈레퀴엠〉의 팀파니 구절을 읊조리려고 애쓰다가 숨을 거뒀다. 그 소리를 결코 잊지 못할 것이다." 모차르트는 '눈물의 날'로 번역되는 '라크리모사Lacrimosa'의 첫 여덟 마디까지 완성한 뒤

절명했다. 결과적으로 이 작품은 모차르트 자신을 위한 추모곡이 되고 말았다.

백조는 죽기 전에 딱 한 번 운다고 해서 '백조의 노래'라고 부르는 것처럼, 음악가의 마지막 작품도 보통 예술적 유언으로 인식된다. 말러의 미완성 교향곡 10번, 브루크너의 교향곡 9번 등이 모두 그렇다. 모차르트의 〈레퀴엠〉 역시 마찬가지다. 특히 19세기 낭만주의 시대를 거치면서 모차르트는 불멸의 천재나 지상으로 내려온 천사로 인식됐고, 더불어 그의 유작인 〈레퀴엠〉의 가치도 올라갔다. 1849년 피아노의 시인 쇼팽이 숨졌을 때 파리 마들렌 성당에서 열렸던 장례식에서 울려 퍼진 음악도 모차르트의 〈레퀴엠〉이었다. 망자의 넋을 위로하기 위한 진혼곡의 대명사가 된 것이다.

콘스탄체는 모차르트가 〈레퀴엠〉을 완성하지 못했다는 사실을 비밀에 부치고자 했다. 발제크 백작에게 알리지 않은 채 〈레퀴엠〉을 마무리한 뒤 남은 작곡료를 받으려는 욕심 때문이었다. 결국 콘스탄체는 모차르트의 조수이자 악보 필경사였던 쥐스마이어에게 작품 완성을 의뢰했다.

이듬해 콘스탄체는 쥐스마이어가 완성한 〈레퀴엠〉의 악보에 모차르트의 서명을 위조한 뒤 발제크 백작에게 보냈다. 그 뒤에는 모차르트의 이름으로 〈레퀴엠〉 악보를 정식 발표해서 별도의 수입도 챙겼다. 이를테면 발제크 백작의 사기 행각에 이중의 속임수로 되갚아준 셈이었다. 하지만 여전히 문제는 남아 있었다. 작품의 완성 과정을 숨기는 데 급급한 나머지, 모차르트의 미완성 스케치와 지

모차르트의 마지막 집 라우헨슈타인가 8번지 명판

모차르트는 〈레퀴엠〉을 끝내 완성하지 못한 채 1791년 12월 5일에 세상을 떠났다. 그가 죽음을 맞은 빈 1구 라우헨슈타인가 8번지는 당시 모습이 남아 있지 않다. 현재 슈테플 백화점 후문의 옆 건물로, 모차르트가 세상을 떠난 집이 있었다는 명판만 볼 수 있을 뿐이다.

모차르트의 미완성 유작 〈레퀴엠〉의 악보

콘스탄체는 모차르트가 〈레퀴엠〉을 작곡하던 도중에 숨졌다는 사실을 숨긴 채 작품 완성을
위해 사방으로 노력했다. 하지만 콘스탄체에게 제안을 받은 작곡가 대부분은 수락하지 않았
고, 결국 〈레퀴엠〉은 모차르트의 조수 쥐스마이어의 손에 의해 완성될 수 있었다.

시를 구체적으로 어떻게 작품 완성에 반영했는지 경계가 흐려진 것이다.

그렇다고 해도 콘스탄체를 비난할 수는 없다. 남편이 세상을 떠났을 당시 콘스탄체는 29세에 불과했다. 더구나 그에게는 어린 두 아들이 있었다. 별다른 수입은 물론 연금도 없었기 때문에 당장의 생존이 절박했다. 당시 황실에서는 10년을 봉직해야 연금을 지급하도록 규정하고 있었다. 모차르트의 재직 기간은 4년에 불과해서 기준에 턱없이 모자랐다. 하지만 미망인이 된 콘스탄체는 "미래를 향한 전망이 밝아지려고 하는 찰나에 남편을 데려간 가혹한 운명"을 언급하면서 애타게 간청했다. 간절한 호소가 통한 것일까. 1792년 1월 1일부터 모차르트의 연봉 800플로린 가운데 3분의 1을 지급하라는 통지가 내려왔다. '선례로 남기지 않는 특별한 호의로 베푸는 것'이라는 엄격한 단서를 보면 이례적인 조치가 분명했다.

모차르트 사후의 추모 열기

영화 〈아마데우스〉의 마지막 장면이 보여주듯이 모차르트는 냉대와 무관심 속에 죽어간 것으로 알려져 있다. 하지만 사후에는 곧바로 재조명 열풍이 일어났다. 모차르트가 죽은 지 닷새 뒤인 12월 10일에는 빈의 성 미하엘 성당에서 모차르트의 추도식이 열렸다. 〈마술피리〉의 대본 작가였던 쉬카네더가 주관했다. 모차르트의 미완성 유작 〈레퀴엠〉 일부가 이날 처음으로 연주됐다고 한다. 〈레퀴엠〉이 세상에 처음으로 울려 퍼진 성당인 셈이다.

1794년 12월 빈에서는 모차르트를 추모하기 위해 오페라 〈티토 황제의 자비〉를 공연했다. 콘스탄체가 이 공연을 주관했고, 콘스탄체의 언니 알로이지아가 세스토 역을 노래했다. 이 공연이 성공을 거두자 콘스탄체는 이듬해 3월에도 추모 콘서트를 열었다. 이 콘서트에서 모차르트의 피아노 협주곡 20번(K.466)을 연주했던 25세의 피아니스트가 베토벤이다. 베토벤은 훗날 이 협주곡의 카덴차 2개를 남겼다. 아마도 당시 연주 경험이 바탕이 됐을 것이다.

그해 가을 콘스탄체와 알로이지아 자매는 베를린과 라이프치히, 함부르크, 린츠, 그라츠를 순회하며 추모 음악회를 열었다. 당시에는 생존 작곡가의 작품을 우선적으로 연주하는 것이 관행이었다. 콘스탄체에게는 남편의 작품을 망각의 위기에서 구하는 것이 절박한 과제였다. 1833년 콘스탄체는 빈의 서적상 피에트로 메체티에게 보낸 편지에서 "나는 여자일 뿐이지만 남자들처럼 꼼꼼하게 비즈니스 문제를 처리하고 있다. 나와 거래를 하려는 사람들에게도 마찬가지를 기대한다"고 적었다. 모차르트 사후 콘스탄체의 삶을 집약적으로 보여주는 구절이다.

이즈음 작곡가의 가족과 동료의 증언을 바탕으로 하는 전기물이 쏟아지기 시작했다. 체코 출신의 철학 교수이자 음악비평가인 니메체크가 최초의 모차르트 전기 작가로 꼽힌다. 니메체크는 콘스탄체가 소장하고 있던 자료를 바탕으로 1798년 모차르트 전기를 출간했다. 기숙학교 교장이었던 니메체크는 모차르트의 유가족과도 무척 가까웠다. 콘스탄체가 모차르트의 추모 음악회를 여는 동안에는

성 미하엘 성당에 있는 모차르트의 청동 부조

모차르트는 쓸쓸히 죽어갔지만, 사후 재조명 열풍이 거세게 일었다. 모차르트가 죽은 지 닷
새 뒤에는 빈의 성 미하엘 성당에서 추도식이 열렸다. 이날 모차르트의 유작 〈레퀴엠〉의 일부
가 최초로 연주됐다고 한다. 모차르트 서거 200주기이던 1991년에는 성 미하엘 성당 내부 벽
면에 모차르트의 청동 부조가 설치됐다.

모차르트의 두 아들을 맡아서 보살피기도 했다. 이 때문에 모차르트의 두 아들에게는 정신적 아버지와도 같은 존재였다.

1829년에는 콘스탄체의 두 번째 남편인 니센이 집필한 전기가 출간됐다. 모차르트의 누나 난네를이 보관하던 400여 장의 편지와 메모 등을 활용해서 자료적 가치가 높다. 모차르트 생전에 누나 난네를과 아내 콘스탄체는 서먹하고 데면데면했지만, 작곡가 사후에는 재평가를 위해 의기투합했다는 점도 이채롭다. 앞서 출간된 니메체크의 전기를 읽어본 난네를은 모차르트의 빈 생활에 대해서 뒤늦게 많은 걸 알게 됐다. 1800년 난네를은 "니메체크의 전기 덕분에 사랑하는 남동생에 대한 감정이 북받쳐 올라 눈물을 흘리곤 했다. 지금에 와서야 남동생이 얼마나 고된 상황에 있었는지 알게 됐다"고 기록했다. 이 때문에 모차르트의 또 다른 전기 발간에도 적극적으로 참여했을 것이다. 니센의 모차르트 전기는 유족들이 힘을 합친 결과물인 셈이다.

니센의 모차르트 전기는 콘스탄체의 입장을 적극적으로 반영하고 있다. 콘스탄체는 모차르트 관련 자료를 정리하는 니센의 모습을 이렇게 회고했다. "밤낮으로 그는 책과 자료 더미에 파묻혀 있었다. 자료가 산더미처럼 쌓여서 그를 찾기 힘들 정도였다. 그와 같은 모차르트의 옹호자를 찾기도 쉽지 않을 것이다. 그의 노력에는 끝이 없었다. 그가 써야 하는 편지의 숫자만 해도 걱정될 정도였다. 지금까지는 괜찮지만 너무나 많은 작업량으로 그의 건강을 해치는 건 아닐까. 이 글을 쓰면서도 눈물이 쏟아진다."

어디서 많이 본 듯한 풍경이 아닐까. 콘스탄체의 회고에서 '책과 자료'를 '악보'로 바꾸면 곧바로 모차르트의 모습이 된다. 전 남편 모차르트 역시 미완성 유작 〈레퀴엠〉을 쓰다가 타계했다. 아마도 콘스탄체의 눈에는 작곡에 매달렸던 모차르트와 전기 집필에 매진하는 니센의 모습이 겹쳤을 것이다. 전 남편의 전기를 두 번째 남편이 집필했다는 의미에서 콘스탄체는 남편 복이 많은 여인이었다. 하지만 니센 역시 모차르트의 전기를 완성하지 못한 채 1826년 3월 24일 먼저 세상을 떠났다. 콘스탄체는 두 번이나 남편과 사별했다는 점에서 불행한 여인이기도 했다. 니센을 추모하기 위해 연주한 곡도 모차르트의 〈레퀴엠〉이었다. 모차르트의 차남 프란츠 크사버가 당시 지휘봉을 잡았다.

〈레퀴엠〉과 마찬가지로 모차르트의 미완성 전기를 완성하는 것 역시 콘스탄체의 몫이 됐다. 그는 니센의 오랜 친구이자 모차르트 음악의 애호가였던 드레스덴 출신의 의사 요한 프리드리히 포이어슈타인에게 마무리 작업을 의뢰했다. 후대 학자들은 이 과정에서 상호 불일치하거나 모순되는 단락이 생기고 미확인 일화가 포함되는 부작용이 생겼다고 비판한다. 전기 작가 힐데스하이머는 콘스탄체가 모차르트 사후에 남아 있던 편지 일부를 없앴을 가능성을 제기하기도 한다. 하지만 콘스탄체가 남편의 음악 세계에 무지했다는 통념과는 달리, 모차르트 사후에 재조명 작업에 앞장섰다는 사실만큼은 부인하기 힘들다. '모차르트 신화' 탄생의 일등공신이 아버지 레오폴트였다면 신화의 완성은 아내 콘스탄체의 몫이었다.

푸시킨이 확산시킨 모차르트 독살설

모차르트 사후, 작곡가의 예술적 업적에 대한 진지한 학문적 재평가와 낭만적 신격화가 동시에 진행됐다는 점은 역사의 아이러니다. 19세기 낭만주의 예술관이 절정에 이르면서 예술가는 자신의 운명이나 시대적 상황과 치열하게 맞서 싸우는 존재라는 인식이 확산됐다. 모차르트 역시 비운의 예술가이자 불멸의 천재로 격상됐다. 미국의 음악학자 데이비드 부흐는 "작곡가 사후에 독일의 위대한 대가들 가운데 하나로 신격화됐고, 당시 싹트고 있던 독일의 민족적 정체성과의 연관성 때문에 찬양 일색의 전기가 쏟아졌다. 모차르트 전기의 균열도 봉합됐고, 소문과 상상력이 그 간극을 채웠다"고 말했다. 모차르트가 신적인 존재로 부상하면서 그의 죽음도 비극적으로 윤색되기에 이르렀다. 더불어 부각된 것이 '모차르트 독살설'이다.

독살설의 연원은 모차르트가 타계 반 년 전인 1791년 여름 콘스탄체에게 건넸던 말에서 찾을 수 있다. "오래 살지 못할 것 같은 느낌을 받소. 확실히 독을 들이켠 것 같다는 생각이 머리를 떠나지 않구려." 1791년 12월 12일 베를린의 한 음악 주간지는 "그의 몸이 사망 후에 부어올랐기 때문에 사람들은 그가 독살된 것이 아니냐고 생각했다"고 보도했다. 당시엔 살리에리의 독살설보다 더 끔찍한 소문도 있었다. 프리메이슨 동료이자 정부 관리였던 프란츠 호프데멜이 모차르트를 독살했다는 소문이 나돌았던 것이다. 호프데멜은 1789년 작곡가가 베를린으로 여행을 떠날 당시 돈을 빌려주기도 했다. 채권자가 채무자를 살해하고자 했던 이유가 무엇이었을까.

모차르트가 세상을 떠난 다음 날, 호프데멜이 임신 중인 아내 막달레나의 얼굴과 손을 면도날로 그은 뒤 스스로 목을 베는 끔찍한 사건이 일어났다. 막달레나는 모차르트의 제자였다. 명확한 사건의 원인은 밝혀지지 않았다. 하지만 모차르트와 아내의 불륜을 눈치 챈 호프데멜이 질투심으로 저지른 짓이고, 모차르트도 호프데멜이 독살했다는 소문이 꼬리를 물고 이어졌다. 호프데멜은 숨졌지만, 불행 중 다행으로 막달레나는 생명을 건졌다. 이런 소문들은 모차르트 사후에 나온 전기들에도 간간이 소개됐다.

잠복하고 있던 모차르트 독살설이 수면 위로 부상한 결정적 계기는 러시아 시인이자 극작가 푸시킨의 1830년 희곡 〈모차르트와 살리에리〉다. 이 희곡에서 살리에리는 모차르트의 재능에 대한 질투심에 사로잡혀 "나는 더 이상 내 운명에 거역할 수 없어. 나는 그를 제거하도록 선택된 인간"이라고 말한다. 결국 살리에리는 샴페인 잔에 독약을 붓고, 그 사실을 알지 못한 모차르트는 잔을 비운 채 쓰러진다. 러시아 작곡가 림스키 코르사코프는 푸시킨의 희곡을 원작으로 1898년 단막 오페라 〈모차르트와 살리에리〉를 발표했다.

당초 근거가 빈약했던 독살설에 문학적 상상력이 뒤섞이면서 급기야 해괴한 주장들도 등장했다. 모차르트가 〈마술피리〉에서 프리메이슨의 비밀 의식을 공개하자 단원들이 독살했다거나, 채권자였던 미하엘 푸흐베르크가 모차르트의 살인범이라는 소문들이었다. 심지어 연인 관계에 있던 모차르트의 아내 콘스탄체와 조수 쥐스마이어가 불륜 사실을 감추기 위해 저지른 짓이라는 소문도 있었다.

예수회와 유대인의 독살설까지 음모론은 도무지 멈추지 않았다. 존 F. 케네디나 엘비스 프레슬리의 죽음을 둘러싼 미스터리처럼, 어쩌면 클래식 음악사 최고의 천재가 독살됐다는 신화를 믿기 위해서 끊임없이 독살설을 만들어내는 것인지도 모른다.

독살설 외에도 모차르트와 관련된 소문은 끊이지 않았다. 중세 유럽에서 성배와 성창聖槍에 관한 전설이 확산됐던 것과도 흡사하다. 대표적인 것이 모차르트의 두개골에 대한 이야기다. 작곡가 타계 10주기였던 1801년 당시 묘지기가 모차르트의 묘지에서 두개골을 찾아냈고, 이를 후임자들에게 전달했다는 내용이다. 급기야 해부학자 요제프 히르틀은 작곡가의 것으로 추정되는 두개골을 조사한 뒤 1890년대 잘츠부르크시에 기증했다. 1940년대까지 모차르테움 재단에서 전시회도 버젓이 열었다.

하지만 모차르테움 재단에서 소장한 두개골의 치아 수는 11개인 데 비해, 1905년 조사 보고서에 기술된 치아 수는 7개밖에 되지 않았다. 이 때문에 한바탕 소동이 일어났다. 현재 두개골의 진위 여부는 가릴 수 없다는 것이 모차르테움 재단의 입장이다. 이뿐 아니라 모차르트가 숨을 거둔 직후에 얼굴을 본떠서 만든 데스마스크death mask가 존재한다는 주장도 나왔다. 역시 진위 여부는 가릴 길이 없다. 이쯤이면 지금도 계속되고 있는 소문과 추측들은 '믿거나 말거나' 수준이라 볼 수 있다.

전설로 남은 천재의 죽음

"오! 신이시여. 모차르트에게는 천재성을 주시고, 왜 내게는 그런 천재성을 알아볼 재주밖에 허락하지 않으셨습니까."

영화 〈아마데우스〉에 나오는 살리에리의 탄식은 천재와 범인의 갈등을 집약한 대사였다. 영화에서 살리에리는 '평범한 사람들의 수호자'를 자처한 반면, 모차르트는 '천재의 대명사'가 됐다. 〈아마데우스〉 개봉 이후 살리에리는 불멸의 천재를 죽음으로 몰아넣은 악당 취급을 받았다.

과연 살리에리가 모차르트를 독살했을까. 현실적으로 그런 가능성은 높지 않다는 것이 음악학자들의 중론이다. 힐데스하이머는 1977년 모차르트 전기에서 살리에리의 독살설이나 살인 교사설을 단호하게 부인하면서 이렇게 말했다. "살리에리는 사교성이 있는 사람이었고 겉으로 보기에는 온건한 사람이었다. 일선에서 일하는 음악가와 교사로서 점잖은 신사였다."

살리에리는 1774년부터 반세기 동안 빈 궁정 음악가로 봉직했다. 1788~1824년의 36년간은 최고 지위라고 할 수 있는 궁정 악장을 역임했다. 파리와 로마, 베니스 등 유럽 전역에서 오페라를 발표한 거장으로, 완성한 오페라만 39편에 이른다. 그는 하이든이 생전 마지막으로 참석했던 1808년 오라토리오 〈천지창조〉의 빈 연주회는 물론이고, 베토벤의 피아노 협주곡 1~2번 초연 당시에도 지휘봉을 잡았다. 또 1824년 은퇴할 때까지 황실 성당 부속학교에서 작곡을 가르쳤던 교육자로도 명성이 높았다. 베토벤과 슈베르트, 리스트 등 그의 제자들은 훗날 고전파와 낭만파 음악의 주역으로 성장했다. 모차르트의 막내아들 프란츠 크사버를 가르쳤던 스승 역시 살리에리였다.

살리에리는 일부 부유층 자제를 제외하면 대부분 레슨비를 받지 않고 제자를 가르쳤다. 이는 살리에리 자신의 유년 시절 경험과도 맞물려 있었다. 밀라노 북서쪽 레냐고에서 태어난 그는 13~14세 때 양친을 모두 잃고 베니스로 건너갔다. 거기서 스승 플로리안 레오폴트 가스만을 만나 음악 공부를 계속했다. 살리에리가 빈에 정착한 것도 빈 궁정 음악가가 된 스승 가스만의 추천 덕분이었다. 그는 1774년 황실 실내 음악 작곡가였던 가스만이 세상을 떠난 뒤 후임자가 됐다.

1781년 모차르트가 빈에 정착한 직후 살리에리와 경쟁 관계가 된 것은 분명하다. 당시 빈에는 살리에리로 대표되는 이탈리아 악파와 모차르트를 비롯한 독일 음악가들의 라이벌 구도가 존재했다. 모차르트 부자는 살리에리 같은 이탈리아 작곡가들을 "이탈리아 일당"이라고 불렀다. 흥미로운 건 험담을 퍼부은 쪽은 살리에리가 아니라 모차르트였다는 점이다. 1781년 12월, 모차르트는 아버지에게 "황제의 눈에 중요한 딱 한 사람은 살리에리"라는 편지를 보냈다. 그 뒤에도 모차르트는 편지를 통해 "살리에리의 협잡"을 거듭 비난했다. 뷔르템베르크 공녀 엘리자베트에게 성악과 피아노를 가르칠 음악 교사를 선발할 당시 살리에리에게 밀려서 고배를 마셨기 때문인지도 모른다. 〈아마데우스〉에서는 살리에리가 모차르트의 여자관계에 대한 소문을 퍼뜨려서 음악 교사 자리를 가로챈 것으로

미하일 브루벨의 〈모차르트의 잔에 독을 타는 살리에리〉(1884)

전통적으로 살리에리는 열등감 때문에 모차르트를 죽음으로 몰아넣은 살인자로 취급받았다. 하지만 음악학자들의 견해는 다르다. 모차르트가 살리에리와 경쟁한 것은 분명하지만, 오히려 상대방을 험담하고 비난한 쪽은 살리에리가 아니라 모차르트였다. 살리에리는 모차르트가 죽은 뒤 그의 막내아들 프란츠 크사버를 직접 가르치기도 했다.

묘사된다.

영화는 살리에리를 열등감에 사로잡혀 천재 모차르트를 괴롭히는 졸장부로 묘사했지만, 실제로는 과장된 측면이 적지 않았고 살리에리의 음악 세계에 대한 온전한 재평가를 가로막는 결과를 낳고 말았다. 억울한 쪽은 살리에리였던 셈이다.

2인자의 대명사 살리에리

1786년 2월 7일 살리에리와 모차르트는 황제 요제프 2세 앞에서 맞대결을 벌이기도 했다. 쇤브룬 궁전의 오랑주리Orangerie에서 단막 오페라를 나란히 공연한 것이다. 황제는 오랑주리의 양쪽 끝에 두 개의 무대를 마련한 뒤 손님 80여 명을 초대해서 두 작품을 동시에 공연하도록 지시했다. 말 그대로 '오페라 경연'이 실시간으로 펼쳐졌던 셈이다.

이날 맞대결에서 살리에리가 발표한 작품이 〈음악이 먼저, 대사는 다음Prima la musica e poi le parole〉이다. 극중극 형식을 지닌 이 작품은 작곡가와 시인을 등장시켜 음악과 대본의 상관관계를 살피고 있다. 이 작품에서 가수들은 나흘 뒤에 초연되는 오페라에서 자신이 첫 아리아를 불러야 한다고 목소리를 높인다. 오페라를 쓰고 있는 작곡가와 시인도 두 가수의 자존심 다툼 때문에 골머리를 앓는다. 작곡가와 시인은 티격태격 말다툼을 벌인 끝에 두 가수가 동시에 노래하는 것으로 낙착을 본다. 이중창 아닌 이중창이 된 것이다. '음악과 언어'라는 작품의 주제는 훗날 리하르트 슈트라우스의 오페라 〈카프리치오〉에도 지대한 영향을 미쳤다.

같은 날 동시 초연된 모차르트의 〈극장 지배인〉(K.486) 역시 마찬가지로 극중극 형식이다. 모차르트는 두 성악가가 주역을 차지해야 한다며 펼치는 고음 대결을 통해서 가수들의 허영심을 유쾌하게 풍자했다. 이탈리아 음악가의 대표 주자인 살리에리가 이탈리아어로 오페라를 쓴 반면, 독일 음악가인 모차르트는 독일어 음악극인 '징슈필'로 작곡했다는 점도 흥미롭다. 모차르트의 일방적 승리로 끝났을 것이라는 후대의 고정 관념과 달리, 초연 당시에는 승부를 쉽게 가리기 힘들 만큼 팽팽한 접전이 펼쳐졌던 모양이다. 심지어 살리에리의 작품이 판정승을 거뒀다는 평가도 있다. 당시 모차르트는 〈피가로의 결혼〉을 작곡하고 있었기 때문에 상대적으로 신경을 쓰기 힘든 처지이기도 했다. 어쨌든 천하의 모차르트도 고전하거나 무릎 꿇을 때가 있었던 셈이다.

하지만 둘의 관계를 경쟁자로만 바라보는 시각은 일면적이고 일방적인 관점일 뿐이다. 모차르트와 살리에리가 협력했던 사례도 얼마든지 찾을 수 있다. 1788년 궁정 음악 감독에 임명된 살리에리는 자신의 신작 오페라 공연을 고집하는 대신, 모차르트의 〈피가로의 결혼〉에 흔쾌히 양보했다. 모차르트의 교향곡 40번과 피아노 협주곡 22번, 클라리넷 5중주 같은 후기 걸작들도 살리에리의 주선 덕분에 초연됐다. 1791년에는 살리에리가 모차르트의 작품을 직접 지휘한 것으로 보인다. 1791년 10월 모차르트는 살리에리가 〈마술피리〉를 관람한 뒤 입에 침이 마르도록 칭찬했다는 사실을 자랑스럽게 아내에게 전했다. "그는 서곡부터 마지막 합창까지 주의 깊게 보고 들었고, '브라보'와 같은 환호를 빼놓지 않았다"는 내용이었다.

최근에는 살리에리와 모차르트를 라이벌보다는 파트너 관계로 바라보는 학자도 늘고 있다. 독일의 음악학자 크리스토프 볼프가 대표적이다. 그는 모차르트의 영입이 빈 궁정 음악계의 신구 조화를 위한 포석에서 핵심을 차지했다고 주장한다. 구세대의 대표 주자가 살리에리라면 신세대는 단연 모차르트였다는 분석이다. 볼프는 빈 황실에서 모차르트를 영입해서 인재 확보와 황실 경비 절감이라는 두 가지 목표를 이루려고 했다고 본다. 젊은 인재들을 끌어들여서 장기적으로 세대교체를 이루고 경쟁력을 강화하는 시도는 오늘날 기업이나 프로 스포츠에서도 어렵지 않게 볼 수 있다.

대부분의 학자는 실내 음악 작곡가로 임명된 모차르트의 연봉이 800플로린에 불과했다는 점 때문에 빈 황실이 그를 푸대접했다고 해석한다. 하지만 볼프는 음악가들의 나이와 경력 차이를 감안하지 않고 연봉을 단순 비교하기 때문에 빚어진 '착시 현상'이라고 반박한다. 비슷한 직책에 있던 전임자들과 비교하면 모차르트의 연봉은 후한 편이었다는 것이다. 볼프의 추론에 따르면 모차르트는 빈 음악계의 명실상부한 차세대 대표 주자였던 셈이다.

이처럼 모차르트와 살리에리의 관계에 대한 후대의 인식이 바뀌게 된 반전의 계기가 있었다. 2015년 11월 프라하의 음악 박물관에서 발견된 악보였다. 독일의 음악학자 티모 주코 헤르만이 찾아낸 이 악보는 1785년 초연 이후 230년간 사라진 것으로 추정했던 칸타타 〈오펠리아의 회복을 위해Per la ricuperata salute di Ofelia〉였다. 당시 5개월간 활동을 중단하고 요양했던 영국의 소프라노 낸시 스토라체의 복귀를 환영하는 작품이다. 그런데, 휴식 이후 무대로 돌아온 낸시를 따뜻하게 환영하는 칸타타(오케스트라가 반주를 하며 독창, 중창, 합창을 포함하는 규모가 큰 종교 음악)의 공동 작곡가가 살리에리와 모차르트, 코르네티라는 사실이 뒤늦게 밝혀진 것이다. 코르네티는 당시 빈의 성악 교사이자 작곡가였던 알렉산드로 코르네티의 실명이거나 낸시의 오빠 스티븐의 예명으로 추정한다. 칸타타의 제목인 '오펠리아'는 살리에리의 오페라에서 스토라체가 맡았던 역할이다. 살리에리와 모차르트가 서로 죽이지 못해서 안달하기는커녕, 동료 성악가의 복귀를 환영하기 위해 손을 맞잡았던 관계라는 사실이 뒤늦게 밝혀진 것이다. 진상 규명과 명예 회복이 필요한 쪽은 모차르트가 아니라 오히려 살리에리였다.

불멸의 천재, 천사로 승화되다

"니센 이후의 전기 작가들은 영원한 소년, 맑은 아폴로 신, 순진무구한 자연의 아이, 빛나는 뮤즈의 연인이라는 관념을 후세에 심어주기 위해 모든 노력을 아끼지 않았다." 전기 작가 힐데스하이머의 말처럼, 사후의 모차르트는 영원한 아이나 천상에서 내려온 천사의 모습으로 승화됐다. 작곡가이자 평론가로 활동했던 로베르트 슈만에게 모차르트는 빈 고전주의 음악의 표상이었다. 그는 1834년 자신이 창간한 《음악신보》에 모차르트 음악에 대해 이렇게 묘사했다.

> 쾌활함과 고요함과 우아함은 고대 예술 작품의 특징이면서 모차르트 악파의 특징이기도 하다. 그리스인들이 천둥을 내리는 제우스를 쾌활한 모습으로 묘사했듯이, 모차르트에게도 번쩍이는 섬광이 숨어 있다.

슈만의 눈에 비친 모차르트 음악은 그리스 고전과 같은 반열에 있었다. 실제 슈만은 자신의 음악관을 피력하기 위해 '다비드 동맹'이라는 가상의 단체를 구상했다. 모차르트와 베토벤, 슈베르트와 슈만 자신, 쇼팽과 베를리오즈 등을 이 단체의 회원으로 간주했다. 슈만에게 모차르트는 음악적 우군이자 정신적 지주였던 것이다.

'천재성'과 '작품의 생명력'을 동의어로 본 괴테에게도 모차르트는 천재의 표상이었다. 괴테는 1829년 비서이자 제자인 요한 페터 에커만과의 대화에서 "악마가 인간들을 놀리거나 조롱하기 위해, 그 누구나 자신의 목표로 삼을 만큼 매력적이며, 또한 도달할 수 없을 정도로 위대한 인물들을 이따금씩 이 세상에 내보내는 것"이라고 말했다. 괴테에게는 작곡가 모차르트와 화가 라파엘로, 시인 바이런이 그 실례였다.

여기서 악마나 악령은 인간을 타락에 빠뜨리는 종교적인 개념이 아니다. 오히려 '악마의 솜씨'라는 표현처럼 도저히 넘을 수 없는 경지를 지칭하는 '넘사벽'에 가깝다. 실제로 괴테는 "악마적인 것이란

오성悟性이나 이성에 의해서는 설명할 수 없는 그 어떤 것"이라고 설명했다. 무한한 행동력 때문에 도무지 쉬는 법을 몰랐던 나폴레옹을 천재에 포함시켰던 것도 이 때문이다.

낭만주의가 절정에 이르렀던 19세기를 거치면서 '모차르트 신격화'에도 한층 가속이 붙었다. 신학자 바르트는 "천사들이 하나님을 찬양할 때는 바흐를 연주하지만, 자기들을 위해서는 모차르트를 연주할 것이다. 사랑하는 하나님께서도 무척 즐거워하면서 그들의 연주에 귀 기울이실 것"이라고 말했다. 바르트에게 모차르트는 '천국에 가서도 가장 먼저 찾아뵐' 존재였다. 심지어 아우구스티누스와 토마스 아퀴나스, 루터와 칼뱅보다도 모차르트를 먼저 찾아뵙겠다고 했으니 신학자로는 불경을 무릅쓴 극찬이었다.

이쯤 되면 모차르트에 대한 숭배 현상이 예술과 미학을 넘어서 종교적 경지에 이르렀다고 볼 수 있다. 모차르트는 "지상을 찾아온 손님"이라는 음악학자 아인슈타인의 비유도 같은 선상에 있었다. 물론 모차르트의 선율이 꿰맨 흔적조차 찾기 힘든 천의무봉天衣無縫의 경지인 건 틀림없다. 그렇다고 아들 둘을 남기고 세상을 떠난 모차르트를 '아기 천사'에 비유한 건 상당히 무리한 구석이 있다. 한 발더 나아가 나치 시절에는 독일의 민족적 영웅으로 대접했고, 20세기 후반 냉전 시대에 동구권에서는 봉건주의에 맞선 인민 작곡가로 묘사했다. 미국의 음악학자 닐 재슬로의 말처럼 "모차르트는 축조와 해체, 재건축의 과정을 밟아온 것"이다.

'순진무구한 천재'이면서 다른 한편으로는 '음담패설을 일삼는 악동'이라는 모차르트의 이중성이야말로 후세의 다양한 해석과 오해를 불러일으킨 원인일 것이다. 누구에게나 선악과 미추美醜가 내면에 공존하게 마련이다. 하지만 모차르트의 경우에는 어느 한쪽으로 기우는 법 없이 두 가지 모습이 팽팽하게 대치하고 공존한다는 점이 특이하다. 때로는 어느 쪽이 진짜 모습인지 가늠하기 힘들 정도로 후대에 덧씌운 이미지들은 층층이 쌓여갔다. 본래 얼굴은 하나였지만, 세월이 흐르면서 수많은 가면을 뒤집어쓰게 됐다고 할까.

제2차 세계대전 이후인 20세기 중반 바로크 음악의 열풍과 더불어 모차르트 음악 해석에도 전환점이 찾아왔다. 낭만적이고 감상적인 색채를 걷어내고 '탈신비화'하는 작업이 시작된 것이다. 이전까지는 낭만주의적 예술관에 비추어 모차르트의 작품을 부드럽고 달콤하게만 해석했다면, 바로크와 고전주의의 역사적 맥락으로 되돌아가고자 하는 음악적 반작용이자 '복고적 개혁'이었다. 특히 복고 음악을 작곡 당대의 악기로 연주하는 시대주의적 해석이 인기를 끌면서 모차르트의 작품도 현대식 대형 오케스트라보다는 고음악 전문 단체가 연주하는 모습이 일상적인 풍경이 되고 있다.

고음악의 부활에 큰 역할을 한 지휘자 아르농쿠르는 모차르트 교향곡 40번을 "개인적으로 운명적인 교향곡"이라고 불렀다. 그는 이전까지 빈 심포니의 첼로 단원이었다. 하지만 지휘자들이 모차르트의 작품을 그저 예쁜 소품으로 여기는 경향에 반발해 고음악 전문 연주 단체인 '콘첸투스 무지쿠스 빈'을 창단한 뒤 악단을 그만뒀다. 아르농쿠르는 이렇게 반문했다.

모차르트의 동시대인들은 그의 작품을 극단적인 대조로 가득 차 있고, 눈부시고, 선정적이고 충격적이라고 서술하고 있다. 도대체 어떻게 그러한 음악을 '행복'이라고 단정하거나 미적 향유로 끌어 내릴 수 있다는 말인가.

기쁨과 슬픔, 고뇌까지 모든 감정이 음악에 담겨 있는데도 아름다움이나 행복이라는 말에 도취됐다는 것이 그의 냉철한 진단이었다.

아르농쿠르는 과도할 만큼 극단적인 주장을 늘어놓는 습관이 있다. 하지만 그렇기에 복잡다단한 문제들을 명쾌하게 바라볼 수 있는 것도 사실이다. 모차르트의 경우도 마찬가지다. 그의 논쟁적인 주장 덕분에 멘델스존이나 쇼팽 같은 낭만주의 작곡가의 선조처럼 여겨졌던 모차르트는 21세기 들어서 바흐와 헨델, 하이든과 한층 가까운 작곡가로 재인식되고 있다.

어느 쪽이 모차르트의 참모습인지는 단언하기 힘들다. 다만 낭만주의와 고음악이라는 양쪽으로 끊임없이 '막대 구부리기'를 하면서 모차르트의 음악을 입체적으로 바라볼 수 있게 된 것은 사실이다. 그렇다면 이제 '우리 시대의 모차르트'에 대해 질문할 차례다.

우리 시대의 모차르트

우리 시대에 모차르트 열풍의 결정적 계기를 하나만 꼽는다면 잘 츠부르크 페스티벌도, 영화 〈아마데우스〉도 최종 탈락할 공산이 크 다. 모차르트의 음악이 창의력과 기억력 같은 두뇌 활동이나 심리 치료에 효과가 크다는 '모차르트 이펙트'야말로 유력한 1등 후보이 기 때문이다. 모차르트 작품이 뇌에서 창조력을 관장하는 부분을 자극하고 발달시킨다는 주장이 발표된 이후, 모차르트 음악은 태교 음악부터 유아 교육, 심리 치료까지 전 분야에 걸쳐 신드롬을 일으 켰다. 1990년대 음반사들의 상업적 마케팅과 결합하면서 모차르트 음악은 산삼 뿌리나 부적과 비슷한 효력을 지닌 것으로 인식됐다. "브르타뉴의 수도원에서는 모차르트의 세레나데를 들은 소들이 더 많은 우유를 생산했다"거나 "일본 전통 정종을 만들 때 사용하는 효 모가 10배 정도 증가했다"는 주장에 이르면 웃어야 할지 울어야 할지 난감한 심경이 들기도 한다.

돌아보면 모차르트 이펙트에는 출발부터 자가당착적이고 모순적인 요소가 있다. 아이의 논리적 사고력을 키우기 위해서라면 대위법적 요소가 강한 바흐의 음악을 듣는 편이 차라리 도움이 될 것이다. 둘 이상의 독립적인 선율이 결합된 바로크 음악은 건축물처럼 탄탄한 구조를 갖추고 있어서 복합적 사고에도 효과가 크다. 반대로 대립과 갈등, 화해와 해결의 과정을 통해서 감정적 진폭을 키우고 싶다면 베토벤의 교향악이 제격이다. 서정적인 감수성에는 쇼팽의 피아노 음악이 어울릴 것이다.

아이들에게는 클래식 음악만 들려주어야 할까? 그렇지만도 않다. 자유롭고 변칙적으로 약동하는 리듬감을 통해 창조력과 상상력을 키우고 싶다면 재즈가 효과적이고, 차분한 정서 함양에는 우리 전통 음악이 안성맞춤일 것이다. 반대로 로큰롤은 비교적 단순하고 공격적이지만 활력을 불어넣는 것도 사실이다. 반드시 음악만 육아와 교육에 도움이 되는 것도 아니다. 미술과 건축, 패션과 무용, 문학과 영상까지 온 세상은 아이에게 도움이 되는 건강한 자극으로 가득하다. 그런데도 모차르트의 음악만 특효약이라고 주장하는 발상은 그 자체에 불순한 상업적 동기가 숨어 있다.

모차르트 이펙트가 과학적 주장인지에 대해서도 의문이 들기는 마찬가지다. 과학적 실험을 할 때는 가설을 검증하기 위해 실험군과 대조군을 비교한다. 하지만 젖소나 효모가 아니라 인간이 대상일 경우, 모차르트 음악을 들려주는 실험군과 들려주지 않은 대조군의 비교 평가는 불가능에 가깝다. 음악이란 섬광처럼 일순간에 영향을 미칠 수도 있고, 스펀지처럼 장기간에 걸쳐 스며들 수도 있기 때문이다. 우리 삶에는 대조군이 존재하지 않는다.

그런데도 모차르트 이펙트가 열풍을 일으킨 데는 이유가 있다. 모차르트 자신이 도무지 믿기 어려운 기록을 두루 보유한 불세출의 신동이었기 때문이다. 세 살 반 무렵부터 연주를 시작하고, 다섯 살이 되기도 전에 작곡했으며, 여덟 살에 교향곡을 쓴 천재의 신기神技를 배웠으면 하는 간절한 소망이 숨어 있다. 모차르트 이펙트는 과학과 합리성을 가장하고 있지만 그 이면에는 기복신앙과도 흡사한 염원이 담겨 있다. 어쩌면 모차르트 이펙트는 냉철한 분석보다는 맹목적 믿음의 대상에 가까울지 모른다.

모차르트의 삶과 음악을 둘러본 이후, 우리는 애초의 질문으로 돌아가야 한다. 모차르트의 예술적 재능은 선천적이거나 천부적이었을까? 낭만주의가 절정에 이르렀던 19세기에는 모차르트의 천재성도 하늘에서 내려준 것이라는 설명이 압도적이었다. '지상을 잠시 방문한 음악적 천사'는 모차르트를 따라다니는 수식어였다. 역사학자 대린 맥마흔은 『천재에 대하여』에서 천재야말로 근대성의 산물이라고 설명한다. 중세까지 세상사를 주관하는 것으로 인식됐던 유일신의 후퇴와 근대적 천재의 등장은 서로 맞물려 있다는 것이다. 천재를 우주의 신비를 해독하거나 신의 목소리를 듣는 예언자이자 수호자, 구원자로 묘사하는 것도 이 때문이다. 천재는 천사의 근대적 버전인지도 모른다. 그렇다면 모차르트를 신의 소리를 듣는 음악의 천사로 이해하는 것도 어쩌면 자연스럽다. 이처럼 20세기 초반까지도 천재성은 선천적으로 타고난 것이라는 믿음이 강했다. 하지만 모차르트의 재능이 유전적 요인에 의한 것이라면 반드시 짚고 넘어가야 하는 문제들이 있다.

모차르트가 음악적 재능을 타고났다면, 두 아들 역시 마찬가지로 같은 재능을 물려받았다고 가정할 수 있다. 하지만 "유전적 요인에도 불구하고 모차르트의 두 아들은 평범한 성인으로 자랐다"는 호주의 작가 아그네스 셀비의 말처럼, 모차르트의 두 아들은 아버지만큼 뻬어난 음악적 성과를 남기지 못했다. 모차르트가 세상을 떠날 때 7세였던 장남 칼 토마스는 프라하에서 공부를 마친 뒤 1797년 이탈리아 리보르노의 무역회사에 수습사원으로 들어갔다. 영어와 프랑스어, 이탈리아어 등 어학적 재능이 뛰어났지만 음악과 사업 사이에서 심적 갈등을 겪었던 것 같다.

어머니 콘스탄체는 장남보다 차남 프란츠 크사버의 음악적 재능을 더 높게 평가했고, 두 아들을 비교하는 일도 서슴지 않았다. 훗날 장남 칼 토마스는 "어머니는 내가 아니라 동생이 음악가가 되어야 한다고 굳게 결심했다"고 말했다. 그는 음악가로 성공할지 모른다는 기대를 품고 1805년 밀라노에서 작곡 공부를 재개했지만 이내 중단하고, 1810년 밀라노 주재 오스트리아 상공부 직원으로 들어갔다. 칼 토마스는 1858년 세상을 떠날 때까지 밀라노에서 살았다.

조금 더 안타까운 건 모차르트 타계 5개월 전에 태어난 차남 프란츠 크사버다. 그는 프라하에서 공부하고 돌아온 뒤 빈 음악계의 기대를 한몸에 받았다. 10세 무렵에 바흐의 푸가를 그 자리에서 조옮김해서 전도유망한 피아니스트로 꼽혔고, 하이든과 살리에리, 훔멜이 그를 가르쳤다. 살리에리는 "유명한 아버지 못지않은 경력을 쌓을 것"이라는 덕담도 보탰다. 실제 프란츠 크사버는 1805년 14세의 나이에 쉬카네더의 극장에서 피아노 데뷔 독주회를 열었다. 당시 독주회를 지켜본 하이든은 감동의 눈물을 흘렸다고 한다.

하지만 '제2의 모차르트'에 대한 기대는 오래가지 않았다. 불과 3년 뒤인 1808년 프란츠 크사버는 오늘날 우크라이나에 속하는 갈리치아의 교직을 맡아 빈을 떠났다. 어쩌면 빈 음악계의 막중한 부담을 견디다 못해 변방으로 멀리 떠난 것인지 모른다. 10여 년 뒤인 1819년 프란츠 크사버는 다시 유럽 연주 여행에 나섰다. 실패는 아니었지만 아버지 모차르트만큼의 대성공과는 거리가 있었다.

칼 토마스와 프란츠 크사버는 1842년 잘츠부르크에서 모차르트의 동상 제막식이 열렸을 때에도 함께 참석했다. 당시 프란츠 크사버는 모차르트의 오페라 〈티토 황제의 자비〉 가운데 일부를 지휘했고, 피아노 협주곡 20번도 직접 연주했다.

프란츠 크사버는 18세 때 피아노 협주곡 1번을, 27세 때 피아노 협주곡 2번을 작곡했다. 두 협주곡은 아버지 모차르트를 연상시키는 서정적이고 유려한 선율과 화려한 기교가 무척 돋보인다. 문제는 프란츠 크사버가 피아노 협주곡 1번을 작곡한 1809년에는 빈 고전주의가 모차르트를 지나서 베토벤의 시대로 접어들고 있었다는 점이다. 베토벤이 교향곡 3번 〈영웅〉을 발표한 것이 1803년이고, 〈운명〉으로도 불리는 교향곡 5번을 초연한 것이 1808년이다. 대담한 갈등과 충돌을 통해서 화해를 모색하는 베토벤 특유의 음악적 드라마가 쏟아지는 마당에, 아버지 모차르트를 닮은 협주곡은 아름

답지만 복고적으로 비칠 우려가 다분했다. 프란츠 크사버의 두 협주곡을 듣고 있으면, 역시 아버지의 유산을 물려받는 것보다 그늘에서 벗어나는 것이 더욱 지난한 과제라는 생각을 하게 된다. 과연 음악만 그럴까.

숨가쁘게 쫓아온 모차르트의 생애를 한마디로 압축하면 그는 '타고난 천재'보다는 '만들어진 천재'에 가깝다. 그를 천재로 만든 건 우선 아버지 레오폴트였고 그다음엔 '18세기 유럽'이라는 드넓은 세상이었다. 아무리 타고난 재주가 뛰어나더라도 평생 타고난 재주로만 먹고사는 사람은 없다. 천하의 모차르트도 마찬가지였다. 모차르트의 '원천 기술'은 선천적으로 물려받은 재능이 아니라 오히려 거침없이 받아들이고 소화하는 흡수력과 학습 능력에 있었다.

모차르트와 그의 두 아들만 비교해도 유전적 요인 외에 중요한 요소가 있다는 걸 알게 된다. 무엇보다 중요한 건 아이의 재능을 누구보다 일찍 발견했던 부모의 존재다. 모차르트의 재능을 알아보고 계발하고 알리기 위해 백방으로 분주하게 뛰어다녔던 설계자이자 연출가는 아버지 레오폴트였다. 레오폴트는 아들 모차르트가 유럽에서 가장 좋은 것만 보고 듣고 배우고 익힐 수 있도록 치밀하게 기획한 뒤 직접 데리고 다녔다. 모차르트는 정규 교육 과정을 밟지 않고 철저하게 '홈스쿨링'을 받았다. 하지만 모차르트 가족의 '그랜드 투어'는 당시 유럽 상류층은 물론이고 오늘날에도 엄두를 내기 쉽지 않은 것이 사실이다.

만약 지금 우리가 자녀의 엄청난 재능을 일찍 발견했다고 가정해

모차르트의 두 아들 칼 토마스(오른쪽)와 프란츠 크사버

모차르트는 26세 때인 1782년에 20세의 콘스탄체와 결혼해 여섯 자녀를 두었다. 그중 네 명은 어릴 때 세상을 떠났고, 두 아들 칼 토마스와 프란츠 크사버만 생존했다. 모차르트 사후 콘스탄체는 남편의 음악적 위업을 재조명하는 데 일조했지만, 상대적으로 두 아들의 교육에서는 기대만큼의 성과를 거두지 못했다. 결과적으로 모차르트의 두 아들은 아버지만큼 위대한 음악가로 성장하지는 못했다.

보자. 텔레비전 방송 프로그램에 출연하거나 영재 교육 기관에 입학시킬 수는 있다. 하지만 회사에 수년간 무급 휴가를 내고 세계 여행을 하면서 거장이나 석학과의 만남을 주선하고, 그들 앞에서 아이가 재능을 뽐낼 기회를 마련해줄 수 있을까? 문제는 부모의 안목과 추진력이다. 모차르트의 유년기에서 가장 특별하고 남달랐던 점은 레오폴트의 존재였다. 따라서 '우리 아이를 모차르트처럼 키울 수 있을까?'라는 질문은 이렇게 바뀌어야 한다. '모차르트 같은 아이가 있다면 과연 우리는 레오폴트 같은 부모가 될 수 있을까?'

모차르트의 성공 공식을 그대로 따르면, 모차르트의 두 아들은 콘스탄체가 레오폴트 같은 존재가 돼야 했다. 모차르트 사후 콘스탄체는 세상을 떠난 남편의 음악적 위업을 재조명하거나 무너진 가정살림을 일으키기 위해 두 팔을 걷어붙이고 나섰다. 하지만 아이들의 교육은 프라하의 니메체크에게 맡길 수밖에 없었다. 물론 콘스탄체도 "모차르트의 아들이라면 그의 이름에 먹칠하기보다는 명예롭게 해야 하기 때문에 이류가 되어선 안 된다. 이 점을 염두에 두고 있다면 무척 기쁘지만 두 배로 부지런해지기 바란다"면서 두 아들을 채근했다. 하지만 결과적으로 두 아들은 아버지 모차르트 같은 위대한 음악가로 성장하지는 못했다. 콘스탄체에게 치명적인 약점이 있었다면 남편의 몰락을 부채질한 악처라는 점이 아니다. 오히려 레오폴트처럼 훌륭한 교육자가 될 만한 자질을 갖추지 못했다는 점이다. 콘스탄체가 아니라 그 누구도 레오폴트 같은 부모가 되기는 쉽지 않았을 것이다.

어릴 적 재능을 반짝 떨쳤다가 사라지는 신동은 적지 않다. 반대로 한 시대를 풍미하는 예술적 거장도 어느 시대에나 존재한다. 하지만 조숙한 신동이 그대로 거장이 되는 경우는 지극히 드물다. 아역 스타가 연기파 배우로 거듭나기 힘든 것과 마찬가지다. 오죽하면 큰 그릇을 만드는 데는 시간이 오래 걸린다고 해서 '대기만성大器晩成'이라고 표현할까. 모차르트 신화는 작곡가가 '신동'인 동시에 '거장'이라는 희귀한 사례에 해당하기 때문에 생겨난 것이다. 바늘구멍을 통과한 낙타라고 해도 과장은 아닐 것이다.

하지만 여기에도 간과해선 안 되는 문제가 있다. 만약 모차르트가 레오폴트의 바람대로 어른이 된 이후에도 잘츠부르크에 머물렀다면, 하이든이나 베토벤과 함께 빈 고전주의를 완성한 삼총사로 평가받을 수 있었을까? 피아노 협주곡과 교향곡, 오페라와 레퀴엠 등 모차르트의 주요 걸작들은 잘츠부르크를 떠나서 빈에 정착한 이후에 탄생했다. 만약 교향곡 31번 〈파리〉나 오페라 〈이도메네오〉 등 잘츠부르크 시절의 작품에서 모차르트의 음악적 성장이 멈췄다면 아버지 레오폴트나 미하엘 하이든처럼 잘츠부르크의 지역 작곡가로 머물렀을 가능성이 적지 않다. 천하의 모차르트도 부모의 품을 떠났기에 지금의 모차르트가 될 수 있었던 것이다.

모차르트는 마지막 10년간을 유럽의 문화적 중심이었던 빈에서 정면 승부를 걸었다. 예술적 만개와 경제적 성공이 언제나 함께 따라온 건 아니었다. 하지만 기나긴 인류의 역사에서 예술과 상업적 성공을 동시에 거머쥔 행운아는 손에 꼽을 정도다. 모차르트라면 행운아에 속한다고 볼 수 있다. 그렇다면 아이를 키우는 부모들도 이렇게 솔직하게 자문할 수 있어야 한다. '만약 모차르트처럼 똑똑하고 재주 많은 아이가 갑자기 부모 품을 떠나겠다고 선언하면 흔쾌히 받아들일 준비가 되어 있을까?'

결코 대답하기 쉽지 않다. 독일의 음악학자 폴크마르 브라운베렌스는 "위대한 교육자였던 레오폴트가 교육의 원래 목적은 놓아 보내는 것이라는 사실을 미처 깨닫지 못했다"고 말했다. 모차르트를 길러낸 최고의 교육자였던 레오폴트마저 교육의 최종 목표를 납득하고 받아들이기는 힘들었던 것이다. 그토록 애지중지 키웠던 자식을 떠나보내야 했던 레오폴트의 좌절과 상실감, 분노도 인간적으로는 충분히 이해할 수 있다.

여행 이야기에서 출발했으니 여행으로 끝을 맺을 차례다. 빈을 찾는 관광객들이 발걸음을 멈추고 휴식을 취하는 명소 가운데 하나가 부르크가르텐Burggarten이다. 우리말로 옮기면 '궁정 정원'이다. 1823년 이후 황실 전용이었지만, 1919년부터 일반에게 공개됐다. 빈 황실 궁전인 호프부르크Hofburg와 이어지는 공원 입구에 모차르트 기념상이 서 있다. 오스트리아의 조각가 빅토르 틸그너의 1896년 작품이다. 그는 심각한 가슴 통증에도 이 작품에 매달렸고, 결국 작품을 완성한 직후 세상을 떠났다. 모차르트 조각상은 '틸그너의 레퀴엠'이었던 셈이다.

이 조각상이 흥미로운 것은 낭만주의 시대의 예술가상을 보여주기 때문이다. 사자 머리를 휘날리며 늘씬한 몸매와 긴 다리를 자랑하는 모차르트는 오늘날 우리가 알고 있는 그의 모습과는 확연한 차이가 있다. 모차르트보다는 차라리 베토벤을 닮았다고 할까. 19세기 후반의 빈에서는 아마도 모차르트를 이렇게 기억하고 있었을 것이다. 모든 기억은 시대정신의 산물이고 사후에 완성된다. 그렇기에 완벽한 기억이란 존재할 수 없으며 왜곡과 재구성은 불가피하다는 걸 이 조각상은 보여준다.

관광객들은 조각상 정면의 늠름한 모차르트만 사진에 담고 돌아간다. 하지만 조각상에는 흥미로운 비밀이 하나 더 숨어 있다. 뒷면에 있는 부조다. 공원 풀밭에 들어가는 수고를 하면 그리 어렵지 않게 볼 수 있다. 아버지 레오폴트가 바이올린을 켜고, 누나 난네를이 노래하며, 소년 모차르트가 건반 악기를 연주하는 모습이 부조되어 있다. 프랑스 화가 카르몽텔의 유명한 수채화와 닮은꼴이다. 하지만 수채화와 부조 사이에는 결정적인 차이가 있다. 수채화에서 모차르트는 악보를 쳐다보고 있다. 그림을 볼 때 우리는 소년의 측면 얼굴을 바라볼 뿐이다.

하지만 이 부조에서 소년은 악보 대신에 우리를 정면으로 응시한다. 시간이 흘러 미래에 이르러서도 여전히 우리의 후손들은 조각상 이면의 소년 모차르트와 마주 볼 것이다. 어쩌면 그는 현재의 우리를 통해서 먼 미래를 바라보는 것인지도 모른다. 19세기에 낭만주의적인 모차르트가 있었고 20세기에는 영화 〈아마데우스〉의 모차르트가 있었던 것처럼, 미래의 후손들에게는 그들만의 모차르트가 존재할 것이다. 우리 후손들과 '미래의 모차르트'가 서로 대화를 나누는 모습. 상상만 해도 즐겁고 유쾌하지 않은가. 빈의 공원 벤치에 앉을 때마다 슬그머니 미소 짓는 이유다.

부르크가르텐 입구에 있는 모차르트 동상과 뒷면 부조

부르크가르텐 입구에 있는 모차르트 동상 뒷면에는 레오폴트가 바이올린을 켜고, 난네를이 노래하며, 모차르트가 건반 악기를 연주하는 부조가 있다. 프랑스의 화가 카르몽텔의 유명한 수채화와 닮은꼴이다. 하지만 수채화와 부조 사이에는 결정적인 차이가 있다. 수채화에서 모차르트는 악보를 쳐다보고 있지만 이 부조에서는 악보 대신에 우리를 정면으로 응시한다.

DAS IM JAHRE 1896 ENTHÜLLTE MOZARTDENKMAL STAND URSPRÜNGLICH

모차르트 예술의 키워드

01 아버지 레오폴트

모차르트의 음악적 재능을 누구보다 일찍 눈여겨보고 유럽 전역에 알리기 위해 발 벗고 나섰던 이가 레오폴트다. 간과하기 쉽지만 레오폴트는 아들 모차르트가 태어난 1756년 바이올린 연주 교재를 펴낸 저명한 음악 교사였다. 모차르트는 정규 교육 대신 홈스쿨링 을 받았지만, 풍부한 경험과 전문가적 식견을 가진 아버지 덕분에 자유롭게 음악적 재능 을 펼칠 수 있었다. 하지만 스무 살이 되면서 잘츠부르크의 봉건적 질서에 염증을 느끼고 결국 빈에 정착하기로 결심한다. 모차르트는 분명 아버지가 만들어낸 작품이었지만, 아버 지의 품을 떠났기 때문에 예술 세계를 완성할 수 있었던 것도 사실이다. 모차르트가 빈으 로 떠나면서 이들 부자의 관계는 다소 서먹해졌다. 하지만 그 뒤에도 레오폴트는 모차르 트의 작품이 초연될 때마다 빈과 뮌헨에서 직접 지켜보았고 언제나 자랑스럽게 여겼다.

02 그랜드 투어

레오폴트는 일찍부터 난네를과 모차르트 남매를 데리고 유럽 전역의 궁정을 도는 연주 여행에 나섰다. 유럽 일대의 연주 여행은 그에게 자식들의 재능을 최고 권력층에 알릴 수 있는 홍보 수단이자 가정 경제를 꾸리는 방편이었다. 이 여행이 독일과 오스트리아는 물론 영국과 프랑스에 이어 이탈리아로 이어지면서 모차르트는 '연주하는 신동'에서 '오페라를 쓰는 작곡가'로 거듭났다. 여행은 모차르트가 진화하는 방법론이었던 것이다. 오늘날 우리가 모차르트의 음악적 성장 과정을 빠짐없이 알 수 있는 것도 그랜드 투어 덕분이다. 물론 역효과도 있었다. 신성로마제국의 황제 프란츠 1세와 황후 마리아 테레지아 부부는 이들 남매의 연주를 처음 지켜본 뒤에 선물 보따리를 한아름 안겼지만, 나중에 황후 마리아 테레지아는 모차르트 가족을 '거지'라고 비난하며 부정적 의견을 드러냈다.

03 영화 〈아마데우스〉

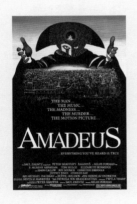

1984년에 개봉한 영화 〈아마데우스〉는 '천재와 범인의 대립'이라는 음악 영화의 공식을 만들었다. 영국의 극작가 피터 셰퍼의 동명 희곡이 원작이다. 신의 선택을 받은 모차르트가 경박하지만 걸작을 쏟아내는 반면, 살리에리는 경건한 신앙심과 성실함을 지니고 있는데도 범작밖에 쓰지 못한다. 격렬한 질투심에 사로잡힌 살리에리는 결국 모차르트를 독살하기로 마음먹는다. 이 영화 때문에 살리에리는 베토벤과 슈베르트, 리스트 같은 작곡가를 가르친 훌륭한 스승이었음에도 불구하고 졸지에 '모차르트 살해범'이라는 누명을 쓰게 됐다. 그럼에도 불구하고 이 영화가 음악적으로 의

미 있는 것은 18세기 유럽 음악계의 풍경을 스크린에 실감나게 구현했기 때문이다. 오페라 〈후궁 탈출〉 초연 때만 해도 극장 앞자리에는 황제가 앉아 있었지만, 후기 걸작 〈마술피리〉에 이르면 빈의 중산층과 서민들이 그 자리를 차지한다. '프리랜서 음악가'라는 전인미답의 길을 걸었던 모차르트의 처지를 명확하게 보여주는 대표적인 장면이다.

04 잘츠부르크 페스티벌

모차르트는 생전에 고향 잘츠부르크에 넌더리를 냈지만, 지금도 모차르트의 음악으로 먹고사는 역설적인 도시가 잘츠부르크다. 잘츠부르크 페스티벌은 작곡가 리하르트 슈트라우스와 극작가 호프만슈탈, 연출가 라인하르트가 손잡고 제1차 세계대전 직후인 1920년 창설했다. 첫해에는 호프만슈탈의 연극 〈예더만〉을 성당 야외 광장에서 공연한 것이 전부였지만, 지금은 유럽 최고의 음악 축제로 부상했다. 제2차 세계대전이 끝난 뒤인 1957년 음악 감독으로 취임한 카라얀은 대축제 극장 개관과 부활절 축제 창설 등을 주도했다. 1989년 카라얀 사망 이후에도 매해 여름이 되면 세계 최고의 지휘자와 성악가, 연주 단체들이 인구 15만의 소도시 잘츠부르크에 집결한다. 이제 잘츠부르크 페스티벌은 세계 클래식 음악계의 동향을 가늠할 수 있는 무대로 손꼽힌다. 《뉴욕타임스》가 이 음악제를 "클래식 음악계의 다보스 포럼"이라 칭한 것도 과장이 아니다.

05 아내 콘스탄체

모차르트 사후에 아내 콘스탄체는 후대 학자들에게 그리 높은 평가를 받지 못했다. 음악적으로 무지하고 천박하며 이기적인 여인으로 묘사되곤 했다. 하지만 세간의 비판적 인식은 콘스탄체의 실제 모습과 불일치하는 측면이 적지 않다. 후대의 왜곡된 평가로 인해 콘스탄체는 모차르트의 천재성을 부각하기 위한 희생양이 되었을 공산이 높다. 실제로 콘스탄체는 음악적으로 무지하지 않았다. 악보 필경사의 딸로서 기본적인 음악적 소양을 갖추고 있었을 뿐 아니라, 모차르트의 〈대미사〉가 잘츠부르크에서 초연될 당시

소프라노 독창 파트를 부른 것으로 추정된다. 콘스탄체를 비롯해 그녀의 자매들도 유럽 최고의 무대에서 활동하면서 모차르트의 작품을 초연한 성악가들이었다. 콘스탄체는 모

차르트 사후에 전기 출간에 나섰고 음악회를 통해 추모 열기를 계속 지피고자 노력했다. 모차르트 신화의 출발점이 아버지 레오폴트였다면, 신화의 완성자는 아내 콘스탄체였다.

06 대본 작가 로렌초 다 폰테

모차르트는 빈에 정착한 뒤 〈피가로의 결혼〉과 〈돈 조반니〉, 〈코시 판 투테〉 같은 걸작 오페라를 쏟아냈다. 이 3부작은 이탈리아 출신의 오페라 대본 작가 로렌초 다 폰테와의 협력 덕분에 탄생할 수 있었다. 모차르트와 다 폰테는 오페라 역사상 단연 빛나는 최강의 콤비로 꼽힌다. 사실 다 폰테는 '파문당한 성직자' 출신이다. 베니스의 신부였지만 사창가에 드나들고 축첩을 일삼은 혐의로 추방됐다. 그 뒤 빈에 자리잡은 다 폰테는 황실 극장에서 공연되는 작품의 대본 집필을 책임지는 작가로 임명됐다. 흥미로운 건 당초 다 폰테를 빈 궁정에 추천했던 사람이 살리에리라는 점이다. 다 폰테가 자신의 오페라를 위해 대본을 써줄 가능성이 낮다고 근심했던 건 오히려 모차르트였다. 다 폰테는 영국과 미국으로 건너간 뒤에도 오페라 공연에 뛰어들었지만 연이어 파산하고 말았다. 하지만 그 덕분에 모차르트의 오페라가 미국에 소개된 것도 사실이다. 다 폰테는 대서양을 넘나들었던 음악사의 풍운아였다.

07 프리메이슨

모차르트는 빈 정착 이후인 1784년 12월 프리메이슨에 가입했다. 오스트리아의 귀족과 학자, 예술가들 사이에서 프리메이슨의 인기는 대단히 높았다. 지부와 회원 숫자가 급속하게 늘자, 황제 요제프 2세가 지부 통폐합 지시를 내릴 정도였다. 당시 모차르트는 〈프리메이슨을 위한 장송 음악〉을 작곡했고, 입단 이듬해인 1785년에는 도제에서 숙련공 단계로 올라갈 만큼 활발하게 활동했다. 프리메이슨의 영향으로 탄생한 작품 가운데 가장 유명한 곡은 오페라 〈마술피리〉일 것이다. '통과의례와 시련을 통한 성숙'이라는 오페라의 주제는 프리메이슨의 입문 과정과 흡사하다. 이 때문에 〈마술피리〉는 판타지와 마술로 버무린 '프리메이슨 교리집'이라는 평가를 받기도 한다.

08 편지

오늘날의 소통 방법이 이메일과 SNS라면 당시의 유일한 통신수단은 편지였다. 특히 난네를과 모차르트 남매가 어릴 적부터 유럽 전역을 여행했기 때문에 모차르트 가족에게 편지는 고향 잘츠부르크의 소식을 전해 듣는 유일한 창구였다. 모차르트 가족의 편지는 지금도 모차르트 연구에 필수적인 1차 자료 역할을 하고 있다. 안타까운 것은 아버지 레오폴트가 1787년 세상을 떠난 뒤 모차르트의 편지도 급감했다는 점이다. 편지가 줄었기 때문에 모차르트의 경제적 형편이나 개인적 고민을 들여다볼 수 있는 방법 역시 요원하다. 모차르트의 유년기가 입체적이고 생생하게 묘사되는 반면, 후반부의 삶은 상대적으로 추정과 의문점이 많은 것도 이 때문이다. 역사에 가정은 없다. 하지만 만약 레오폴트가 장수했더라면, 모차르트 후반부 삶의 미스터리는 말끔히 해소됐을 것이고 영화 〈아마데우스〉 역시 탄생하지 않았을 것이다.

09 워커홀릭

모차르트의 작품은 공식 번호(K.)가 붙은 것만 626곡에 이른다. 만 5세부터 세상을 떠난 35세까지 30년간 썼으니 대략 매년 20곡씩 작곡한 셈이다. 이 중에는 불과 몇 분짜리 소품도 있지만, 3~4시간에 달하는 오페라도 포함돼 있다. 19세기 낭만주의 시대를 거치면서 모차르트는 하늘이 내려준 악상을 그대로 악보에 옮겼던 '천사'로 묘사됐지만, 사실은 '지독한 일벌레'에 가까웠다. 빈 정착 직후인 1782년의 일과만 봐도 그의 바쁜 일상이 그대로

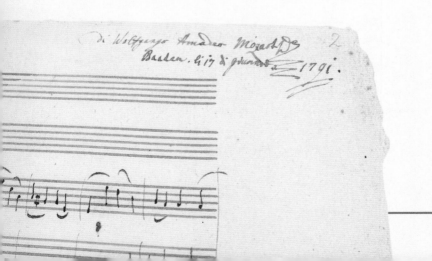

드러난다. 오전 6시면 일어나서 작곡과 레슨을 하고, 오후에는 손님을 만나거나 급한 용무를 처리한 뒤, 저녁 공연이 없으면 다시 작곡에 임했다. 콘스탄체는 "모차르트가 자정 전에는 잠드는 법이 없었고 새벽 4시 반이면 일어났다"고 회고했다. 과로가 급속한 건강 악화를 부채질했다는 분석이 나올 만큼 모차르트는 쉬지 않고 작곡에 매달렸다.

10 〈레퀴엠〉

말러의 교향곡 10번이나 브루크너의 교향곡 9번처럼 미완성 유작은 언제나 작곡가의 음악적 유언으로 인식된다. 모차르트의 작품으로 치면 〈레퀴엠〉일 것이다. 이 작품은 발제크 백작이 아내를 추모하기 위해 정체를 드러내지 않은 채 작곡을 의뢰했다는 창작 배경부터 신비감을 부추겼다. 거기에 모차르트가 숨을 거두기 직전까지 손에서 놓지 못했다는 일화까지 더해지면서 〈레퀴엠〉은 그야말로 모차르트 자신을 위한 미사곡이 되고 말았다. 미완성으로 남은 작품을 완성시킨 건 모차르트의 조수 쥐스마이어지만, 20세기 들어서 음악학자들이 각기 다른 버전으로 완성판을 내놓고 있다.

토마스 쉴즈의 〈레퀴엠을 부르고 있는 모차르트〉 (1882)

모차르트 생애의 결정적 장면

1756 잘츠부르크에서 태어나다

1월 27일 오스트리아 잘츠부르크의 구도심 게트라이데 9번가에서 태어났다. 잘츠부르크 궁정 음악가인 아버지 레오폴트 모차르트와 어머니 안나 마리아 사이에는 일곱 자녀가 있었지만, '난네를'로 불리는 누나 마리아 안나와 모차르트 남매만 무사히 어른으로 성장한다. 모차르트는 태어난 다음 날인 1월 28일 '요하네스 크리소스토무스 볼프강우스 테오필루스 모차르트'라는 이름으로 세례를 받는다. '테오필루스'는 '신의 사랑을 받는' 이라는 뜻으로, 라틴어로는 '아마데우스'가 된다. 이 집에서 모차르트 가족은 1747년부터 1773년까지 26년간 산다.

1759　만 세 살 반의 나이로 누나 난네를의 건반 연주를 흉내 내다.
1761　첫 피아노 소품을 작곡하다.

1762 생애 첫 연주회를 열다

1월 아버지 레오폴트가 난네를과 모차르트 남매를 뮌헨으로 데려가 막시밀리안 3세 앞에서 연주 솜씨를 선보인다. 10월 13일과 21일에는 빈 쇤브룬 궁전에서 황제 프란츠 1세와 황후 마리아 테레지아 부부 앞에서 두 차례 연주한다. 모차르트가 이들 부부의 딸 마리 앙투아네트 공주에게 청혼했다는 일화도 이 연주회에서 유래한다.

1763 그랜드 투어에 나서다

모차르트 가족이 첫 번째 '그랜드 투어'에 나선다. 3년 5개월 20일에 이르는 이들 가족의 대장정은 독일과 프랑스, 벨기에와 네덜란드, 영국에 이른다. 프랑크푸르트에서 열린 연주회에는 당시 14세 소년 괴테도 참석한다. 11월 18일 파리에 도착한 모차르트 가족은 베르사유 궁전에 2주간 머물면서 연주회를 연다.

1764 파리를 떠나 런던으로 향하다. 음악의 아버지 바흐의 막내아들인 요한 크리스티안 바흐를 만난 뒤 교향곡 1번을 작곡하다.

1765 런던에서 초기 교향곡으로 연주회를 열다. 이후 런던을 떠나 캔터베리, 도버, 칼레, 덩케르크를 거쳐 릴로 향하다.

1766 파리에 도착한 뒤 두 달간 머물다. 암스테르담, 브뤼셀 등을 거쳐 뮌헨 궁전에서 다시 연주한 뒤 11월 29일, 3년 5개월 만에 고향 잘츠부르크로 돌아오다.

1767 첫 오페라 〈첫 번째 계율의 책무〉가 초연되다

일부 학자들은 이 작품을 오라토리오로 분류하고, 다음 작품인 〈아폴로와 히아킨투스〉를 첫 오페라로 간주하기도 한다. 곧이어 〈바스티앙과 바스티엔〉을 작곡하는 등 오페라의 세계에 눈뜨기 시작한다.

1768 오페라 〈가짜 바보〉를 작곡하고 빈에서 초연하기로 하지만, 공연 기획자 주세페 아플리지오의 횡포로 무산되다. 레오폴트가 진상 조사를 간청하는 청원을 올렸지만 별다른 성과 없이 끝나다. 〈가짜 바보〉는 이듬해 잘츠부르크에서 초연되다.

1769 11월 잘츠부르크 궁정악단의 무급 수석 연주자에 임명되다. 무급이기 때문에 실제 채용보다는 상징적 의미가 강했지만 모차르트가 정식 음악가로 대우받기 시작했음을 보여준다. 12월 아버지 레오폴트와 이탈리아 여행에 나서다.

1770 〈미제레레〉를 한 번 듣고 옮겨 적다

6~7월 로마 시스티나 성당에서 알레그리의 종교곡 〈미제레레〉를 들은 뒤 기억만으로 악보에 옮겨 적는다. 교황에게 '황금박차 훈장'을 받고. 10월 볼로냐에서 작곡가이자 음악 이론가였던 조반니 바티스타 마르티니 신부에게 대위법을 배운다. 이후 볼로냐 음악 애호가 협회 회원이 되기 위한 자격시험을 통과해 협회 역사상 최연소 회원이 된다. 12월 26일 밀라노에서는 오페라 〈미트리다테, 폰투스의 왕〉을 직접 지휘해서 초연한다. 이 오페라는 22차례 공연될 정도로 성공을 거뒀다.

1771 3월 28일 이탈리아 여행을 마치고 잘츠부르크로 돌아오다. 넉 달 후 오페라 〈알바의 아스카니오〉를 상연하기 위해 다시 밀라노로 향하다. 유명 작곡가 하세의 오페라와 함께 공연되지만, 하세의 작품을 압도하는 성공을 거두다. 모차르트의 유럽 투어를 후원했던 슈라텐바흐 대주교가 12월 16일 숨을 거두다.

1772 3월 히에로니무스 콜로레도 백작이 후임 대주교로 선출되다. 5월 오페라 〈시피오네의 꿈〉을 콜로레도 대주교에게 헌정하다. 10월 다시 밀라노로 건너가 오페라 〈루치오 실라〉를 공연하다.

1773 게트라이데 9번가에서 마카르트플라츠 8번가로 이사하다.

1775 1월 오페라 〈가짜 여정원사〉를 뮌헨에서 초연하다. 바이올린 협주곡 5곡을 완성하다.

1777 어머니와 함께 구직 여행에 나서다

모차르트 부자가 콜로레도 대주교에게 사직서를 제출했다가 해고되는 소동이 일어난다. 아버지 레오폴트는 간청 끝에 가까스로 복직한다. 9월 모차르트는 어머니와 함께 일자리를 알아보기 위한 구직 여행에 나선다. 10월 아우크스부르크에서 '베슬레'라는 애칭으로 불리는 사촌 마리아 안나 테클라와 만난다. 둘은 연인이 되었을 것으로 추정된다. 이후 다시 만하임으로 건너가 성악가 알로이지아 베버와 사랑에 빠진다. 이 소식에 놀란 아버지 레오폴트는 파리행을 종용한다.

1778   6월 교향곡 31번 〈파리〉를 초연하고 대성공을 거두다. 7월 어머니 안나 마리아가 파리에서 세상을 떠나다.

1779   1월 고향 잘츠부르크로 돌아와 성당 오르가니스트로 취임하다.

1781   오페라 〈이도메네오〉가 초연되다

1월 29일 오페라 〈이도메네오〉를 뮌헨에서 초연한다. 칼 테오도르 선제후는 "그토록 작은 머리에 이렇게 훌륭한 것들이 숨어 있다니 믿을 수가 없다"며 찬사를 보낸다. 3월 콜로레도 대주교의 빈 방문길에 수행원으로 호출을 받는다. 하지만 모차르트는 대주교와의 갈등 끝에 시종장 아르코 백작에

게 '발로 걷어차이는' 수모를 당한 뒤 6월에 해고된다. 아버지 레오폴트는 고향 잘츠부르크로 돌아오라고 재촉하지만, 이를 거부하고 빈에 남기로 결심한 뒤 베버 가문의 집에서 하숙을 시작한다. 이때부터 훗날 아내가 되는 콘스탄체 베버에게 이끌린다. 12월 24일 빈 궁정에서 클레멘티와 피아노 연주 대결을 벌인다.

오페라 〈이도메네오〉 악보 표지

1782   콘스탄체와 결혼하다

7월 16일 오페라 〈후궁 탈출〉이 빈에서 대성공을 거둔다. 이후 8월 4일 빈의 성 슈테판 성당에서 콘스탄체와 결혼한다. 아버지 레오폴트에게 결혼식 전에 승낙을 받으려고 애썼지만 결국 실패한다.

1783	7월 결혼 후 처음으로 잘츠부르크를 방문하다. 잘츠부르크 체류 기간 중인 10월 〈대미사〉가 초연되다.
1784	8월 누나 난네를이 결혼하다. 9월 모차르트의 장남 칼 토마스가 태어나다. 12월 프리메이슨에 가입하다.
1786	오페라 〈피가로의 결혼〉이 빈에서 초연되다.
1787	1월 프라하를 방문해 교향곡 38번 〈프라하〉와 오페라 〈피가로의 결혼〉 등을 지휘하다. 5월 아버지 레오폴트가 세상을 떠나다. 10월 오페라 〈돈 조바니〉 초연을 위해 다시 프라하를 방문하다. 12월 빈 궁정의 실내 음악 작곡가로 임명되다.
1788	5월 오페라 〈돈 조바니〉가 빈에서 공연되지만 절반의 성공에 그치다. 마지막 교향곡 39~41번을 작곡하다. 급속한 경제 사정 악화로 지인들에게 돈을 빌리기 시작하다.
1789	4월 드레스덴, 라이프치히, 베를린 등으로 연주와 구직 활동을 위한 여행을 떠나지만, 취업에 실패하다.

1790 오페라 〈코시 판 투테〉가 초연되다

1월 오페라 〈코시 판 투테〉가 빈에서 초연되다. 〈코시 판 투테〉는 초반에는 성공을 거두는 듯했지만 황제 요제프 2세가 2월 세상을 떠나면서 흥행에 타격을 받는다. 이후 요제프 2세의 동생 레오폴트 2세가 후임 황제로 즉위한다. 모차르트는 10월 프랑크푸르트에서 열린 황제 대관식에 공식 수행원으로 임명받지는 못했지만, 자비로 동행해서 연주회를 연다. 12월 런던으로 떠나는 하이든을 환송하기 위한 마지막 만찬을 갖다.

빈에서 초연된 〈코시 판 투테〉의 팸플릿

1791 빈에서 세상을 떠나다

3월 마지막 피아노 협주곡 27번을 직접 연주해서 초연하고, 7월 막내아들 프란츠 크사버가 태어난다. 9월 6일 오페라 〈티토 황제의 자비〉를 프라하에서 초연하고, 9월 30일 〈마술피리〉를 빈에서 초연한다. 왕성한 활동을 펼쳤지만 건강 악화로 결국 12월 5일 세상을 떠나고 만다. 10일 빈의 성 미하엘 성당에서 추도식이 열리고, 14일 프라하에서도 추모 미사가 거행된다.

1795 3월 모차르트 추모 콘서트가 열리다. 이 음악회에서 베토벤이 모차르트의 피아노 협주곡 20번을 연주한다.

1798 체코 출신의 음악비평가인 프란츠 니메체크의 모차르트 전기가 출간되다.

1809 콘스탄체가 덴마크 출신의 외교관 게오르크 니콜라우스 폰 니센과 재혼하다.

1824 니센과 콘스탄체 부부가 잘츠부르크로 돌아오다.

1826 니센이 세상을 떠나다.

1829 니센의 모차르트 전기가 저자 사후에 출간되다. 10월 모차르트의 누나 난네를이 사망하다.

1830 푸시킨의 희곡 〈모차르트와 살리에리〉가 나오다.

1842 3월 콘스탄체가 세상을 떠나다.

1898 림스키 코르사코프가 단막 오페라 〈모차르트와 살리에리〉를 발표하다.

1984 영화 〈아마데우스〉가 개봉되다.

2006 모차르트 탄생 250주년을 맞아 모차르트 오페라 전곡이 잘츠부르크 페스티벌에서 공연되다.

참고 문헌

게크, 마르틴, 『바흐의 아들들』, 강해근·나주리 옮김, 음악세계, 2012.

게이, 피터, 『모차르트』, 정영목 옮김, 푸른숲, 2006.

괴테, 요한 볼프강 폰, 『이탈리아 여행』, 안인희 옮김, 지식향연, 2016.

글래드웰, 말콤, 『아웃라이어』, 노정태 옮김, 김영사, 2009.

김성현, 『365일 유럽 클래식 기행』, 아트북스, 2012.

김성현, 『봉주르 오페라』, 아트북스, 2016.

랜던, 로빈스, 『1791, 모차르트의 마지막 나날』, 김양희 옮김, 엔북, 2006.

랭어, 윌리엄 L. 엮음, 『뉴턴에서 조지 오웰까지』, 박상익 옮김, 푸른역사, 2004.

레비틴, 대니얼, 『뇌의 왈츠』, 장호연 옮김, 마티, 2008.

맥마흔, 대린 M. 『천재에 대하여』, 추선영 옮김, 시공사, 2017.

모차르트, 레오폴트, 『레오폴트 모차르트의 바이올린 연주법』, 최윤애·박초연 옮김, 예솔, 2010.

모차르트, 볼프강 아마데우스, 『모차르트의 편지』, 김유동 옮김, 서커스, 2018.

몽테스키외, 샤를 드, 『몽테스키외의 로마의 성공, 로마제국의 실패』, 김미선 옮김, 사이, 2013.

민은기 책임편집, 『모차르트와 음악적 상상력』, 음악세계, 2008.

바렌보임, 다니엘, 『다니엘 바렌보임: 평화의 지휘자』, 김성현 옮김, 을유문화사, 2009.

바르트, 칼, 『볼프강 아마데우스 모차르트』, 이종한 옮김, 분도출판사, 1997.

브라운베렌스, 폴크마르, 『위대한 아버지와 아들의 초상』, 안인희 옮김, 휴머니스트, 2002.

비커스, 데이비드, 『하이든, 그 삶과 음악』, 김병화 옮김, 포노넷, 2010.

푸쉬킨, 알렉산드르, 『보리스 고두노프』, 석영중 옮김, 열린책들, 1999.

설혜심, 『그랜드 투어』, 웅진지식하우스, 2013.

셰퍼, 피터, 『아마데우스』, 신정옥 옮김, 범우, 1993.

솔레르스, 필립, 『모차르트 평전』, 김남주 옮김, 효형출판, 2002.

쇤베르크, 해롤드, 『위대한 피아니스트』, 윤미재 옮김, 나남출판, 2003.

슈만, 로베르트, 『음악과 음악가』, 이기숙 옮김, 포노, 2016.

시프먼, 제러미, 『모차르트, 그 삶과 음악』, 임선근 옮김, 포토넷, 2009.

아르농쿠르, 니콜라우스, 『바로크 음악은 말한다』, 강해근 옮김, 음악세계, 2006.

에커만, 요한 페터, 『괴테와의 대화』, 장희창 옮김, 민음사, 2008.

엘리아스, 노르베르트, 『모차르트, 사회적 초상』, 박미애 옮김, 포노, 2018.

웨지우드, C. V., 『30년 전쟁』, 남경태 옮김, 휴머니스트, 2011.

이경희, 『음악청중의 사회사』, 한양대학교출판부, 2006.

이희수, 『터키사 100』, 청아출판사, 2017.

츠바이크, 슈테판, 『어제의 세계』, 곽복록 옮김, 지식공작소, 2014.

카사노바, 자코모, 『카사노바 나의 편력』, 김석희 편역, 한길사, 2006.

캠벨, 돈, 『모차르트 이펙트』, 조수철 옮김, 황금가지, 1999.

쿨란스키, 마크, 『소금』, 이창식 옮김, 세종서적, 2003.

쿼터트, 도널드, 『오스만 제국사』, 이은정 옮김, 사계절, 2008.

큉, 한스, 『음악과 종교』, 이기숙 옮김, 포노, 2017.

파머, 앨런, 『오스만 제국은 왜 몰락했는가』, 이은정 옮김, 에디터, 2004.

호메로스, 『일리아스』, 천병희 옮김, 숲, 2015.

힐데스하이머, 볼프강, 『모차르트』, 양도원 옮김, 한국문화사, 2014.

Deutsch, Otto Erich, *Mozart: A Documentaty Biography*, Simon & Schuster, 1990.

Eisen, Cliff and Keefe, Simon(eds.), *The Cambridge Mozart Encyclopedia*,
    Cambridge University Press, 2006.

Glover, Jane, *Mozart's Women*, Macmillan, 2006.

Keefe, Simon, *Mozart in Vienna: The Final Decade*, Cambridge University Press, 2017.

Keefe, Simon(ed.), *The Cambridge Companion to Mozart*, Cambridge University Press, 2003.

Leininger, Kurt W., *Salzburg*, Verlag Anton Pustet, 2011.

Osborne, Charles, *The Complete Operas of Mozart*, Da Capo Press, 1983.

Rosen, Charles, *The Classical Style: Haydn, Mozart, Beethoven*, W.W. Norton & Company, 1971.

Sadie, Stanley, *Mozart: The Early Years, 1756~1781*, W.W. Norton & Company, 2006.

Selby, Agnes, *Constanze, Mozart's Beloved*, Hollitzer, 2013.

Solomon, Maynard, *Mozart: A Life*, Harper Collins, 1995.

Spaethling, Robert(ed. and trans.), *Mozart's Letters, Mozart's Life*, Faber and Faber, 2000.

Stafford, William, *The Mozart Myths: A Critical Reassessment*, Stanford University Press, 1991.

Till, Nicholas, *Mozart and the Enlightenment: Truth, Virtue and Beauty in Mozart's Operas*,
    W.W. Norton & Company, 1995.

Wolff, Christoph, *Mozart at the Gateway to His Fortune*, W.W. Norton & Company, 2012.

사진 크레디트

016 Mikadun/Shutterstock.com | 021 Pingazzo/Shutterstock.com | 043 posztos/Shutterstock.com

067 Nenad Nedomacki/Shutterstock.com | 075 Mariangela Cruz/Shutterstock.com

078 Rob Wilson/Shutterstock.com | 113 Damira/Shutterstock.com

123 Berchtesgaden Salt Mine, Südwestdeusche Salzwerke AG

191 Paolo Tralli/Shutterstock.com | 226 SergeyPhoto7/Shutterstock.com

229 Mitzo/Shutterstock.com | 273 Gimas/Shutterstock.com

· 저작권자를 확인하지 못한 일부 사진 및 글은 저작권자가 확인되는 대로 적법한 절차를 진행하겠습니다.

클래식 클라우드 007

모차르트

1판 1쇄 발행 2018년 11월 9일
1판 5쇄 발행 2021년 7월 30일

지은이 김성현
펴낸이 김영곤
펴낸곳 아르테

키즈융합부문 이사 신정숙
융합2본부장 이득재
책임편집 한성수 지역콘텐츠팀 이현정 임정우 조문경 정민철
영업본부장 김창훈
영업 허소윤 윤송 이광호 정유진 진승빈 김현아
제작 이영민 권경민

출판등록 2000년 5월 6일 제406-2003-061호
주소 (10881) 경기도 파주시 회동길 201(문발동)
대표전화 031-955-2100 팩스 031-955-2151

ISBN 978-89-509-7809-9 04000
ISBN 978-89-509-7413-8 (세트)
아르테는 (주)북이십일의 문학·교양 브랜드입니다.

(주)북이십일 경계를 허무는 콘텐츠 리더

네이버오디오클립/팟캐스트 [김태훈의 책보다 여행], 유튜브 [클래식클라우드]를 검색하세요.
네이버포스트 post.naver.com/classic_cloud
페이스북 www.facebook.com/21classiccloud
인스타그램 www.instagram.com/classic_cloud21

· 책값은 뒤표지에 있습니다.
· 이 책 내용의 일부 또는 전부를 재사용하려면 반드시 (주)북이십일의 동의를 얻어야 합니다.
· 잘못 만들어진 책은 구입하신 서점에서 교환해드립니다.